Daniela Trauthwein

Pfalz

Wanderungen für die Seele

20 Wohlfühlwege

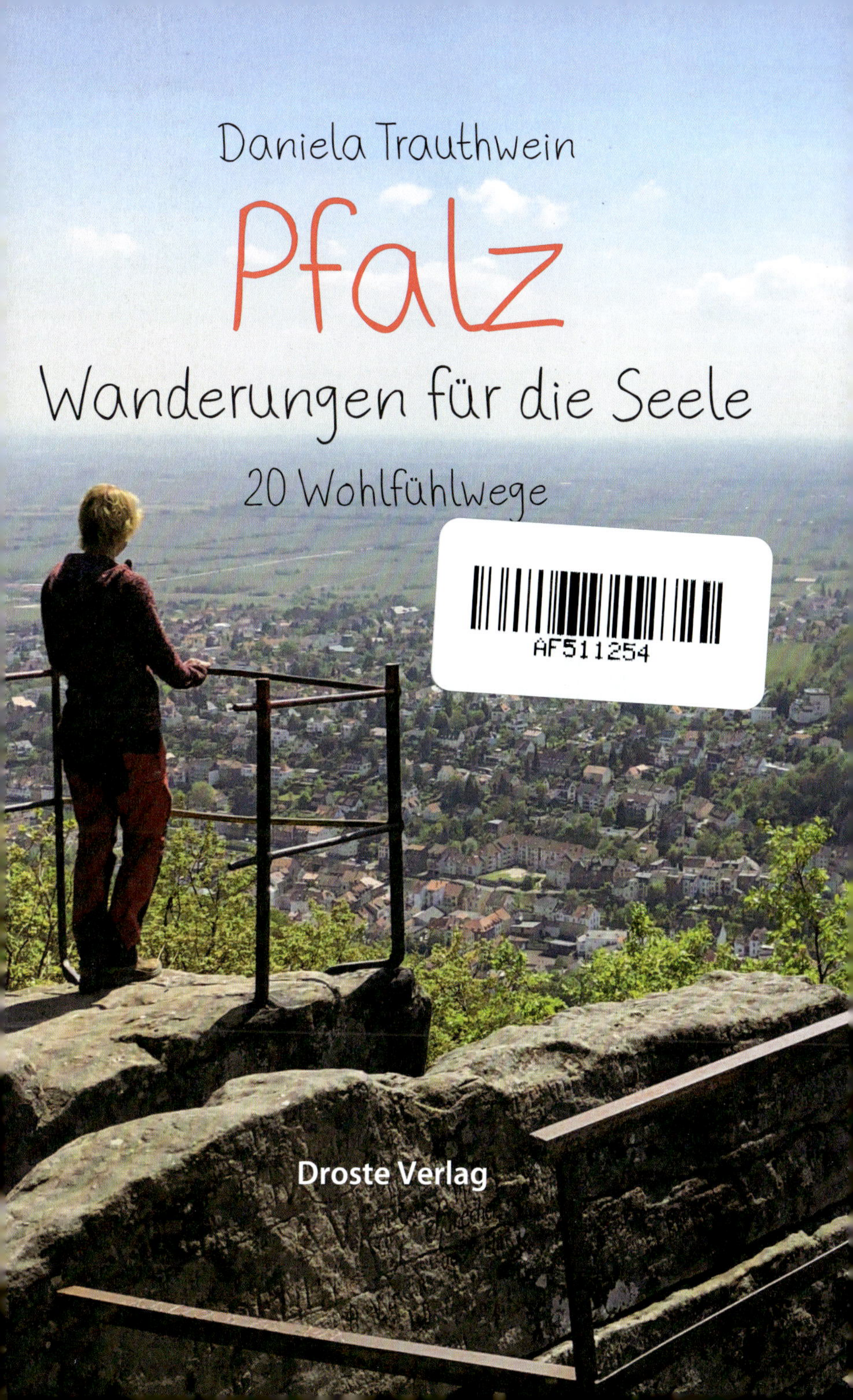

Droste Verlag

ALLE WANDERUNGEN AUF EINEN BLICK

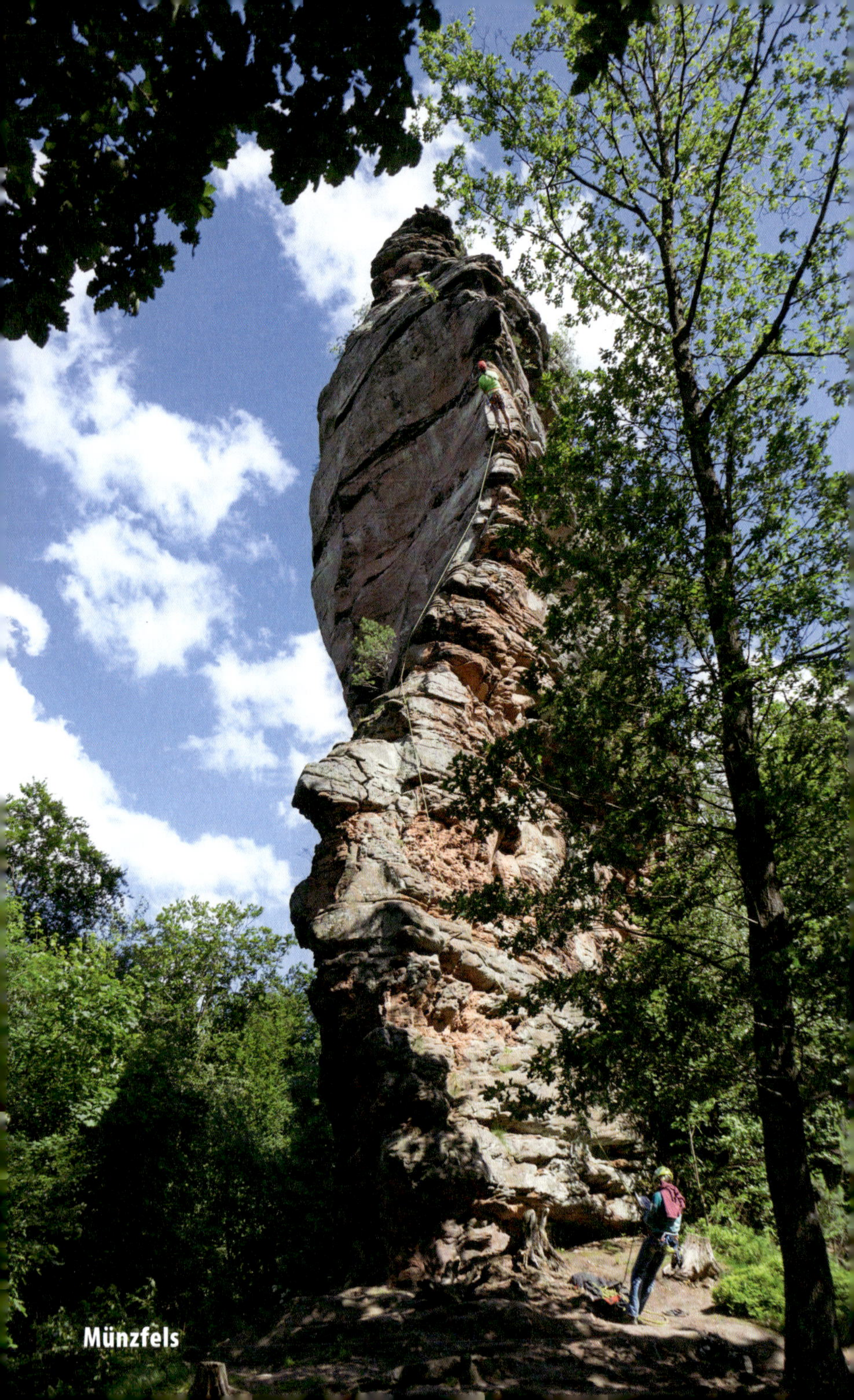

Münzfels

Liebe Sinneswanderer,

zwanzig spannende Rundwanderungen haben ihren Weg in dieses Buch gefunden. Jede Wanderung hat mich bereichert und mir meine Heimat näher gebracht. In jedem einzelnen Foto ist ein Teil meiner Seele versteckt, meine Emotionen und mein Blick auf „die Dinge". Alle Glücksmomente, die ich auf den vorgestellten Wegen erlebte, werden Sie in diesem Wanderbuch wiederfinden. Durch die Recherchen und Erkundungen für „Wanderungen für die Seele" hat sich mein Blick auf die Natur und meine Heimat immens erweitert. Das vorgegebene Thema und das verstärkte Bewusstsein, dass es um Entschleunigung und Empfindungen geht, haben meine Sinne zum Tanzen gebracht.
Hüttenkultur und Geselligkeit, sagenhafte Legenden, atemberaubende Weitblicke und romantische Plätze – wenn Sie in die Region „Pfalz" eintauchen, werden Sie von ihr verwöhnt werden. Ob Sie durch Wald und Wiese wandern, auf Felsen klettern und Ruinen erkunden, an Weinbergen entlangspazieren oder in den romantischen Rheinauen lustwandeln, im Herzen des Pfälzerwalds und entlang der Südlichen Weinstraße finden Sie Ihre ganz besonderen Seelenmomente.

Ich wünsche Ihnen viel Freude und wunderschöne Wandererlebnisse in meiner Heimat,

Ihre Daniela Trauthwein

NATUR-INFO

KULTUR-INFO

TOUREN-/EVENT-INFO

GENUSS-INFO

- 9,5 Kilometer
- 826 Höhenmeter
- 3 Stunden
- Rundweg

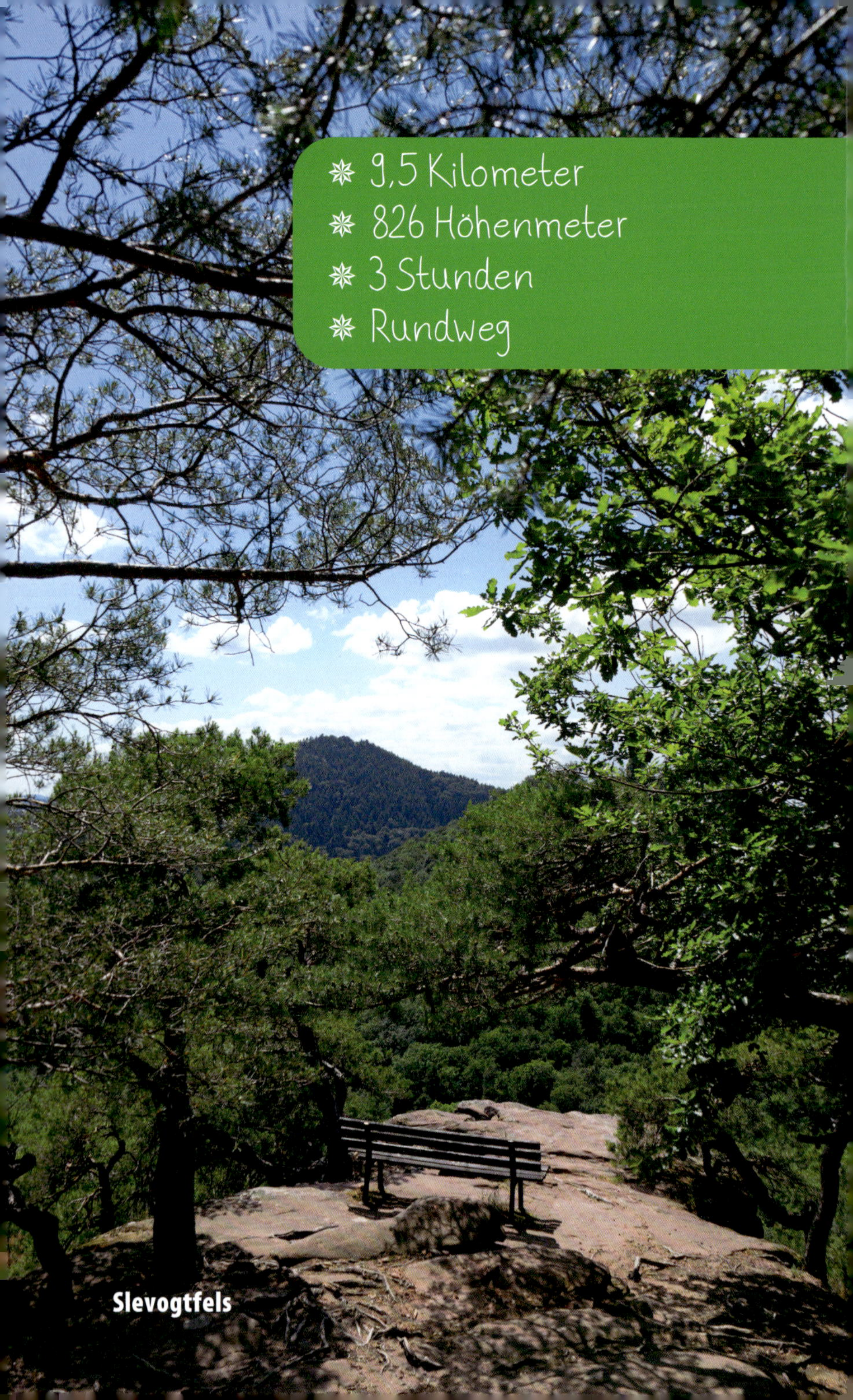

Slevogtfels

Kunst & Muße

Der Föhrlenberg bei Leinsweiler

Eine spannende Mischung aus Kunst und Burggeschichte erwartet uns auf dieser Wandertour. Wir folgen den Spuren des impressionistischen Freilichtmalers Max Slevogt und erkunden zwei Burgen der sagenumwobenen Trifels-Gruppe.

Unsere Wanderung beginnt am **Wanderparkplatz „Windhof" ❶.** Wir folgen der Markierung „Annweilerer Burgenweg" auf einen Waldpfad und laufen durch hohen Mischwald. Am Abzweig, an dem der Burgenweg nach links zur Burg Scharfenberg führt, gehen wir rechts und folgen der rot-weißen Welle, der Markierung **„Pfälzer Weinsteig".** Auf einem schmalen Pfad wandern wir nun unterhalb an der Burg Scharfenberg vorbei, parallel zur Straße, die sich rechts von uns befindet. Angekommen am **Wanderparkplatz „Ahlmühle" ❷** überqueren wir die Straße, und gehen rechter Hand über den Parkplatz. Geradeaus gelangen wir an eine Weggabelung mit einer Holzgarnitur. Hier biegen wir nach links ab und folgen der Nummer 13 auf einen schmalen Waldweg. Nach etwa 150 steilen Höhenmetern gelangen wir auf einen breiten Waldweg. Vor uns sehen wir die felsige Bergkuppe des **Föhrlenbergs,** von dessen Gipfel der Slevogtfelsen in die Höhe ragt. Nur wenige Meter folgen wir dem breiten Waldweg nach rechts, dann biegen wir links auf einen schmalen Pfad ab. Ab hier weist uns die Markierung „gelber Balken und gelber Pfeil" den Weg durch lichten und süßlich duftenden Kiefernwald nach oben. An einer kleinen Wegkreuzung wenden wir uns nach links und folgen dem gelben Pfeil am Baum.

Schon nach wenigen Metern sind wir auf dem ersten Plateau des **Slevogtfelsens** ③ angelangt und sind überwältigt: Vor uns liegt das sagenumwobene Burgentrio der **Reichsburg Trifels.** Auf drei Höckern eines Höhenzuges oberhalb der Stadt Annweiler gelegen, bieten die drei Burgen ein unvergleichliches Panorama. Markant ragt links der Bergfried der Burgruine Scharfenberg in die Höhe, auf dem mittleren Berg ist der einzig erhaltene Sandsteinfelsen der Ruine Anebos zu erkennen, und rechts auf dem Sonnenberg erhebt sich der Trifels.

*Der aus Bayern stammende Impressionist **Max Slevogt** (1868–1932) gehörte zur Avantgarde der deutschen Kunst. In vielen seiner Gemälden hat er die Landschaft seiner Wahlheimat Südpfalz mit ihren charakteristischen Weinbergen und Wäldern festgehalten.*

Unvorstellbar, dass wir auf eine Region blicken, die im Hochmittelalter zu den politisch wichtigsten und wirtschaftlich stärksten Gegenden des damaligen Reichs gehörte. Im Angesicht einer solch geschichtsträchtigen Burgengruppe legen wir unsere erste Rast ein und lassen das Panorama auf uns wirken.

Gestärkt brechen wir wieder auf und gehen nun auf dem felsigen Bergkamm hinauf zum eigentlichen

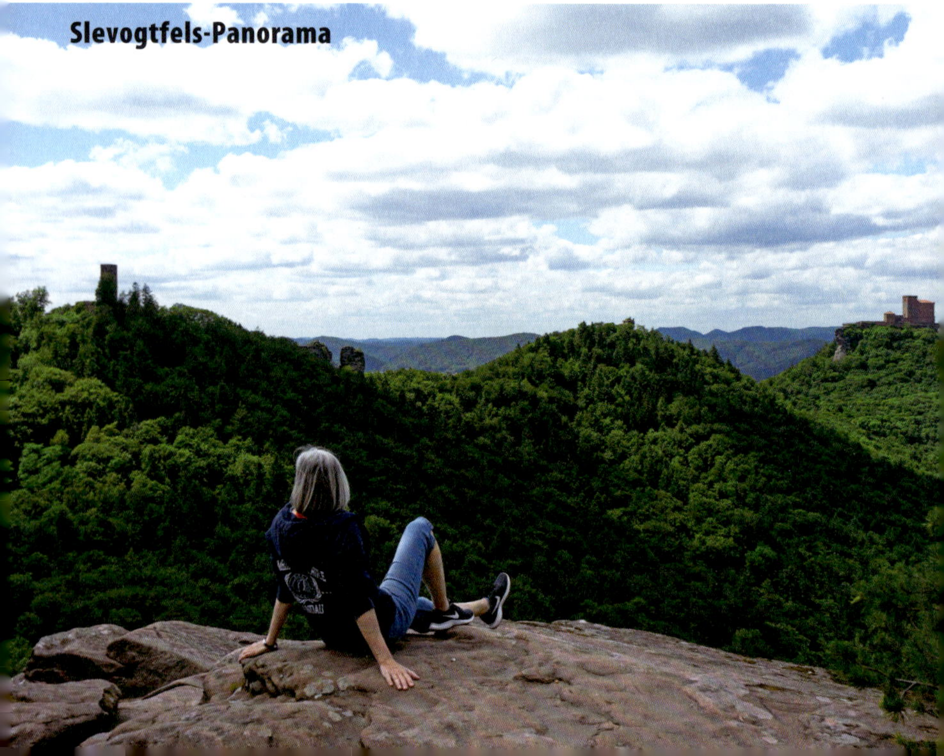

Slevogtfels-Panorama

Für die Seele

Wir sitzen auf dem warmen Sandstein des Slevogtfelsens und genießen ein ausgiebiges Picknick mit Burgenpanorama

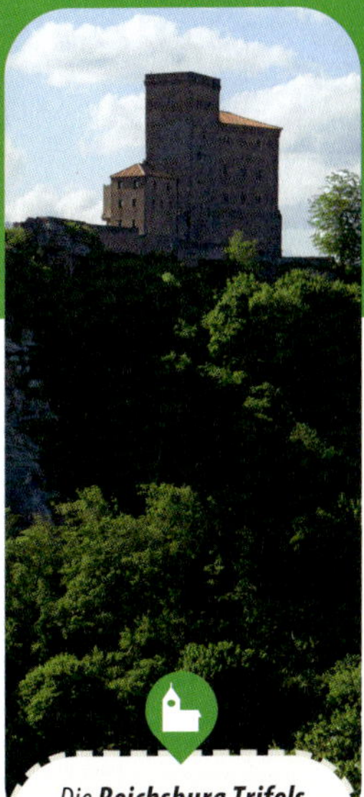

Die **Reichsburg Trifels** wurde in der Mitte des 11. Jahrhunderts zur Zeit der Stauferkaiser auf dem Sonnenberg errichtet und diente als Schatzkammer und Staatsgefängnis. Ihr berühmtester Gefangener war der englische König Richard Löwenherz.

Felsen. Auch hier präsentiert sich uns ein atemberaubender Weitblick auf den Wasgau. Über weichen, federnden Waldboden wandern wir auf dem **Slevogtweg** ein Stück bergab in eine Senke. Der Slevogtweg ist ein Rundwanderweg, der zu Ehren des Malers **Max Slevogt** konzipiert wurde. Werke des Freilichtmalers begleiten uns nun auf Informationstafeln entlang des Wegs. Aus der Senke geht es geradeaus ein kurzes Stück steil den Berg wieder hoch. Schon von Weitem sehen wir eine Tafel, die oben am Wegesrand befestigt ist und Slevogts Gemälde „Blick auf die Münz" darstellt.

Geradeaus folgen wir auf einem ansteigenden Pfad weiter der Markierung des Slevogtwegs. Immer der Nase nach wandern wir auf dem Kamm des Föhrlenbergs und gelangen zum gleichnamigen **Aussichtspunkt 4**. Auf einer Tafel ist hier die „Waldlandschaft Neukastel" abgebildet, ein weiteres Gemälde von Slevogt, das uns dazu animiert, einen künstlerischen Blick auf unsere Umgebung zu werfen. Immer mehr beginnen wir die Natur um uns herum mit den Augen des Malers wahrzunehmen. Was wir sehen, wird zum Kunstwerk – eine tolle Erfahrung.

Etwa 100 Meter weiter geradeaus befindet sich ein **Startplatz der Gleitschirmflieger 5**. Ein kurzer Abstecher dahin lohnt sich, denn von dort haben wir einen schönen Blick in die weite Ebene der Südpfalz. Zurück am Aussichtspunkt biegen wir links ab auf den Wanderweg mit der Nummer 13. In einem Halbbogen wandern wir leicht abwärts um den Berg herum

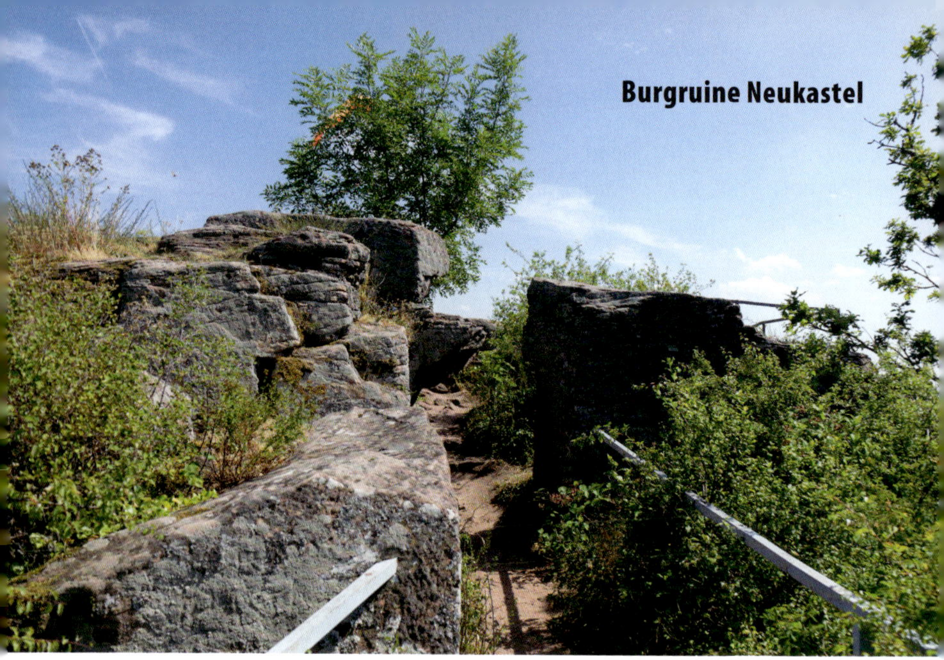

Burgruine Neukastel

und stoßen unterhalb des Absprungplatzes wieder auf den Slevogtweg. An der Tafel Nummer 10 gehen wir links hinunter, im Zickzack zum **Hexentanzplatz/Förläcker 6.** Dort angekommen, finden wir weitere Informationstafeln zu Slevogts Werken.

Geradeaus lustwandeln wir, umgeben von jungem Mischwald, auf den Spuren des Malers zur **Burgruine Neukastel 7.** Zehn Minuten später erklimmen wir die Ruine. Ein Geländer unterstützt den von Wurzeln durchzogenen Aufstieg. Über steile Eisenleitern gelangen wir auf die Aussichtsplattform und werden mit einem großartigen Panoramablick über die Rheinebene und das Rebenmeer der Südlichen Weinstraße belohnt. Eine kleine Verschnaufpause auf dem gewärmten Sandstein gibt uns neue Energie.

Zurück am Schilderbaum unterhalb der Ruine, folgen wir dem Wegweiser zum Slevogthof (0,5 km). Als Orientierung dient uns das rot-weiße Wegzeichen **„Pfälzer Weinsteig".** Umgeben von hohen Kastanienbäumen, die teilweise von Efeu umrankt sind, genießen wir den Abstieg auf einem schmalen Waldpfad. Nach wenigen Gehminuten erreichen wir den **Slevogthof 8,** der wegen Sanierungsarbeiten leider nicht für die Öffentlichkeit zugänglich ist. Dennoch schlendern wir links an dem imposanten Gebäude vorbei, da wir uns gerne die **Grabstätte der Familie Slevogt** ⑨ anschauen möchten.

Vom Parkplatz am Slevogthof aus folgen wir ein letztes Mal dem Wegweiser des Slevogtwegs, der uns zurück zum Hexentanzplatz leitet. Unser künstlerischer Müßiggang endet hier, und nun folgen wir für etwa 1,5 Kilometer der rot-weißen Markierung des Pfälzer Weinsteigs zurück zum Wanderparkplatz Ahlmühle. Dort lenkt uns auf der gegenüberliegenden Straßenseite ein Hinweisschild mit der Wegmarkierung „schwarzer Punkt auf weißem Balken" nach rechts Richtung Ruine Anebos (0,6 km). Ein kurzes Stück müssen wir an der Straße entlanglaufen, dann biegen wir nach links auf den ansteigenden Waldweg ab. Wir wandern durch hohen Buchenwald, vereinzelt sehen wir auch Fichten, Douglasien und Holunderbüsche.

Schon nach wenigen Minuten Wanderzeit erkennen wir links oben auf dem Berg die ersten Felsen zwischen den Bäumen. Oben auf dem Bergrücken erwartet uns eine beeindruckende Felsenlandschaft. Als Erstes fällt uns gleich links der **Fensterfels** ⑩ auf, in dessen Nähe sich auch eine Sitzgruppe befindet. Etliche Kletterer hängen angeseilt an den Felswänden und tasten sich nach oben. Eine Weile schauen wir dem Klettertreiben zu und machen uns dann nach rechts auf den **Annweilerer Burgenweg** zur **Ruine Anebos** ⑪.

Ein schmaler Pfad führt nah an den Felsen vorbei, zum Ende des Bergkamms hin. Etwas windschief steht Anebos bzw. das, was von der ehemaligen Burg übrig geblieben ist, vor uns. Vereinzelt sind an der Felswand noch die quadratischen Löcher zu sehen, in denen einst Balken verankert waren. In verlängerter Linie thront gegenüber auf dem Sonnenberg die Reichsburg Trifels. Wir gehen bis vor an die Bergkante und haben etwas unterhalb einen schönen **Trifelsblick** ⑫. Erstaunlich, wie viele verschiedene Ansichten die-

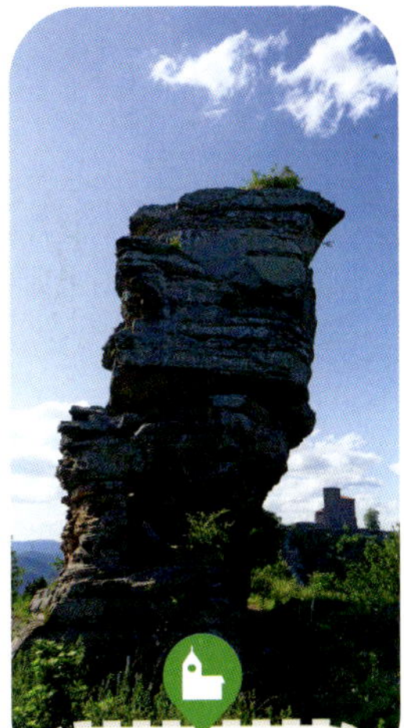

Anebos *war eine Felsenburg, wie sie im südlichen Pfälzerwald zahlreich vertreten waren. Sie diente ebenso wie die Burg Scharfenberg zum Schutz der Hauptburg Trifels. Die Burgruine Scharfenberg thront mit ihrem hohen Bergfried auf einem schroffen Sandsteinfelsen.*

ser Burg wir während unserer Wanderung sammeln. Wir gehen rechts an Anebos vorbei und folgen dem Burgenweg wieder zurück Richtung Fensterfels. Bevor wir am Fels ankommen, zweigt der Burgenweg nach rechts unten ab, doch neugierig gehen wir ein paar Schritte weiter bis zur Spitze des Felsmassivs. Unser Blick fällt auf den Bergfried der Ruine Scharfenberg, der über den Bäumen herausragt, und die davorstehenden Kletterfelsen. **Eine Sitzbank ⑬** lädt uns ein, diesen Anblick in Ruhe auf uns wirken zu lassen.

Fensterfels

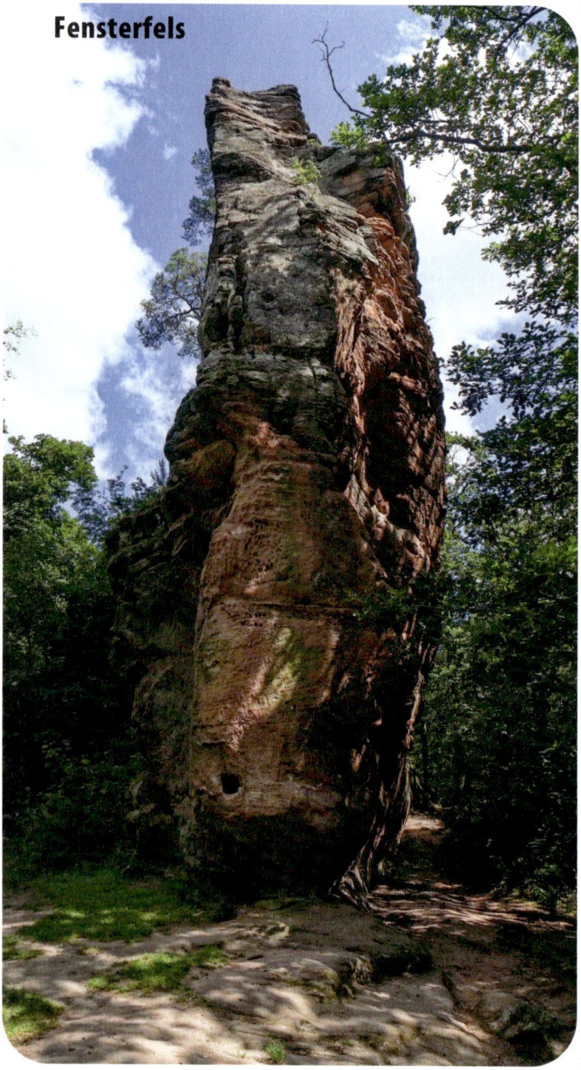

Diesen Teil des Berges werden wir nun in einer weiteren Schleife erkunden. Doch zuerst müssen wir die wenigen Meter zurück auf den Burgenweg, um den Abzweig zu nehmen, den wir eben ignoriert haben. Im Zickzack wandern wir den Berg hinunter. Angekommen am Fensterfels gehen wir rechts am Felsen vorbei und orientieren uns weiterhin an der Markierung „Annweilerer Burgenweg". Auf dem Weg zur Burg Scharfenberg wandern wir an drei Felsen entlang: **Bindesbacher**

Turm ⑭, Jungturm ⑮ und **Münzfels ⑯.** An Abzweigungen halten wir uns links, damit wir auf dem Bergrücken bleiben. Nach wenigen Gehminuten auf einem traumhaft schmalen Pfad durch Mischwald erreichen wir rechter Hand den exponierten Aussichtspunkt **Rehbergblick ⑰,** der mit einem Geländer gesichert ist. Wir schauen auf den gegenüberliegenden **Rehberg** mit gleichnamigem Turm und links daneben auf das Felsmassiv **Asselstein.** Eine Sitzbank verführt uns dazu, auch hier einen Moment zu verweilen.

Mit dem Aussichtspunkt im Rücken gehen wir geradeaus den steinigen, schmalen Weg nach oben. An der folgenden Weggabelung halten wir uns links und folgen dem Pfad leicht bergauf. Rechts oben sehen wir bereits die **Ruine Scharfenberg ⑱.** Um das Gemäuer herum führt ein Rundweg. Wir gehen rechts herum und gelangen schließlich über Steintreppen nach oben. Der Ausblick ist überwältigend: Weit schauen wir über die Pfälzer Berge, und aus dem Panorama hebt sich markant der Trifels ab.

Die Ruine ist schnell erkundet, und wir kehren auf den Rundweg zurück. Unsere Wanderung setzen wir nun auf dem Pfad fort, der rechts über den Bergkamm nach unten führt. Steinig und mit Wurzeln

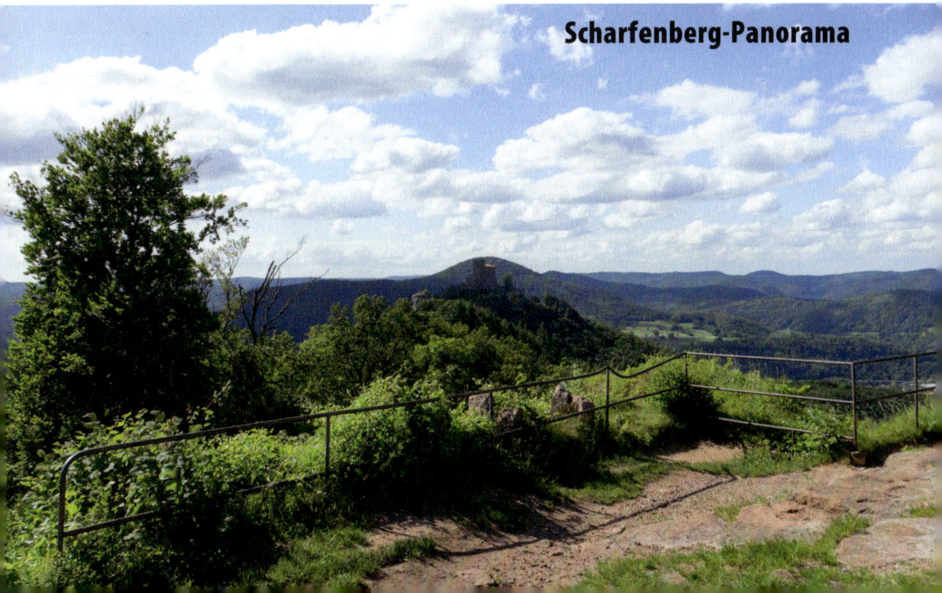

Scharfenberg-Panorama

durchzogen ist der kurze Abstieg zwar, doch der Verlauf dieses Wegabschnitts ist einfach wunderschön.

Bevor wir wieder links unten auf den Burgenweg stoßen, fällt uns noch eine versteckte Felsenplattform auf, von der wir einen abschließenden Blick auf den Pfälzerwald haben. Wieder zurück auf dem Annweilerer Burgenweg gehen wir einige Meter nach links und folgen dann dem Weg rechts bergab. Hier verläuft auch der Pfälzer Weinsteig. Das Burgenweg-Zeichen leitet uns ca. 800 Meter abwärts. An der Weggabelung biegen wir rechts ab und sind in ein paar Minuten an unserem Ausgangsziel, dem Wanderparkplatz Windhof. Zum Abschluss einer erlebnisreichen Wanderung kehren wir in der gemütlichen Klettererhütte ein, die an der Straße talabwärts liegt.

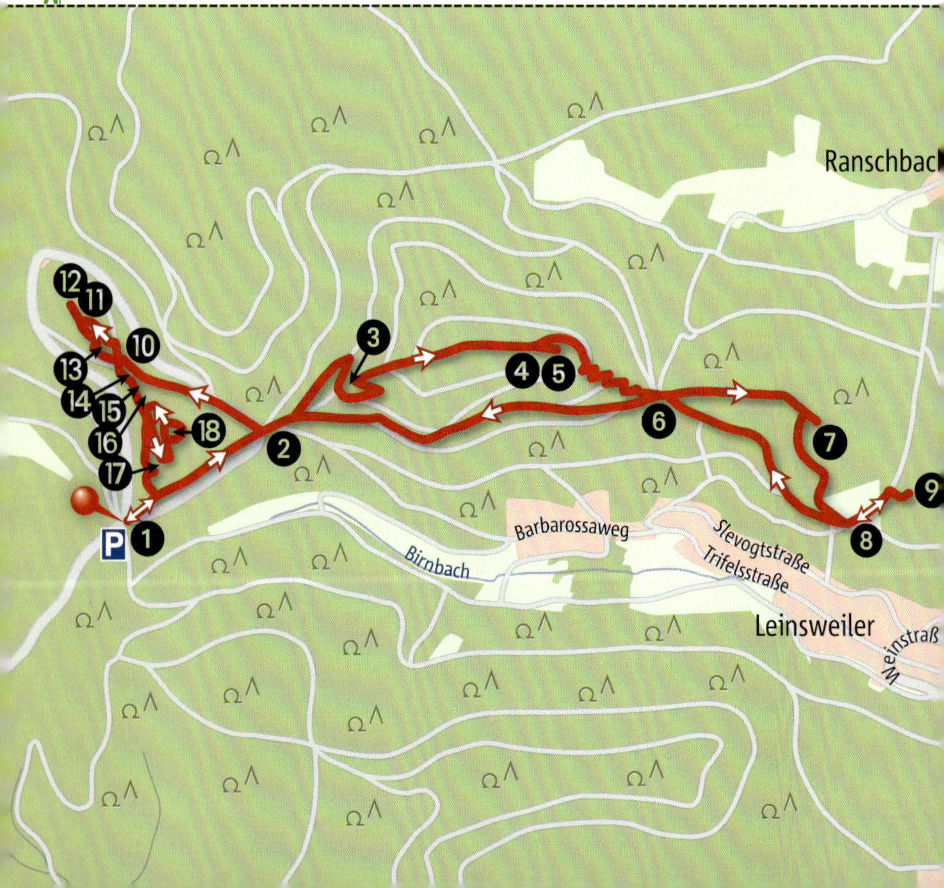

Entspannung ★★★★☆
Genuss ★★★☆☆
Romantik ★★★★★

WIE & WANN:
Schmale Pfade und breite Waldwege durch herrlichen Mischwald; beste Wanderzeit von Frühling bis Herbst, bei Schnee- und Eisglätte Felsen nur eingeschränkt begehbar

HIN & WEG:
Auto: über B 10 nach Annweiler am Trifels, in Annweiler der Beschilderung Burg Trifels über die Trifelsstraße folgen bis zum Wanderparkplatz Ahlmühle oder Wanderparkplatz Windhof (GPS: 49.186743, 7.984156)
ÖPNV: Mit der Bahn auf der Queichtallinie Landau-Pirmasens bis zum Bahnhof Annweiler am Trifels, dann mit Buslinie 527 Richtung Annweiler Trifels bis zur Haltestelle „Parkplatz Windhof"

ESSEN & ENTSPANNEN:
Klettererhütte am Asselstein, Trifelsstraße 55, 76855 Annweiler am Trifels, Tel. (0 63 46) 88 25, www.klettererhütte.de

ENTDECKEN & ERLEBEN:
Wanderparkplatz „Windhof" ❶ Wanderparkplatz „Ahlmühle" ❷ Slevogtfels ❸ Aussichtspunkt Föhrlenberg ❹ („Waldlandschaft Neukastel") Startplatz Gleitschirmflieger ❺ Hexentanzplatz/Förläcker ❻ Burgruine Neukastel ❼ Slevogthof ❽ Grabstätte der Familie Slevogt ❾ Fensterfels ❿ Anebos ⓫ Trifelsblick ⓬ Sitzbank ⓭ Bindesbacher Turm ⓮ Jungturm ⓯ Münzfels ⓰ Rehbergblick ⓱ Burg Scharfenberg (Münz) ⓲

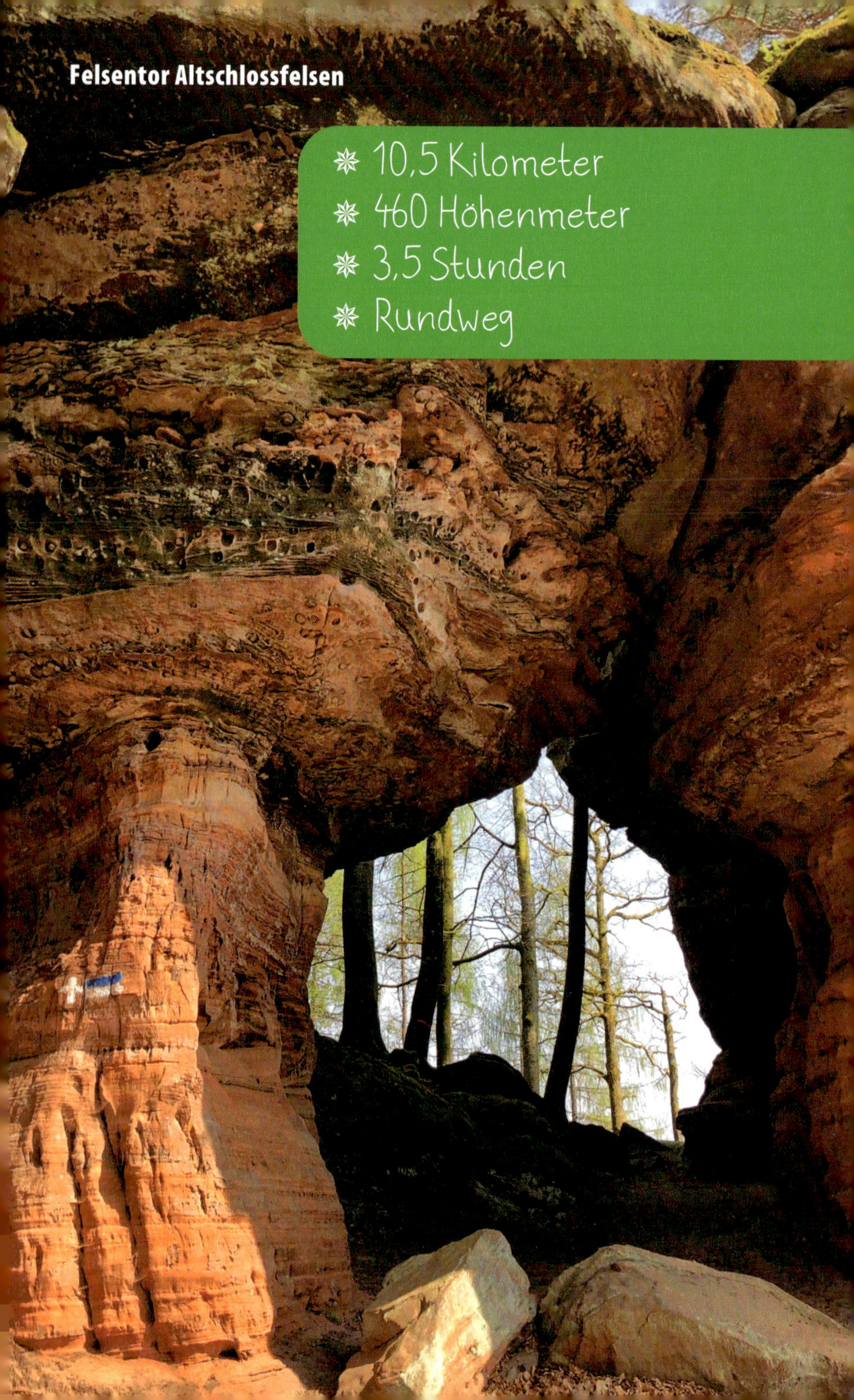
Felsentor Altschlossfelsen
10,5 Kilometer
460 Höhenmeter
3,5 Stunden
Rundweg

Roter Felsentraum

Altschlossfelsen bei Eppenbrunn

Unsere Wanderung verläuft auf dem markierten „Altschloßpfad“ und wird uns zum größten Felsmassiv der Pfalz führen: dem **Altschlossfelsen.** Bekannt ist das Naturdenkmal nicht nur wegen seiner Größe, sondern auch wegen der roten Farbe des Buntsandsteins. Im Frühjahr kann man bei tief stehender Sonne am späten Nachmittag ein beeindruckendes und inspirierendes Phänomen beobachten: In leuchtenden Rot- und Orangetönen beginnen die Sandsteinfelsen zu glühen.

Wir starten am Wanderparkplatz in der Neudorfstraße und gehen rechts in den **Freizeitpark Eppenbrunn ❶.** Gemütlich schlendern wir am Eppenbrunner Bach entlang und folgen der grünen Wegmarkierung „Altschloßpfad“ durch den Park. Am Ende des Parks stoßen wir auf die Weiherstraße, an der wir rechts abbiegen. Nach etwa 200 Metern erreichen wir den **Mühlweiher ❷,** verlassen dort die Weiherstraße nach rechts und gehen über die Brücke. Jetzt geht es links ab in die Altschloßstraße.

Schon nach wenigen Metern zweigt der Altschloßpfad nach links ab, und wir wandern auf einem weichen Waldweg am Weiher entlang. Ein traumhaft idyllischer Abschnitt durch hellen Buchen- und Kiefernwald liegt vor uns. Eine Holzbank lädt uns zu einem kurzen Stopp ein. Am Wasserufer sitzend, lauschen wir der Natur und fühlen uns zunehmend entspannter.

Wenige Wanderminuten später folgen wir dem Weg am Ende des Weihers in einer spitzen Kehre nach rechts. Auf einem quer verlaufenden Fahrweg endet der Pfad, und wir biegen rechts ab. Kurze Zeit später erreichen wir eine große Wegspinne, an der wir nach links abbiegen. Von hier sind es noch zwei Kilometer zum Altschlossfelsen. Der Weg gabelt sich, und wir werden auf den rechten Pfad geleitet. In leichter Steigung wandern wir gemütlich bergauf, der Wegmarkierung weiter folgend.

Nicht ganz einen Kilometer haben wir zurückgelegt, als wir erneut an eine Wegbiegung gelangen. Unsere Wanderwegmarkierung schickt uns hier nach links. Doch ein schmaler Pfad, der geradeaus von unserem Weg abzweigt, macht uns neugierig, und wir folgen ihm auf den Bergkamm. Schon nach wenigen Metern finden wir uns auf einem liebevoll gestalteten Rastplatz mit einer traumhaften Aussicht wieder. Damit hatten wir nicht gerechnet und sind überwältigt. Ein Stehtisch aus Baumholz und zwei

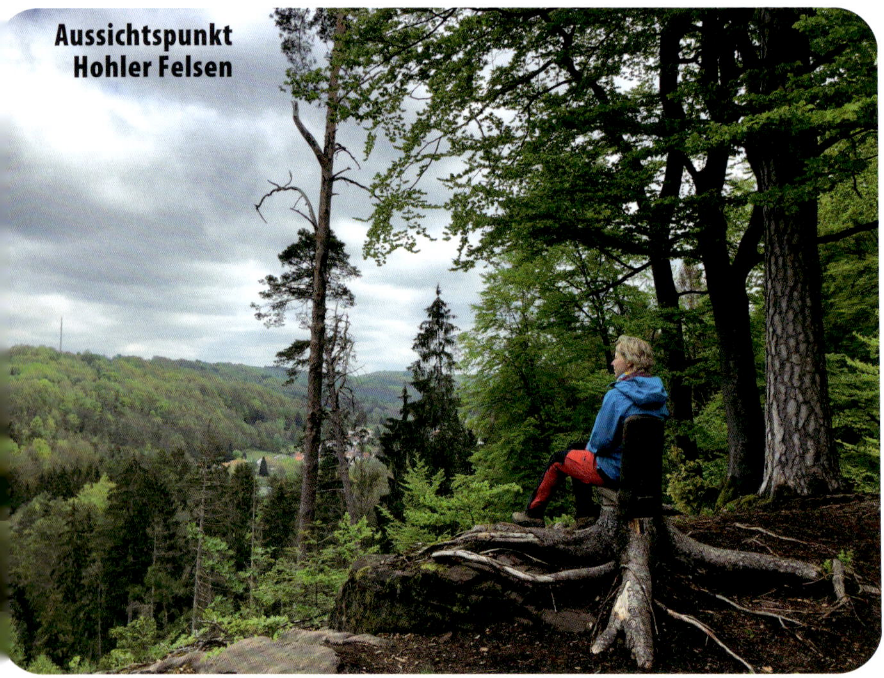
Aussichtspunkt Hohler Felsen

Für die Seele

Unsere Hände befühlen die Felswände, und wir lassen uns von den Farben des Buntsandsteins berauschen.

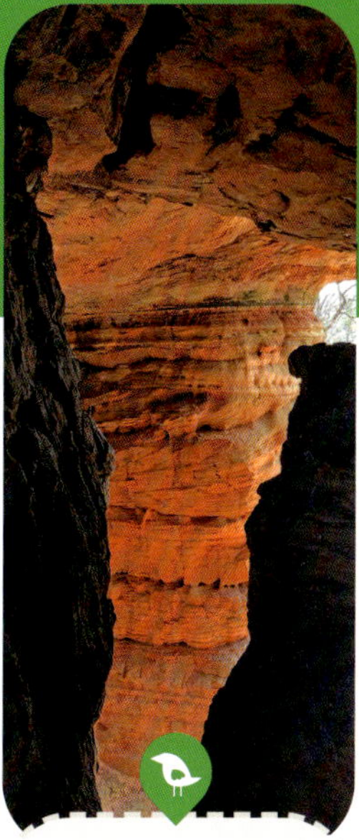

*Der **Altschlossfelsen** ist die größte Felsformation in der Pfalz und wurde als Natur- und Kulturdenkmal ausgewiesen. Seinen Namen hat der Felsen von einer längst zerfallenen Burg, die vor vielen Hundert Jahren auf die Felsentürme gebaut wurde.*

Holzsessel verführen uns dazu, erneut eine kurze Ruhepause einzulegen.

Wir setzen unsere Wanderung fort und begeben uns wieder zurück auf den Hauptweg, wo wir nun nach links der Markierung leicht bergab folgen. Am Wegesrand erblicken wir das markante Felsengebilde **Hohler Felsen ③,** mit einer Sitzbank davor und einer kleinen Höhle. Neugierig erkunden wir den Felsen und schlupfen durch die Felsspalten. Bei unserer Kraxelei stellen wir erstaunt fest, dass dies der Felsen ist, auf dessen Rücken wir eben noch pausiert haben. Völlig begeistert von den Eindrücken wandern wir weiter, immer der Markierung nach, bis wir eine größere Kreuzung mit Sitzgruppe erreichen. Geradeaus geht es weiter, und nun beginnt der kurze, aber anstrengende Aufstieg zum Naturdenkmal **Altschlossfelsen ④.**

Wir nähern uns den gigantischen Felsentürmen und können nur noch staunen. An die dreißig Meter hoch ragen sie in die Höhe. Daneben wirken wir wie Zwerge. Zunächst schauen wir uns die Felsen von der rechten Seite an. Wenn wir durch die Felsspalten spähen, können wir bei idealer Sonneneinstrahlung das Felsenglühen beobachten. Es macht unglaublich viel Spaß, die Felsenlandschaft zu erkunden, durch die Felsspalten zu schlüpfen, das schroffe Gestein zu ertasten und zu erfühlen. Auf der Südseite setzen wir unsere Felsenexpedition fort und sind von den Farben des Gesteins überwältigt. Am Fuße der Felsen gibt es Ausformungen, auf die man sich setzen und das Ganze auf sich wirken lassen kann.

Über eine Länge von 1,5 Kilometern erstreckt sich das monumentale Felsenriff. Der Pfad führt uns unmittelbar am Gestein entlang, mächtige Felsüberhänge ragen so dicht über unseren Köpfen aus dem Massiv heraus, dass wir sie mit unseren Händen berühren können. Vor uns erscheint ein **Felsentor ⑤,** das wir durchschreiten müssen, um auf dem Pfad weiterlaufen zu können.

Am Ende des Felsenmonuments angekommen, weist uns die Markierung den Weg nach links unten. Doch unmittelbar am Felsen entdecken wir einen Hinweis auf den sogenannten **Altschlossfelsen Rundweg,** der nach oben auf den Bergkamm führt. Gespannt auf die Aussicht von dort machen wir diesen Abstecher und folgen dem gelben Schild. Über einen schmalen Pfad gelangen wir in weniger als fünf Minuten auf ein **Aussichtsplateau mit Rastmöglichkeit ⑥,** das uns in Staunen versetzt. Eine völlig andere Vegetation herrscht hier oben. Wild wachsende Kiefern und federnder Waldboden verleihen diesem Platz südländisches Flair mit herrlicher Aussicht.

Unsere Sinne tanzen, und nach einer entspannenden Pause begeben wir uns wieder zurück zur Felsenspitze auf den Altschloßpfad. Steil und steinig geht es nun entlang der **französichen Grenze** 100 Meter bergab, dann geht der steigähnliche Pfad in einen gut zu laufenden Sandweg über. An einer Weggabelung gehen wir nach links und gleich wieder nach rechts.

Im Schatten einer Baumgruppe entdecken wir einen **Picknicktisch ⑦,** der zu einer geselligen Runde einlädt. Nach der Sitzgruppe zweigt unser Weg nach links ab. Der schmale Pfad ist leicht zu übersehen, obwohl ein Schilderbaum zusätzlich rechts am Wegesrand darauf aufmerksam macht. Im Mai, wenn der Ginster blüht, ist dieser Abschnitt ein Traum in Gelb.

Abwechselnd lustwandeln wir in sanftem Auf und Ab mal auf begrasten Wegen, mal auf weichem Waldboden, etwa zwei Kilometer der Markierung des Altschloßpfades folgend, durch das romantische

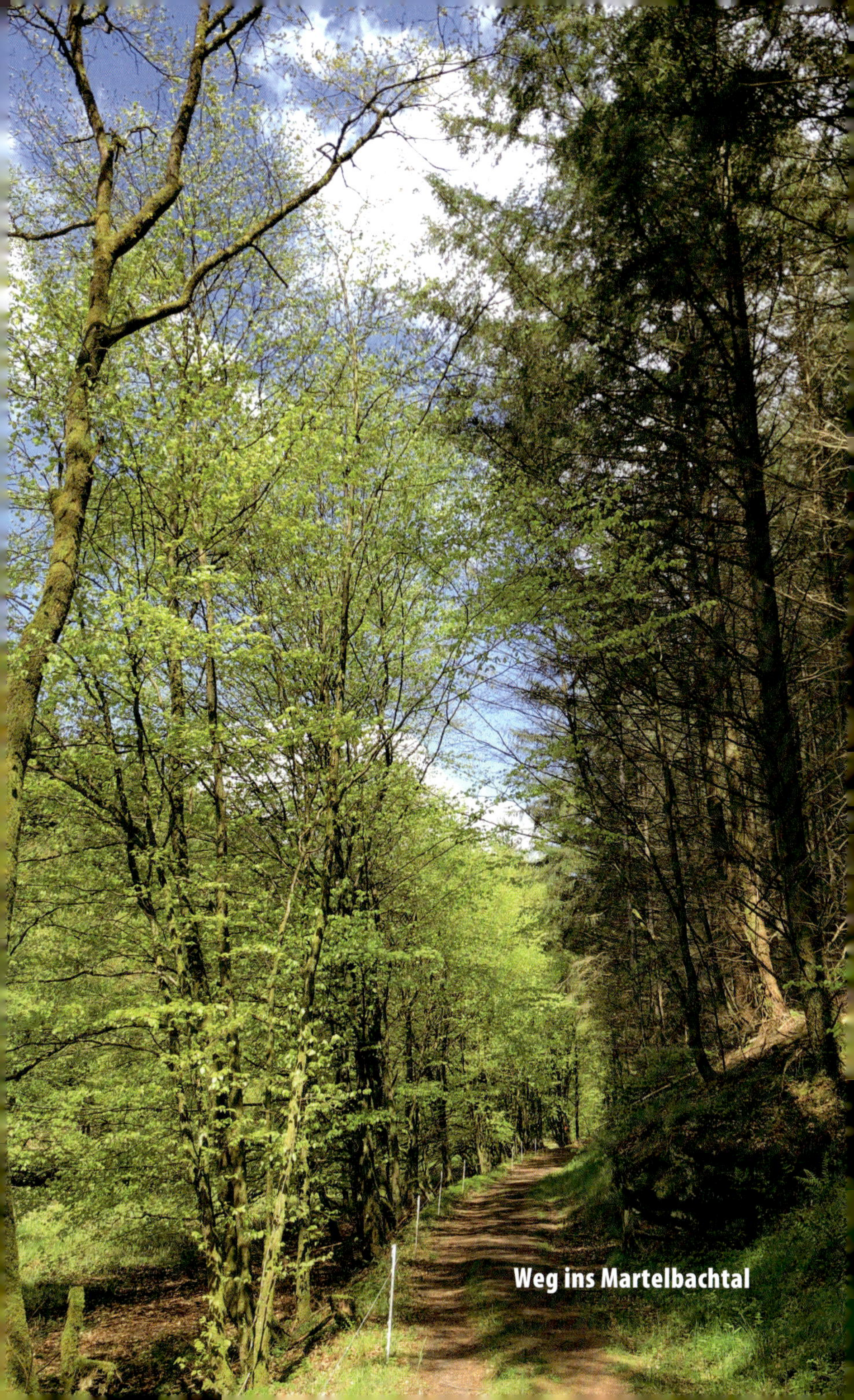

Weg ins Martelbachtal

Auszeittour 2

Martelbachtal. Wir sind umgeben von altem Baumbestand mit den Hauptbaumarten der Region: Eiche, Buche, Fichte, Douglasie und Kiefer. An einem Rastplatz nah der Talstraße biegen wir rechts ab und überqueren den Martelbach. Nun laufen wir auf dem teilweise geschotterten Waldweg **Bach ohne Grenzen** oberhalb des Eppenbrunner Bachs in Richtung Dorf. Kurz vor Eppenbrunn führt der Weg aus dem Wald heraus, und wir sehen die ersten Häuser. Auf einer asphaltierten Straße laufen wir schnurstracks auf den Biergarten **Kuppers Gaade** 8 zu, in dem wir uns zur gemütlichen Einkehr niederlassen. Vom Biergarten aus leitet uns die Wegmarkierung später wieder zurück zum Wanderparkplatz am Freizeitpark.

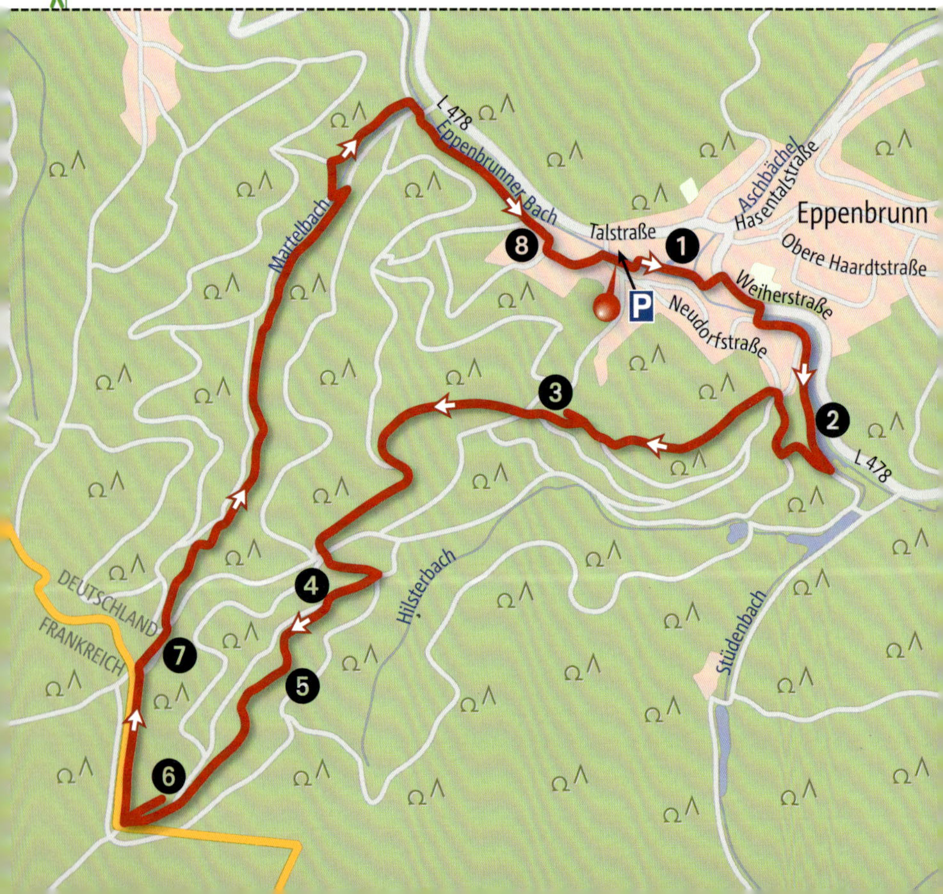

Entspannung ✱✱✱✱✱

Genuss ✱✱✱✱✱

Romantik ✱✱✱✱✱

WIE & WANN:
Breite Waldwege, schmale Pfade, geringer Forstweganteil, asphaltierte Straßen lediglich in Eppenbrunn; ganzjährig schön, Felsenglühen von Ende März bis Anfang Mai

HIN & WEG:
Auto: Wanderparkplatz am Freizeitpark Eppenbrunn, Neudorfstraße, 66957 Eppenbrunn; Parkplatz am Hotel Kupper, Himbaumstraße 22, 66957 Eppenbrunn (GPS: 49.115154, 7.554039)
ÖPNV: Von Pirmasens Bahnhof mit dem Bus 255 nach Eppenbrunn, Haltestelle Bürgerhaus

ESSEN & ENTSPANNEN:
„Kuppers Gaade" im Hotel Kupper ❽ Himbaumstraße 22, 66957 Eppenbrunn, Tel. (0 63 35) 91 30, www.hotelkupper.de

ENTDECKEN & ERLEBEN:
Freizeitpark Eppenbrunn ❶
Mühlweiher ❷
Hohler Felsen ❸
Altschlossfelsen ❹
Felsentor ❺
Aussichtsplateau mit Rastmöglichkeit ❻
Picknicktisch ❼

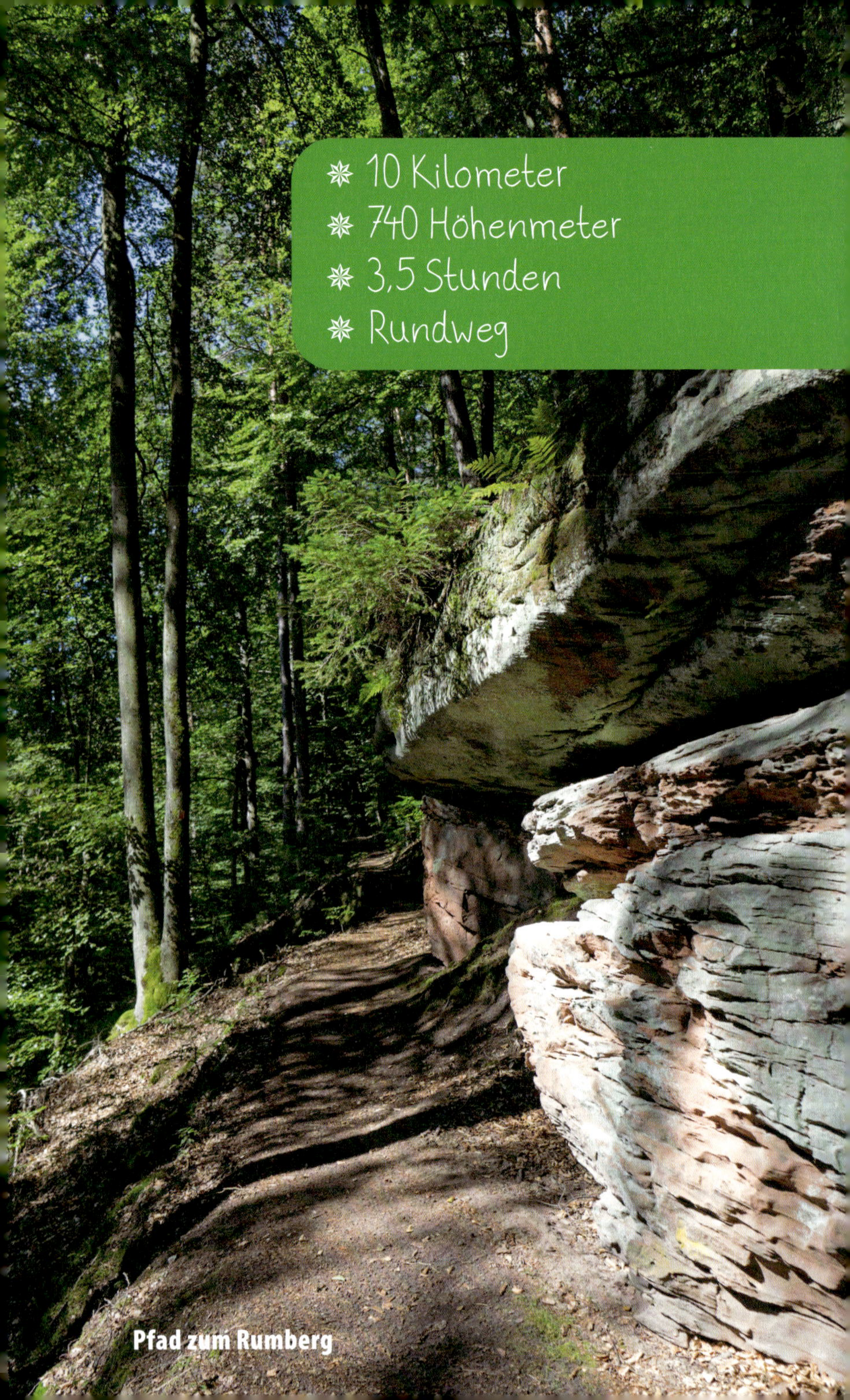

- 10 Kilometer
- 740 Höhenmeter
- 3,5 Stunden
- Rundweg

Pfad zum Rumberg

Die fünf Türme

Rumbergfelsen bei Ludwigswinkel

Unsere Wanderung verläuft auf dem gut ausgeschilderten **Rumberg-Steig,** dessen orangefarbene Markierung uns zu besonderen Plätzen führen wird. Da es entlang des Wegs keine Einkehrmöglichkeit gibt, ist unser Rucksack gefüllt mit kleinen Leckereien für unterwegs.

Vom Parkplatz am Dorfplatz aus überqueren wir die Landgrafenstraße und gehen nach links Richtung Rathaus. Ab hier werden wir von der Wegmarkierung geleitet. Nach wenigen Metern biegen wir rechts in eine Seitenstraße, die in die Talaue auf den **Barfußpfad** führt. Schon jetzt freuen wir uns darauf, am Ende der Wanderung unsere Füße im klaren Wasser des Rösselsbachs zu erfrischen. Entlang des Barfußpfads wandern wir durch idyllisches Wiesengebiet, bis der **Brunnenweg** kreuzt. Dort gehen wir nach links bis zur **Fabrikstraße** und biegen abermals links ab. Der Fabrikstraße folgen wir immer geradeaus, wie es uns die Wegmarkierung vorgibt.

Wir lassen Ludwigswinkel hinter uns, und die Straße geht in einen Waldweg über. Ab hier befinden wir uns auf dem Areal des ehemaligen Fischbacher Army Depots. Es ist noch früh am Morgen, und durch die feinen Tautropfen in der Luft breiten sich die Sonnenstrahlen fächerartig zwischen den Bäumen aus. Eine mystische Stimmung entsteht, und wir haben das Gefühl, in einem Märchenwald zu stehen. Nach etwa einem Kilometer erreichen wir die verlassene **Militärbasis „area 1“ 1**. Lediglich der Wachturm mit Wachgebäude ist erhalten. Das gesamte Gelände

*Bis in die 1990er-Jahre war die **„area 1“** eines der größten Sonderwaffenlager der US-Armee in Europa. Mutmaßlich lagerten hier auch Atomwaffen. Es ist das einzige unter Denkmalschutz stehende Relikt des Kalten Krieges in Rheinland-Pfalz.*

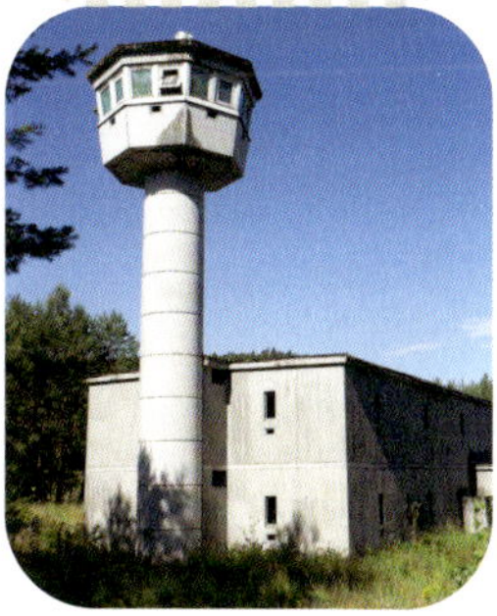

steht unter Denkmalschutz und kann in einem kurzen Rundgang erkundet werden.

Vor dem Turm stehend, wenden wir uns nach links und laufen ein Stück auf der ehemaligen Militärstraße entlang. Rechts im Wald erkennen wir noch ein paar Reste der früheren Militäranlagen. Wenige Gehminuten weiter werden wir nach rechts geleitet auf einen steilen, befestigten Waldweg. Auffällig still ist es hier. Nur der Wald bricht das Schweigen, und wir lauschen entspannt den Naturgeräuschen. Noch einmal rechts abbiegen, und schon sind wir auf einem schmalen Pfad, der uns in ca. 900 Metern hoch zum Gipfel des Rumbergs führen wird. Dieser Streckenabschnitt hat es in sich und macht dem Namen „Steig" alle Ehre. Am Wegesrand entdecken wir für den Pfälzerwald typische Sandsteingebilde. Ein kurzer steiler Anstieg bringt uns auf die Höhe des **Rumbergs.**

*In einer Linie stehen die fünf **Rumbergtürme** Ostfels, Lochfels, Wespenfels, Habichtsfels und Kastenfels hintereinander auf dem lang gezogenen Rumberg. Ihre Umrisse dienten als Vorlage für die Wegmarkierung.*

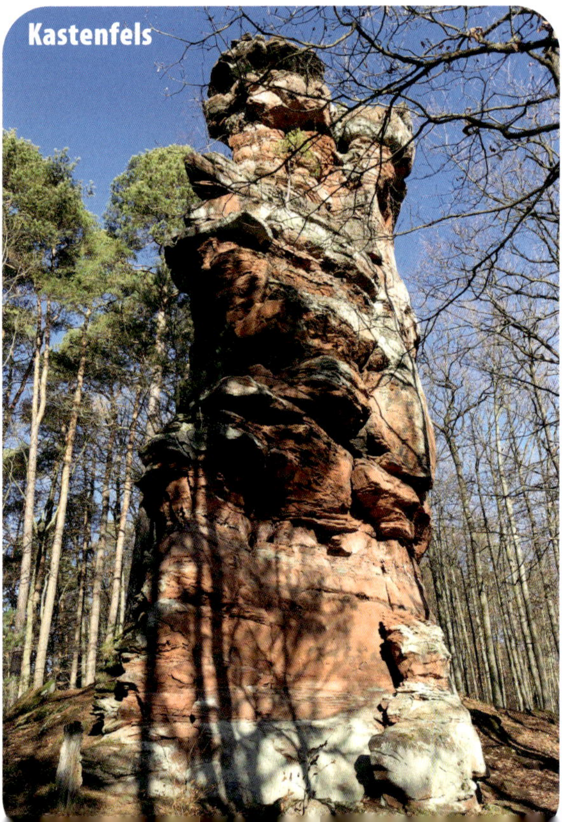

Für die Seele

Auf den Holzbänken am Ufer des Rösselsweihers entspannen wir, lauschen den Geräuschen des Waldes und lassen unsere Blicke gedankenverloren über das Gewässer schweifen.

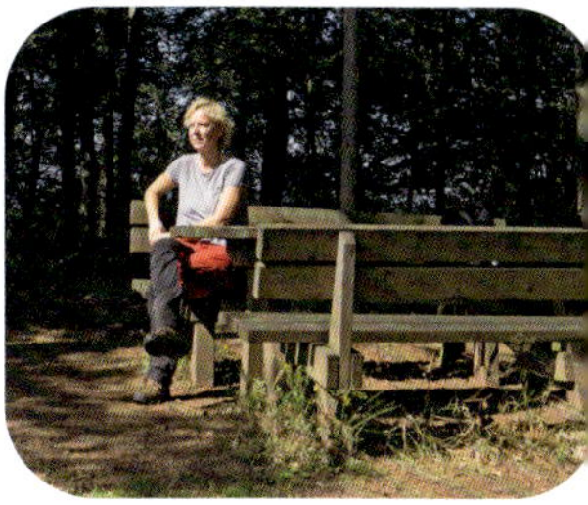

Fortan wandern wir auf dem lang gezogenen Bergkamm. Wir kommen an unzähligen Felsformationen vorbei. Gelegentlich bietet sich auch ein Blick durch die Bäume in den Pfälzerwald und die Nordvogesen. An einer Weggabelung lädt uns der **Picknickplatz am Rumberg 2** zur ersten Pause ein. Von hier haben wir Sicht auf den Großen Florenberg.

Nachdem wir uns gestärkt haben, setzen wir unsere Wanderung fort und folgen der Wegmarkierung nach rechts auf einen breiten Waldweg. Oben auf dem Bergrücken sehen wir etliche Sandsteinfelsen. Es geht einmal um den Berg herum bis zu einer Weggabelung, an der wir rechts auf einen breiten Forstweg abbiegen und bergab wandern. Schon nach etwa 100 Metern verlassen wir den Forstweg und wechseln nach links auf einen Waldweg. Wenige Wanderminuten später und nach einigem Auf und Ab taucht der **Ostfels** vor uns auf, der erste der fünf bizarr geformten **Rumbergtürme 3.**

Über den ganzen Bergrücken sind turmartigen Felsen verteilt, und wir laufen staunend an ihnen entlang. Die unmittelbare Nähe zu den Felsen verleitet uns dazu, sie genauer zu erkunden und zu befühlen. Jede neue Blickrichtung verändert die Erscheinung der aufragenden Riesen. Mal erkennen wir die Form einer Sanduhr, mal die Gestalt einer Echse – es macht Spaß, unserer Fantasie Raum zu geben. Dabei müssen wir aber auch auf den Weg achtgeben, der sich stellenweise als schmaler Felsenpfad abenteuerlich gestaltet.

Hinter dem **Kastenfels 4,** dem letzten Felsenturm,

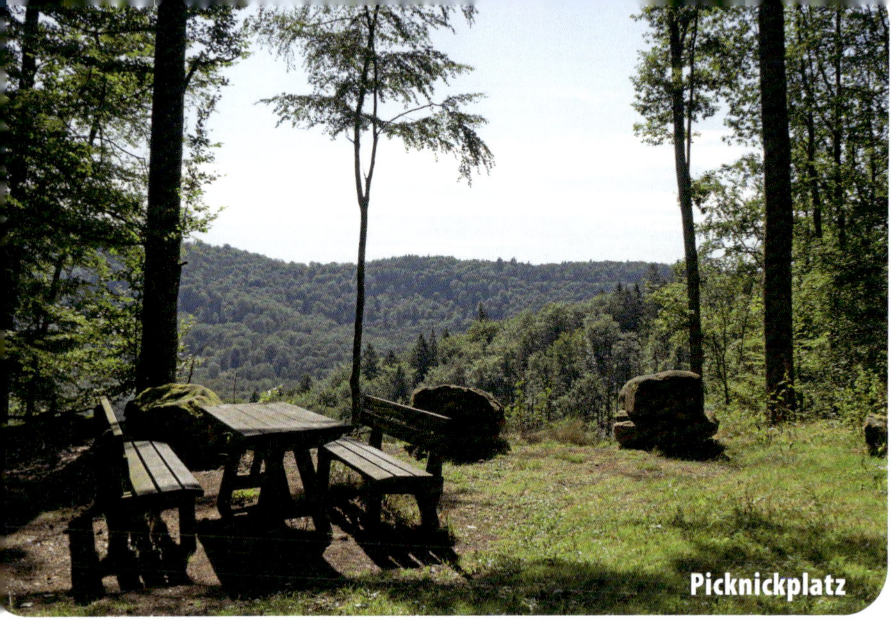

lotst uns die orangefarbene Wegmarkierung wieder den Berg hinunter. An einer Weggabelung werden wir nach links geschickt und umrunden in einem Halbbogen den **Rumbergfelsen** ⑤. Gemütlich wandern wir einen knappen Kilometer zum **Spitzen Felsen** ⑥. Während wir noch über seinen Namen grübeln, entdecken wir oben auf dem Felsen eine kleine Steinspitze. Ob sie die Namensgeberin für diesen Felsen war? Wir nutzen den nah gelegenen Rastplatz für eine kurze Pause. Kein Zivilisationsgeräusch dringt zu uns, nur das sanfte Rascheln der Blätter im Wind und die Vögel sind zu hören. Eine Oase der Stille.

Steil geht es im Anschluss auf einem schmalen und steinigen Pfad bergab. Am Querweg unten angekommen, gehen wir nach rechts und folgen der Markierung immer geradeaus in gemächlichem Abwärtsgang. Mittlerweile sind wir von duftendem Nadelwald umgeben, der eine mystische Atmosphäre zaubert. An einer Wegkreuzung stoßen wir auf eine asphaltierte, ehemalige Militärstraße, der wir etwa 500 Meter nach links folgen. Unser letzter Anstieg zum **Guckenbühl** steht bevor, und wir orientieren uns am Wegweiser, der uns nach rechts auf einen schmalen Waldweg den Berg hinauf lenkt. Hier müssen wir auf den Weg achtgeben, da er zu Beginn recht steil und mit Wurzeln übersät ist.

Etwas unterhalb des Guckenbühlfelsens flacht unser Pfad wieder ab, und wir wandern am Berghang entlang talwärts bis zur nächsten Weggabelung. Von dort wandern wir nach links unserem nächsten Ziel, dem **Rösselsweiher,** entgegen. Weicher Waldboden, Wurzelwerk und Totholz überall – dieser Abschnitt verzaubert uns regelrecht. Ein Schild am Wegesrand informiert uns darüber, dass wir nun im **Naturschutzgebiet Rohrweiler-Rösselsweiher** sind. Ab hier ist der Verlauf des Rumberg-Steigs identisch mit dem der **Wasgau-Seen-Tour.** Als ob die Sonne uns den Weg weisen möchte, wirft sie uns ihre Strahlen voraus und taucht den nun vor uns liegenden **Rösselsweiher** 7 in wundersames Licht.

Fast widerwillig setzen wir unsere Wanderung fort, so gut gefiel es uns am Weiher. Vom Weiher aus laufen wir nach ungefähr 100 Metern rechts ab auf einen breiteren Waldweg und nähern uns nach weni-

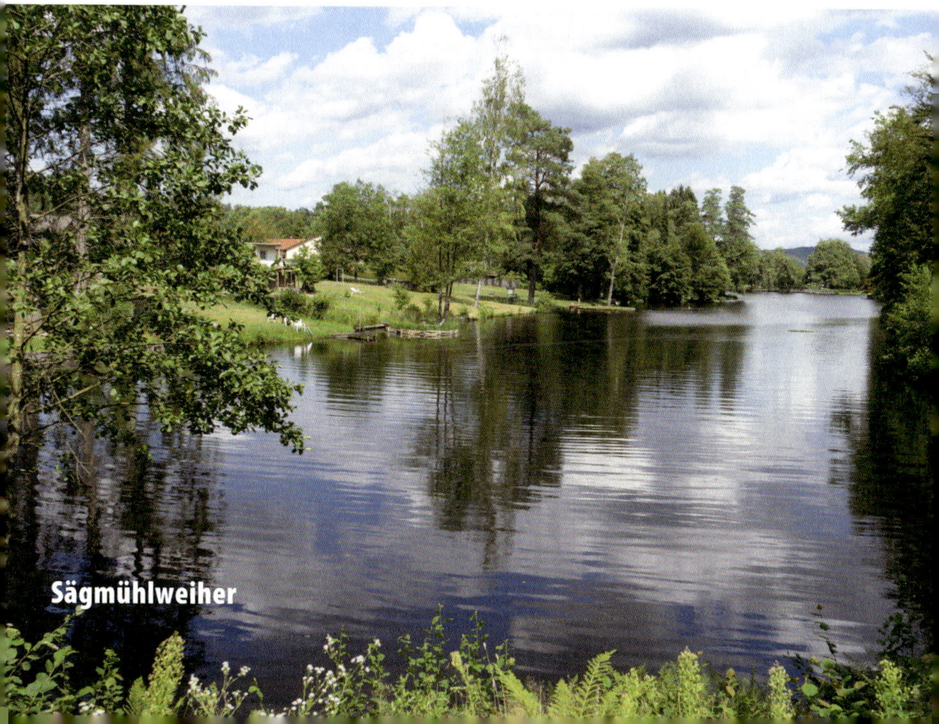

Sägmühlweiher

Auszeittour 3

gen Minuten den ersten Häusern von Ludwigswinkel. Wir richten uns weiterhin nach der Wegmarkierung und überqueren fast unbemerkt den Rösselsbach. Nach links geht es schließlich auf einem schmalen Pfad zum **Sägmühlweiher 8**. Hier ist übrigens Baden erlaubt.

Am Weiher entlang führt uns der Rumberg-Steig auf die Petersbächler Straße. Wir gehen ein paar Meter nach links und überqueren dann die Straße. Hier verlassen wir den Rumberg-Steig und laufen wie am Anfang unserer Wandertour über den **Barfußpfad 9**. Genüsslich waten wir durch das kühle Bachwaser und beleben unsere müden Glieder wieder, bevor wir im **Gasthaus zum Landgrafen 10** den Tag genussvoll ausklingen lassen.

Auf einer Länge von 1,6 Kilometern erstreckt sich der ***Barfußpfad*** *im Freizeitpark Birkenfeld am Dorfrand von Ludwigswinkel. An zehn Stationen wird Natur in all ihren Facetten fühlbar gemacht.*

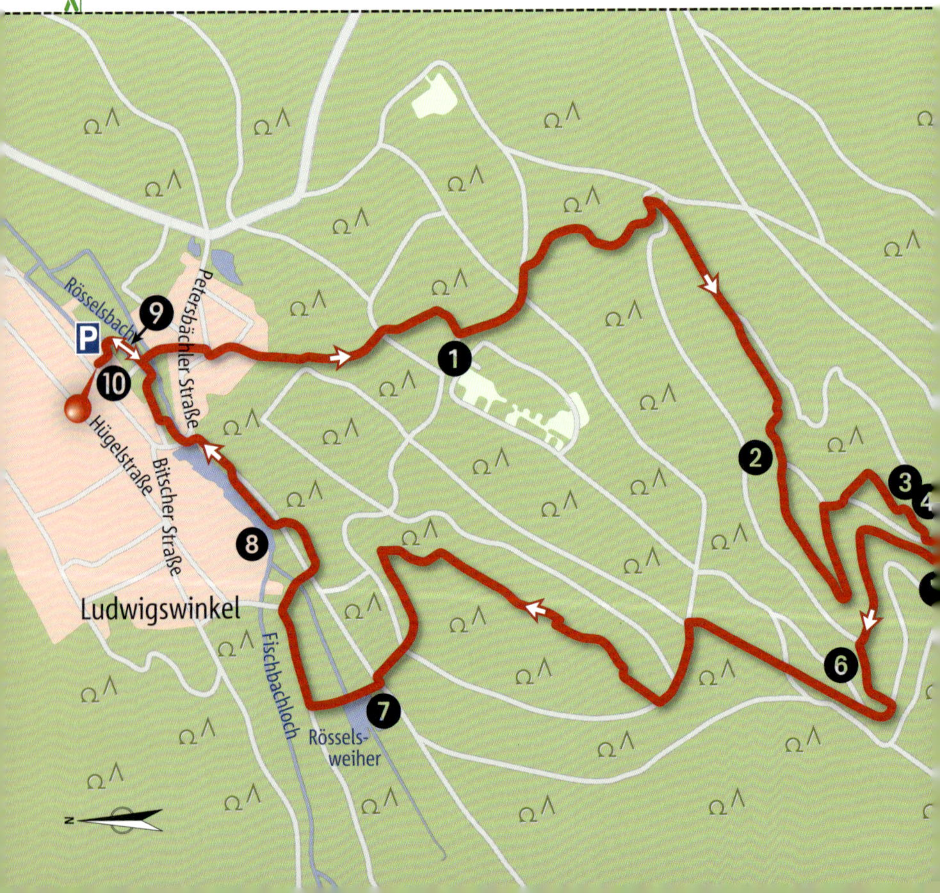

Entspannung ✱✱✱✱✱
Genuss ✱✱✱✱✱
Romantik ✱✱✱✱

WIE & WANN:
Breite Waldwege, schmale Pfade, anspruchsvolle Steigpassagen, asphaltierte Streckenabschnitte; ganzjährig schön

HIN & WEG:
Auto: B 10 Abfahrt Hinterweidenthal, weiter auf der B 427 bis Dahn-Reichenbach, von dort Richtung Bruchweiler-Bärenbach auf der L 489, nach Bruchweiler-Bärenbach auf der L 478 über Fischbach nach Ludwigswinkel. Parkplatz am Dorfplatz, Landgrafenstraße 44, 66996 Ludwigswinkel (GPS: 49.077378, 7.666375)
ÖPNV: Mit dem Zug nach Dahn, Weiterfahrt vom Bahnhof mit der Buslinie 251 nach Ludwigswinkel, Ausstieg Bushaltestelle Landgrafenstraße/Rathaus

ESSEN & ENTSPANNEN:
Rucksackverpflegung für unterwegs, keine Hütten am Weg.
Gasthaus zum Landgrafen ⑩ Landgrafenstraße 33, 66996 Ludwigswinkel, Tel. (0 63 93) 4 05, www.zumlandgrafen.de

ENTDECKEN & ERLEBEN:
Militärbasis „area 1" ❶
Picknickplatz am Rumberg ❷
Rumbergtürme ❸
Kastenfels ❹
Rumbergfelsen ❺
Spitzer Felsen ❻
Rösselsweiher ❼
Sägmühlweiher ❽
Barfußpfad ❾

* 9,5 Kilometer
* 550 Höhenmeter
* 3 Stunden
* Rundweg

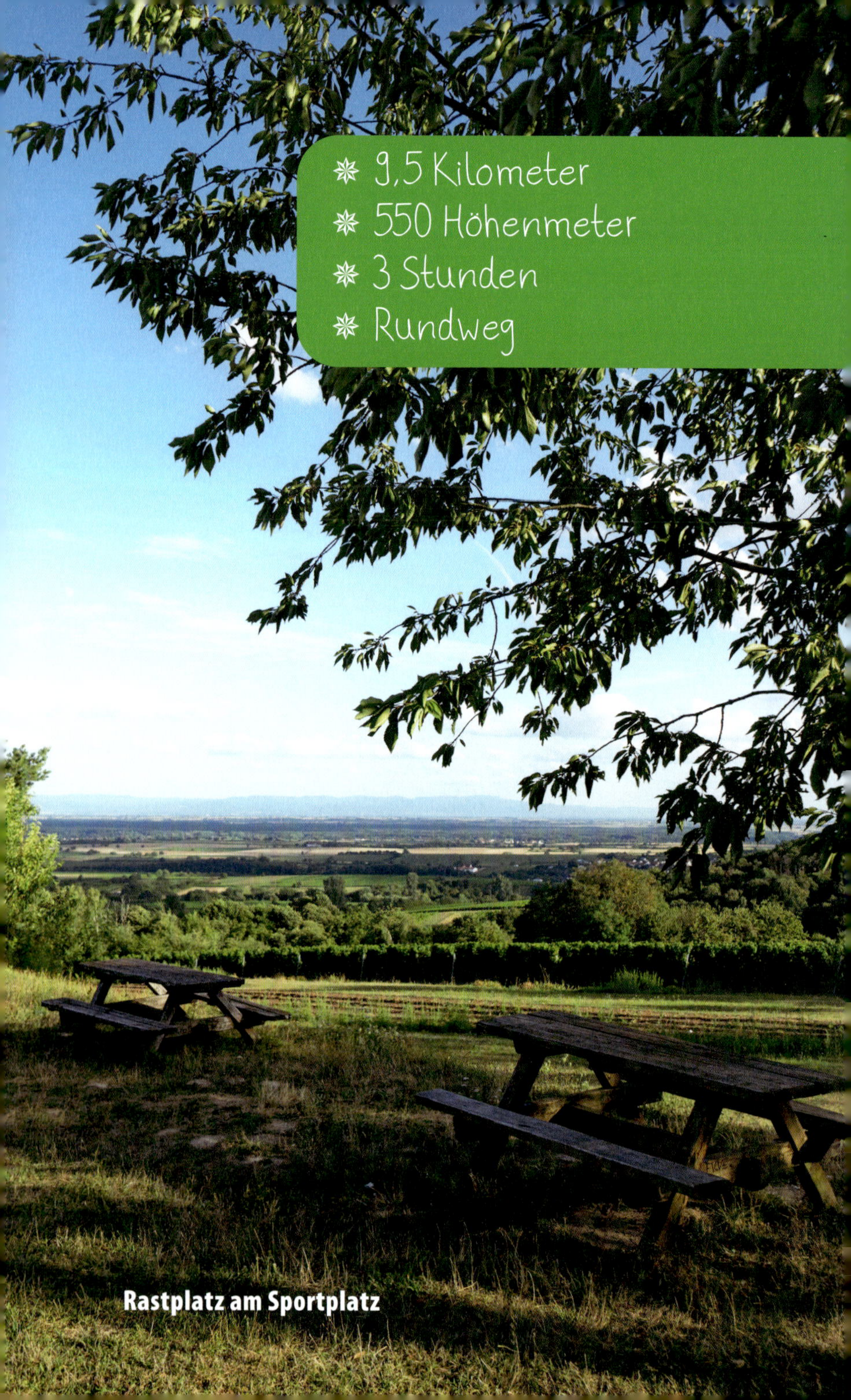

Rastplatz am Sportplatz

Märchenwald

Rund um Dörrenbach

Schattige Waldpfade, Wiesenwege, weite Ausblicke und sonnige Weinhänge – das alles bietet uns der **Weg der Aussichten** bei Dörrenbach. Auch warum das malerische Dörfchen als „Dornröschen der Pfalz“ bezeichnet wird, werden wir auf dieser entspannenden Rundwanderung herausfinden.

In der **Hauptstraße** vor der Tourist-Information beginnt unsere Wanderung. Das violette Ausblick-Symbol (Punkt mit 4 Strahlen) weist uns den Weg nach rechts in die **Wiesenstraße.** Vor einer Kurve biegen wir rechts ab und kommen auf einen Wiesenweg, der idyllisch am **Dörrenbach** entlang verläuft. Hier begegnen uns auch die Symbole des Pfälzer Weinsteigs und des Pfälzer Jakobswegs. Um die Wiesenatmosphäre auf uns wirken zu lassen, setzen wir uns auf eine der Holzbänke am Wegesrand. Uns wird wieder einmal bewusst, welch beruhigende Wirkung Natur haben kann.

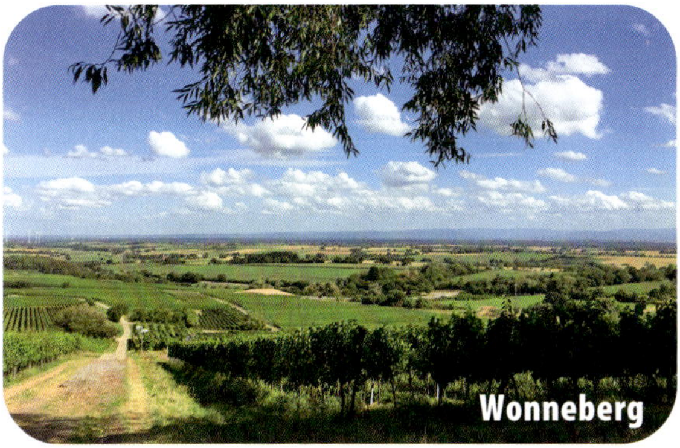

Wonneberg

Zum ersten Mal urkundlich erwähnt wurde die ***Kolmerbergkapelle*** *im Jahr 1470. In ihrer Geschichte wurde sie mehrmals zerstört und wieder aufgebaut. Heute ist sie eine der bekanntesten Wallfahrtskapellen der Südpfalz und ein Ort mit besonderer Ausstrahlung.*

Bei der zweiten Weggabelung verlassen wir das Wiesental und folgen links dem abzweigenden Weg bergauf. Der Weg ist lückenlos ausgeschildert, und wir können völlig entspannt unseren Wahrnehmungen Raum geben. Zwischen Waldrand und Weinreben wandern wir zum **Aussichtspunkt Wonneberg** ❶ und weiter hoch zu einem Sitzplatz mit großartiger Aussicht auf Bad Bergzabern und in die Rheinebene. Bei klarer Sicht können wir sogar die Erhebungen des Schwarzwalds sehen.

An der nächsten Kreuzung wenden wir uns nach links und laufen durch einen Kiefernwald zur **Schutzhütte Metzenbühl** ❷ (ca. 300 Meter). Von der Hütte führt unser Weg noch 200 Meter weiter geradeaus, dann biegen wir rechts ab auf den weichen Waldpfad zum **Heidbühl.** Wir erreichen die Wegspinne „Südliches Finstertal" und folgen dem Wegweiser halb links zur **Geisbornquelle** ❸ oberhalb von Dörrenbach.

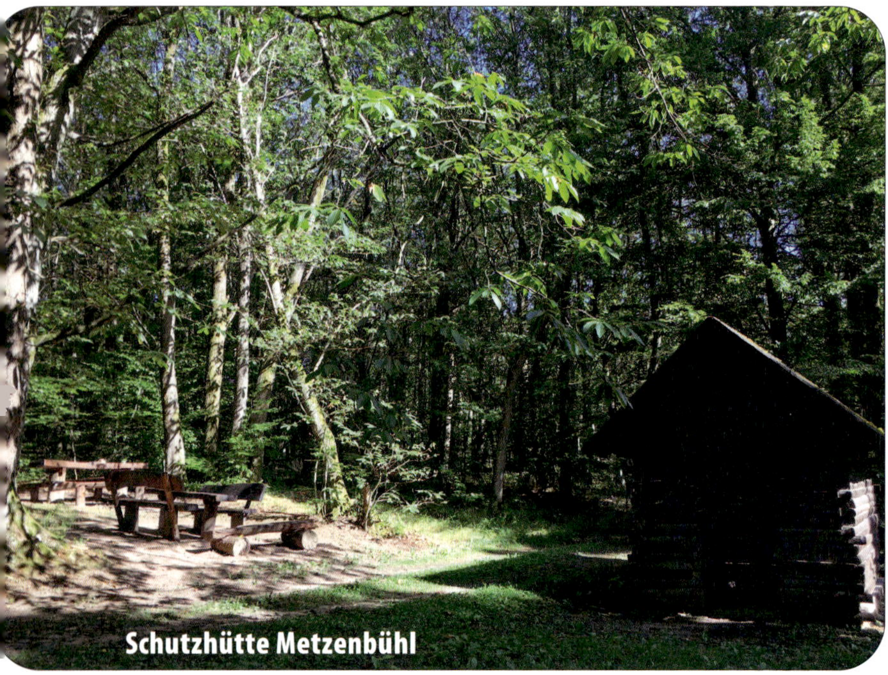

Schutzhütte Metzenbühl

Für die Seele

Entlang der Weinberge wandern wir von Bank zu Bank und erfreuen uns an dem Blick auf die sanften Hügel der südpfälzischen Weinregion.

Auf der Bank an der Quelle machen wir eine kurze Pause und lauschen dem meditativen Plätschern des Quellwassers.

Nur noch wenige Meter sind wir von der nächsten Wegspinne entfernt, an der wir den rechten Waldweg zur **Kolmerbergkapelle** ❹ einschlagen. Ohne Eile bewältigen wir gemächlich den Anstieg. Da uns der direkte Weg über den Hang hoch zur Kapelle zu steil ist, wählen wir den unwesentlich längeren Weg um die Bergkuppe herum und kommen an eine lauschige Sitzbank. Einfach mal kurz hinsetzen und ausruhen, bevor wir dann rechts auf einem Pfad hoch zur Kapelle laufen. Seit Jahrhunderten ist die Wallfahrtskirche ein beliebtes Pilger- und Wanderziel. Ein Fußweg führt um die Kapelle herum und ermöglicht es uns, das ehrwürdige Gemäuer etwas genauer in Augenschein zu nehmen.

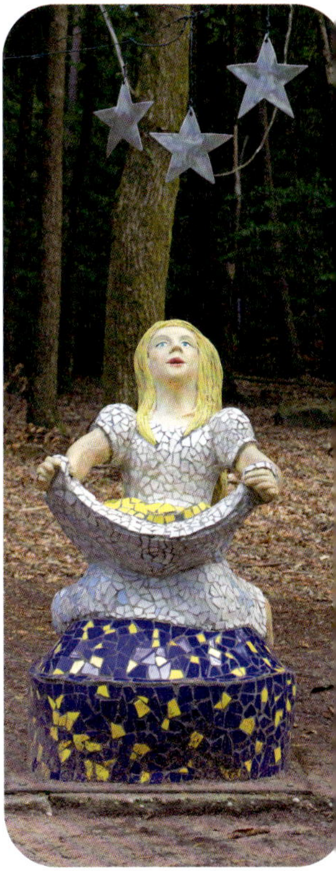

Die violette Wegmarkierung führt uns nun Richtung **Stäffelsbergturm.** Am Wegkreuz „Rödelstal", wo sich auch der **Wanderparkplatz „Am Bild"** ❺ befindet, trauen wir unseren Augen kaum: Mitten im Wald sitzt eine Märchenfigur, und über ihr im Geäst der Bäume hängen drei Sterne. „Sterntaler" – wir stehen vor einer der sieben Märchenstationen des **Gebrüder Grimm Märchenwegs,** der hier parallel zu unserem „Weg der Aussichten" verläuft. Halb rechts müssen wir nun etwas steiler hinauf und kommen an einen Steinbruch. „Hänsel und Gretel" erwarten uns dort. Wir sind hellauf begeistert von der liebevoll gestalteten Märchenstation. Noch ein Stück weiter auf dem Pfad, und das nächste Märchen stellt sich vor: „Tischlein deck dich", noch dazu mit einem erhöhten Picknickplatz. Mitten im Wald ist dieser **märchenhafte Rastplatz** ⑥ für alle Ruhesuchenden der richtige Ort.

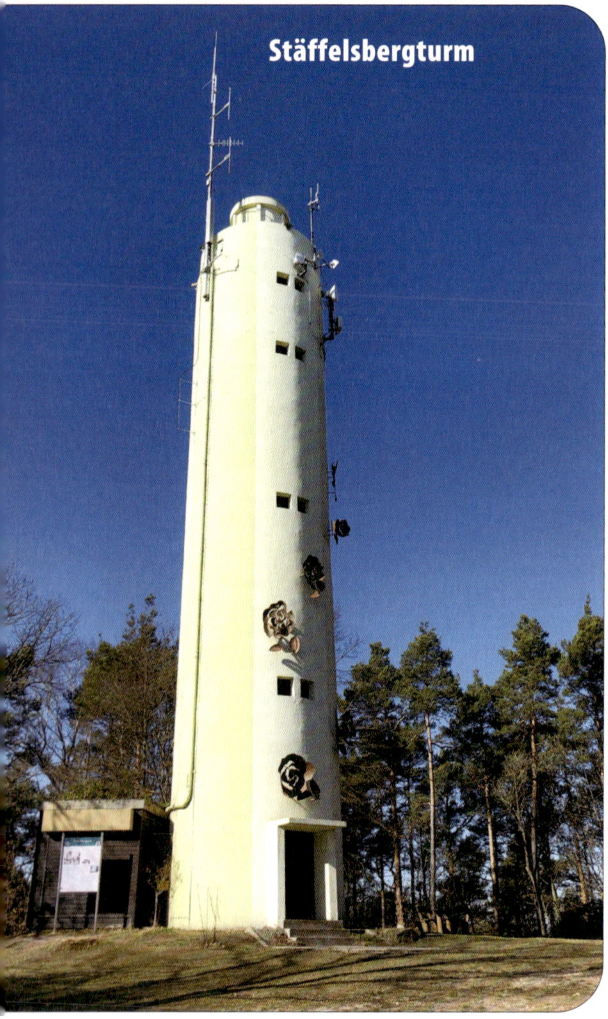

Unser Weg geht links weiter, doch wir machen zuerst einen Abstecher zum **Stäffelsbergturm** ⑦ hinauf, der mit 481 Metern der höchste Punkt unserer Wanderung ist. Am Wochenende ist man hier oben selten alleine, aber das weitläufige Terrain um den Turm bietet genügend Platz zum Ausruhen und Picknicken. Doch bevor wir unseren Proviant auspacken, steigen wir erst die 120 Stufen zur Aussichtplattform hoch. Eine großartige Rundumsicht über Wasgau, Nordvogesen, Pfälzerwald und Schwarzwald entschädigt für den mühevollen Aufstieg. Bei klarer Sicht kann man sogar in weiter Ferne das Straßburger Münster und die Hornisgrinde im Nordschwarzwald erkennen.

Wir begeben uns wieder zurück auf den Hauptweg und folgen der Markierung „Weg der Aussichten" nach rechts. Mit weichem Waldboden unter den Sohlen wandern wir talwärts auf dem **Steinigen Weg** (der tatsächlich steinig und holprig ist) und dort nach links zum **Wanderparkplatz „Am alten Bild" 8.** Halb rechts geht es nun durch lichten Mischwald weiter bergab auf einem breiten Waldweg.

Unser Wegzeichen führt uns jetzt zurück Richtung Dörrenbach. An der Weggabelung am Waldrand öffnet sich uns ein Weitblick zur Rheinebene hin. Jetzt verstehen wir, warum man die Südpfalz auch die „Toskana Deutschlands" nennt: Weinberge, so weit das Auge reicht. Oberhalb der Weinhänge wandern wir in gemütlichem Tempo zu einer Holzbank mit Holztisch. Die Aussicht ist einfach zu schön, sodass wir kurzerhand eine ungeplante Pause einlegen.

Noch einmal geht es in den Wald hinein und nach einer Wegbiegung auch schon wieder heraus. Ein kurzer aufsteigender Schotterweg führt uns zum Vereinsheim des SV Dörrenbach. Dort genießen wir am **Rastplatz am Sportplatz 9** noch einmal einen abschließenden Blick in die Ebene, bevor wir die Straße hi-

*Das 1590/91 im Fachwerkstil erbaute **Rathaus von Dörrenbach** ist ein historisches Kleinod. Im prachtvollen Rathaussaal treffen sich Besucher und Einheimische zu Weinproben und Pfälzer Abenden.*

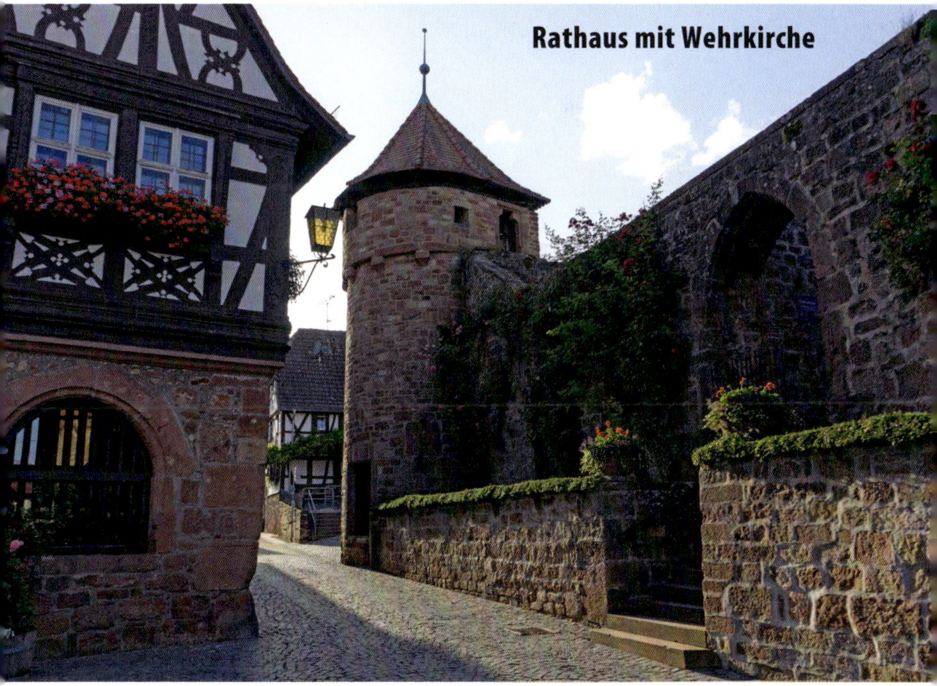

Rathaus mit Wehrkirche

nunter ins Dorf gehen. Angetan von den malerischen Fachwerkhäusern und den romantischen Gässchen machen wir noch einen Rundgang durch das Dorfzentrum.

Vorbei am **Historischen Rathaus** steigen wir die Steinstufen zur mittelalterlichen **Wehrkirche Sankt Martin ⑩** hinauf. Seit 1684/85 ist sie eine Simultankirche, das heißt, sie wird von beiden Konfessionen gemeinsam genutzt. Der Unterteil des Chorraums ist der älteste Teil der Kirche, er stammt etwa aus der Zeit um 1300. Eine der ältesten Glocken der Pfalz läutet heute noch zwischen vier anderen Glocken im Turm der Wehrkirche. Hungrig und ausgeglichen freuen wir uns jetzt auf eine Einkehr in der **Weinstube unter der Linde ⑪.**

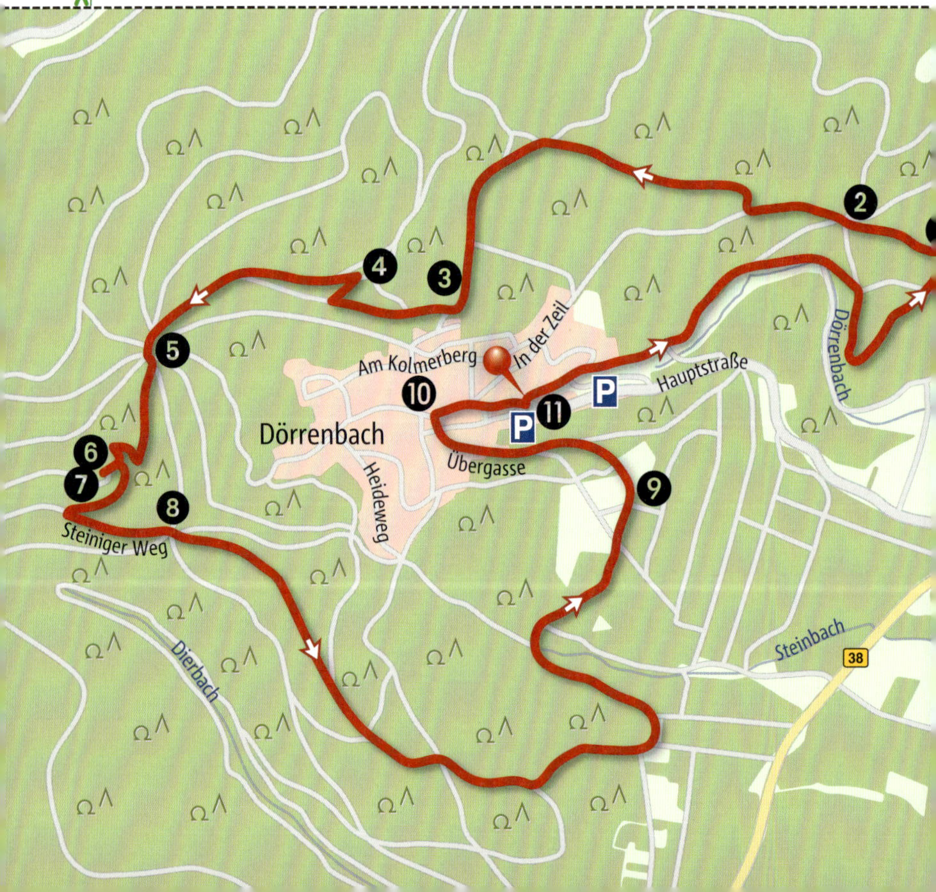

Entspannung ✸✸✸✸✸
Genuss ✸✸✸✸✸
Romantik ✸✸✸✸✸

WIE & WANN:
Breite Waldwege, schmale Pfade, Landwirtschaftswege entlang der Weinberge, geringer Forstweganteil, asphaltierte Straßen lediglich in Dörrenbach; ganzjährig schön

HIN & WEG:
Auto: Wanderparkplatz Ortseingang Dörrenbach, an der Hauptstraße (GPS: 49.090394, 7.968242)
ÖPNV: Mit der Bahn nach Bad Bergzabern, weiter mit dem Bus 543 (Bad Bergzabern – Wissembourg) bis Haltestelle Dörrenbach

ESSEN & ENTSPANNEN:
Weinstube unter der Linde ⓫ Hauptstraße 8, 76889 Dörrenbach, Tel. (0 63 43) 93 98 03, www.weinstubeunterderlinde.de

ENTDECKEN & ERLEBEN:
Aussichtspunkt Wonneberg ❶
Schutzhütte Metzenbühl ❷
Geisbornquelle ❸
Kolmerbergkapelle ❹
Wanderparkplatz „Am Bild" ❺
Märchenhafter Rastplatz ❻
Stäffelsbergturm ❼
Wanderparkplatz „Am alten Bild" ❽
Rastplatz am Sportplatz ❾
Wehrkirche Sankt Martin ❿

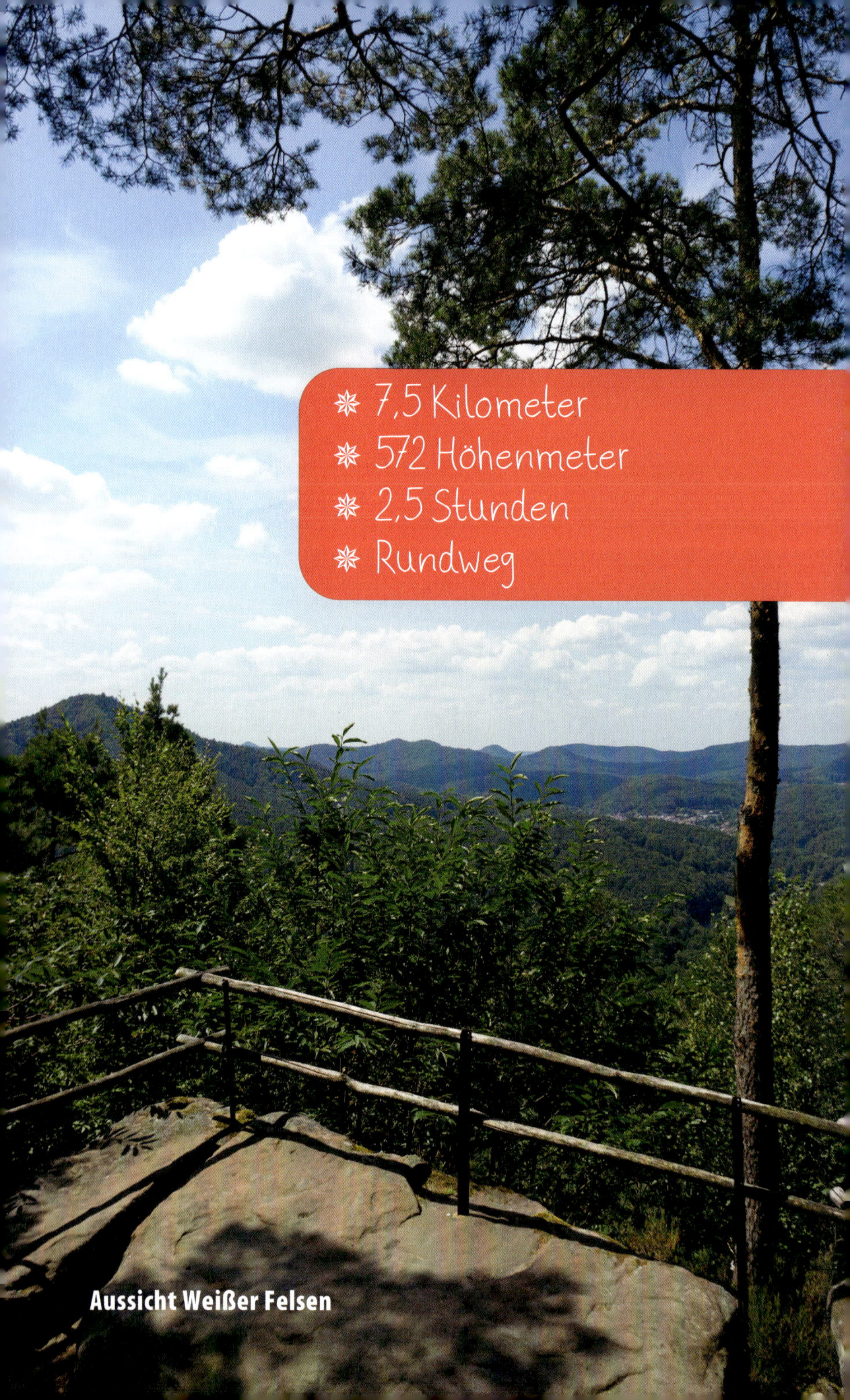

- 7,5 Kilometer
- 572 Höhenmeter
- 2,5 Stunden
- Rundweg

Aussicht Weißer Felsen

Drei Burgen

Burgenwanderung bei Klingenmünster

Auf dem Burgenweg von Klingenmünster lernen wir auf nur 7,5 Kilometern die drei typischen Entwicklungsstufen der mittelalterlichen Burgenbaukunst kennen. Nicht nur historisch gesehen gehört dieser Rundwanderweg zu den schönsten Wanderwegen im Pfälzerwald. Mit seinen erhabenen Ausblicken und Fernsichten in alle Himmelsrichtungen ist er ein wertvolles Kleinod auf der Pfälzerwald-Karte.

Wir starten unsere Wanderung an der **Johannaquelle** oberhalb des Pfalzklinikums, dort, wo sich der Johanna-Weg und die Alte Straße kreuzen. Würden wir der Straße nach links folgen, kämen wir auf direktem Weg zur Burgruine Landeck. Auf unserer Tour wird die Burg aber erst die letzte Station sein. Also gehen wir an der Quelle nach rechts die Straße entlang, bis wir zu einem Schilderbaum kommen. Die rot-weiße Markierung **Burgenweg** lenkt uns nach rechts ins schluchtartige Mühltälchen.

Sanft ansteigend wandern wir durch herrlichen Kastanienwald. In einer Kurve biegen wir rechts auf einen Pfad mit Steigcharakter ab und beginnen in steilem Zickzack den **Treutelsberg** zu besteigen. Unter uns hören wir es gemütlich plätschern. An einer Weggabelung überqueren wir einen breiten Wanderweg und steigen ein paar Steinstufen hinauf. Wenn es im Gebüsch raschelt, sind das wahrscheinlich ein paar Eidechsen, die von ihrem Sonnenplatz aus dem Mittagsschlaf aufschrecken.

Auf einer natürlichen Felsenkuppe des Heidenschuhs liegt die Ruine der salischen ***Turmburg Schlössel****. Im 11. Jahrhundert wurde sie als Teil der noch älteren Fliehburg Heidenschuh zum Schutz des Klosters in Klingenmünster errichtet.*

Nach etwa 200 Wandermetern führt uns der Pfad zum **Ringwall ①**, der äußeren Begrenzung der **Burganlage Schlössel ②**. Noch gut erkennbar ist der Verlauf des äußeren Steinwalls, der hier im Südosten vom Burgenweg gekreuzt wird. Ab hier wandern wir auf geschichtsträchtigem Boden. Auf dem Weg hoch zur Kernburg kreuzen wir auch den inneren Wall und gelangen an eine Schautafel, die uns über die Ringwallanlage informiert. Nun sind es nur noch wenige Gehminuten zum Tor 1 der Kernburg. Im Burghof befindet sich für uns Besucher eine ausführliche Informationstafel zu den Forschungsergebnissen aus „25 Jahren Archäologie Schlössel". Ein Steinquader fällt uns besonders ins Auge, denn in ihn wurde ein kleines Gesicht gemeißelt. Dies war damals ein Hinweis an die Burgbesucher, dass sie mit Betreten der Burganlage „unter Beobachtung" standen.

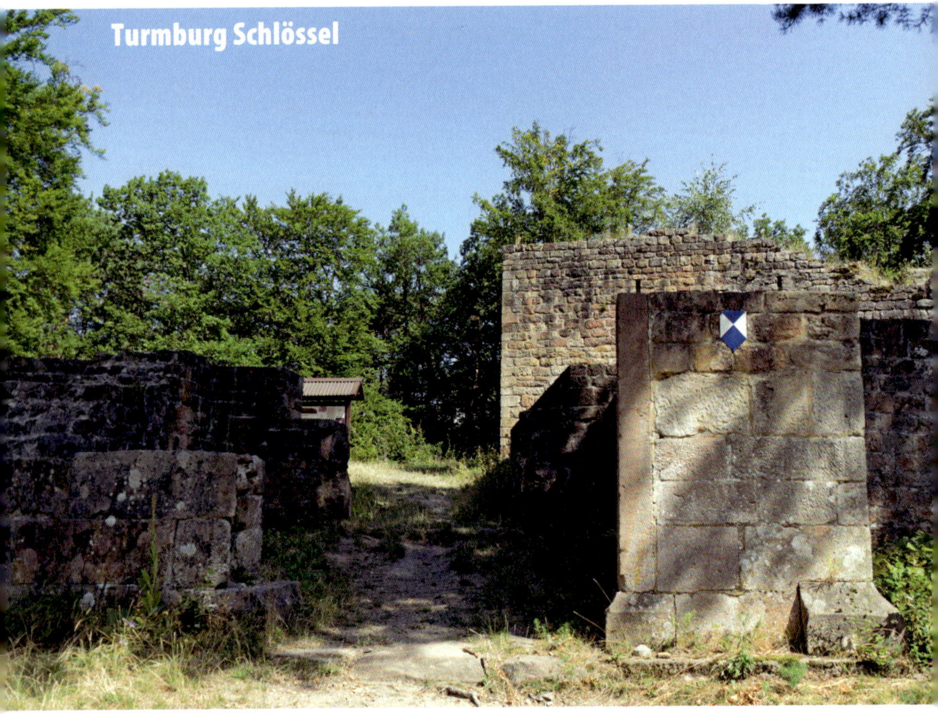
Turmburg Schlössel

Nach einer ausgiebigen Erkundung des alten Gemäuers gönnen wir uns eine Ruhepause auf den Holzbänken im Burghof.

Um unsere Wanderung fortzusetzen, müssen wir wieder durch Tor 1 und ein Stück des Weges zurück zum Schilderbaum gehen. Dort wenden wir uns nach links und folgen dem Wegweiser ein kurzes Stück

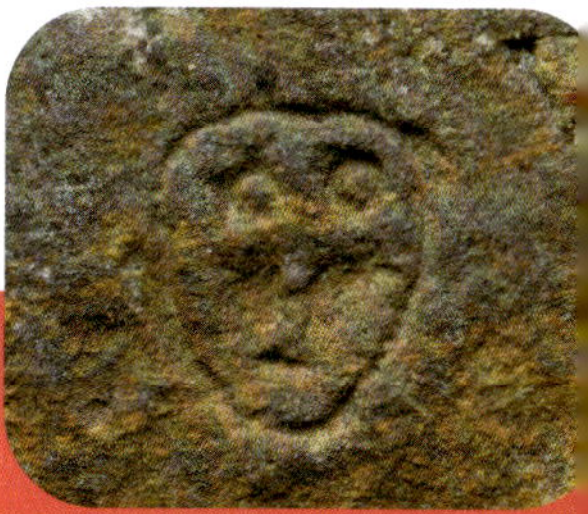

Für die Seele

Auf dem Weißen Felsen genießen wir die Stille der Natur, während wir beim Anblick der sanften Erhebungen des Pfälzerwalds Energie tanken und loslassen.

bergab in eine Senke, dann halb rechts wieder hinauf auf eine kleine Kuppe. Rechts und links des Weges sehen wir verfallene Gräben aus neuerer Zeit.

Mittlerweile haben wir den Laubwald hinter uns gelassen und befinden uns nun in hellem, duftendem Nadelwald. Hinter der Kuppe trifft der Weg nach einer Linkskurve auf einen breiten Hauptweg. An dem Baum mit den drei weißen Schildern biegen wir rechts ab und wandern weiter bergauf Richtung **Heidenschuh.** Stellenweise führt der Weg durch einen steinigen und steilen Hohlweg, der aber nach rechts abzweigend wieder gemächlicher wird.

Schon nach wenigen Minuten erreichen wir den Aussichtspunkt auf der Nordostspitze des Heidenschuhs. Uns offenbart sich ein weiter Blick in die Rheinebene und auf die gegenüberliegende Madenburg. Im Winter kann das Felsplateau vereist und dadurch nicht begehbar sein. In der Nähe finden wir noch Mauerreste der äußeren Abschnittsmauer der ehemaligen **Fliehburg Heidenschuh** ❸. Ihr Name „Heidenschuh" leitet sich von der Form des Berges ab, auf der sie erbaut wurde.

Die frühmittelalterliche ***Fliehburg Heidenschuh*** *wird als Vorgängerin der Burg Schlössel angenommen. Im 8./9. Jahrhundert wurde sie als Schutzburg des Klosters Klingenmünster errichtet. Zwei Abschnittsmauern im Südwesten des Bergrückens dienten als Begrenzung der Burg.*

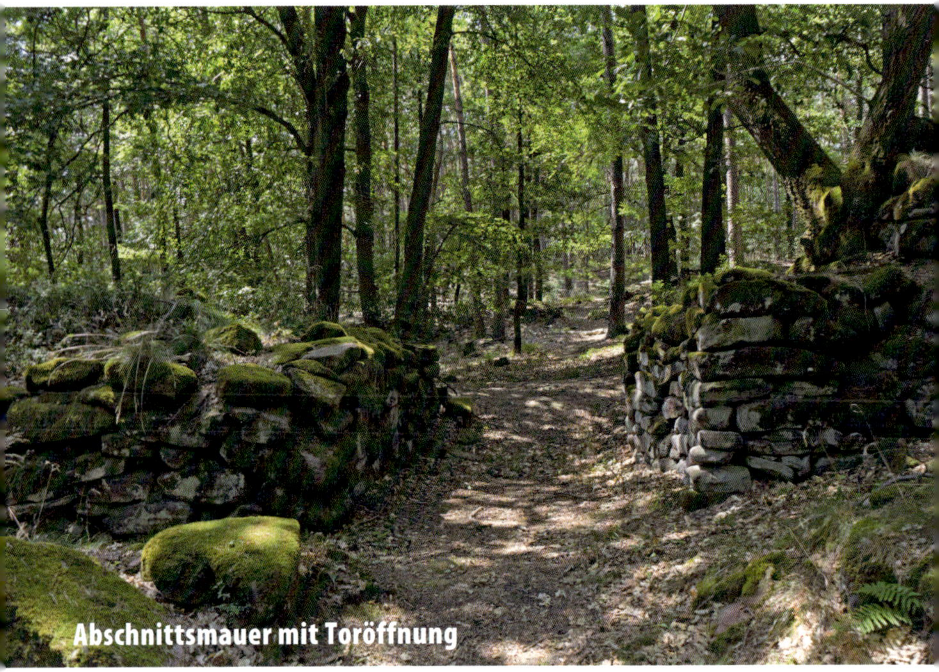

Abschnittsmauer mit Toröffnung

Wieder zurück auf dem Burgenweg wandern wir auf dem Bergrücken nach Südwesten, Richtung Martinsturm. Es folgt einer der schönsten Wegabschnitte im Pfälzerwald. Weich wie ein Teppich sind die mit Moos bewachsenen Felsplatten der ehemaligen Fliehburg unter unseren Füßen. Am liebsten würden wir uns hinlegen und stundenlang in den Himmel schauen. Zwischen den bizarr wachsenden Kiefern stehen vereinzelt Birken, die mit ihren weißen Stämmen ein abwechslungsreiches Waldbild zeichnen.

Nach wenigen Gehminuten erblicken wir links von uns die Reste der inneren **Abschnittsmauer mit Toröffnung** ❹. Auch hier befindet sich eine Tafel mit historischen Informationen. In unmittelbarer Nähe steht eine Schutzhütte oberhalb des Weges. Uns reizt die Holzbank am Wegesrand mehr, denn von ihr haben wir freie Sicht auf die **Reichsburg Trifels** bei Annweiler und den gegenüberliegenden **Rehberg.** Umgeben vom süßlichen Duft der Kiefern wandern wir auf weichem Waldboden der Sonne entgegen zu unserem nächsten Zwischenziel: dem Martinsturm.

Immer wieder werden unterwegs Blicke auf die Pfälzer Berge und ins **Kaiserbachtal** frei. Den Abzweig rechts hinunter nach Waldhambach beachten wir nicht, sondern bleiben auf dem Weg, der uns nach Süden führt. Etwa 120 Meter weiter stoßen wir auf einen breiteren Waldweg, an dem wir rechts abbiegen. Ein Wegweiser schickt uns nach wenigen Metern nach links in einen mystisch wirkenden Nadelwald. Diese etwas düstere Passage ist schnell durchschritten, und links oben sehen wir zwischen den Bäumen bereits den Martinsturm. Ein Rastplatz mit Holztisch und Holzbänken erwartet uns. Doch bevor wir uns zum Turm aufmachen, schauen wir uns erst noch den **Aussichtspunkt Wasgaublick** 5 rechter Hand an. Er befindet sich etwas erhöht auf einem

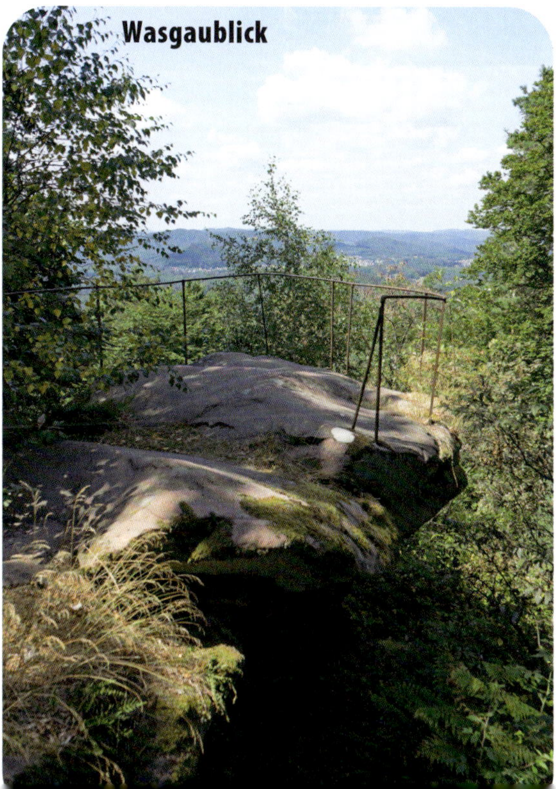

Felsplateau, das mit einem Geländer gesichert ist. Von hier haben wir einen weiten Blick auf die geschwungenen Bergkuppen des Wasgaus.

Wieder zurück an der Sitzgruppe, gehen wir nun links den Waldweg hoch, der uns zum Turm auf dem **Treutelskopf** führt. Mit 503 Metern Höhe ist dies der höchste Punkt der Gemarkung Klingenmünster. Auf der Bergkuppe steht der 1886 erbaute **Martinsturm** ❻, der zu Kriegszeiten als Beobachtungsposten genutzt wurde. Zur überdachten Aussichtskanzel des 14 Meter hohen Turms steigen wir 33 Steinstufen nach oben, wobei die letzten fünf Stufen sehr steil sind. Oben angekommen offenbart sich uns ein atemberaubendes Panorama: nach Westen auf die schier endlose Weite des Pfälzerwalds, nach Osten zur Rheinebene und zum Schwarzwald sowie nach Süden auf die Erhebungen der Vogesen. Einen Sonnenaufgang oder Sonnenuntergang hier oben zu erleben ist zu jeder Jahreszeit ein unvergessliches Naturerlebnis.

Zwei Wege führen vom Treutelskopf wieder hinunter auf den Burgenweg. Wir können entweder denselben Weg nehmen, den wir hochgekommen sind, oder rechts um den Turm herum den schmalen Pfad. Beide Wege führen uns wieder hinunter zur Sitzgruppe. Von dort wandern wir der Wegmarkierung folgend auf einem Pfad nach rechts den Berg hinunter. Unterhalb des felsigen Aussichtspunkts entdecken wir ein altes Gemäuer, dessen Geschichte uns leider verborgen bleibt. Der Pfad endet auf einem breiten Waldweg, dem wir nach links folgen. Etwa zehn Wanderminuten später zweigt nach rechts ein Pfad ab, der uns zu einer Sitzgelegenheit mit traumhafter Aussicht führt. Hier lohnt es sich, nochmals eine Rast einzulegen. Unzählige **Steinpyramiden** ❼ wurden von Vorbeikommenden um die Holzbänke herum errichtet. Unsere Blicke schweifen in die ferne Bergwelt, und wir lassen ohne Zeitdruck die Ruhe der Natur auf uns wirken.

Martinsturm

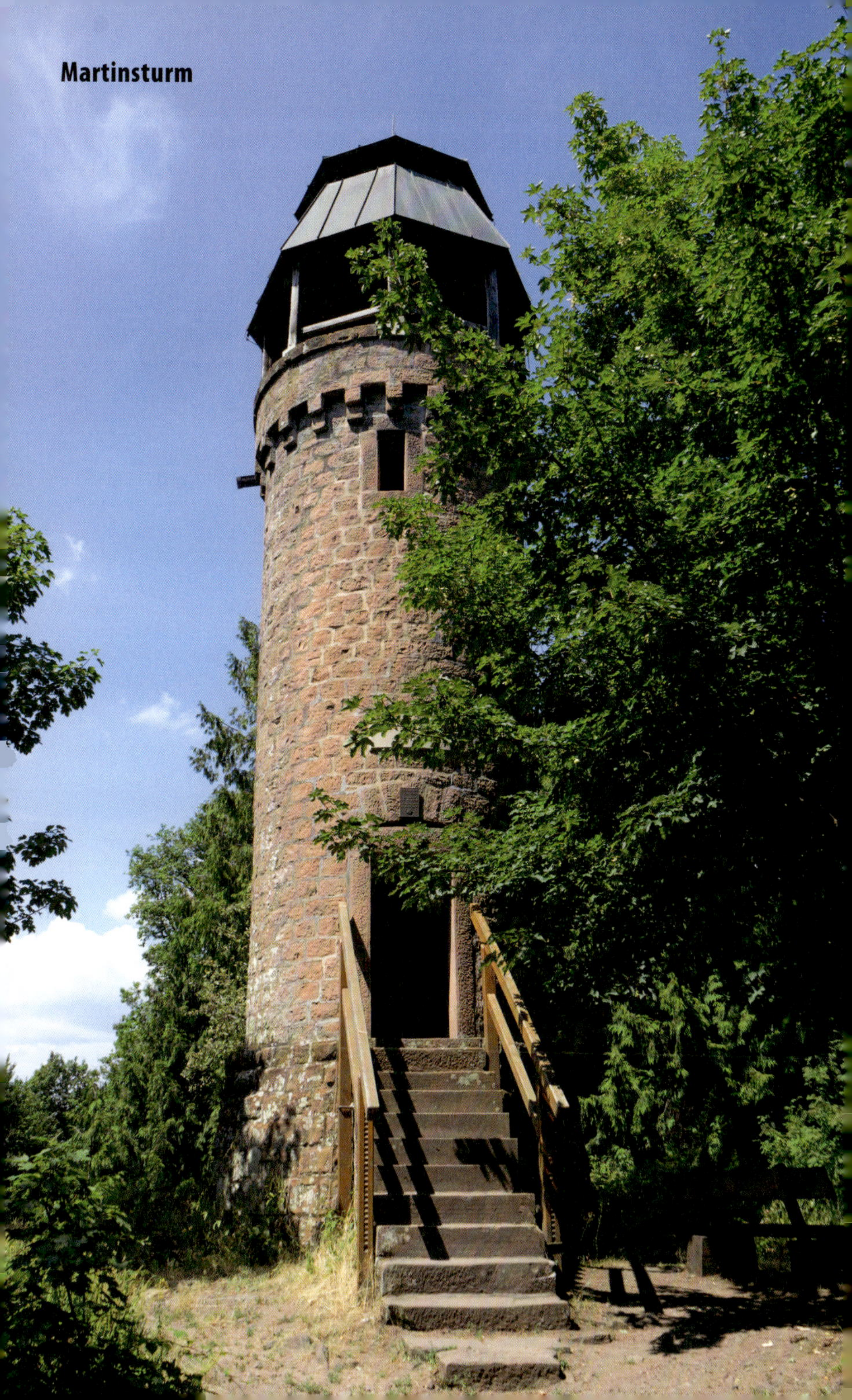

Mit dem Rücken zu den Steinpyramiden stehend, sehen wir den vor uns liegenden Hauptweg, dem wir nach rechts folgen. Sanft geht es durch herrlichen Mischwald bergab. Nach etwa 500 Metern finden wir rechts am Weg einen Wegweiser, der uns auf den Aussichtspunkt **Weißer Felsen** 8 aufmerksam macht. Steil geht es hinunter zu einem der romantischsten Seelenplätze im Pfälzerwald. Von dem Felsplateau aus schauen wir ins idyllische Klingbachtal und auf den gegenüberliegenden Abtskopf.

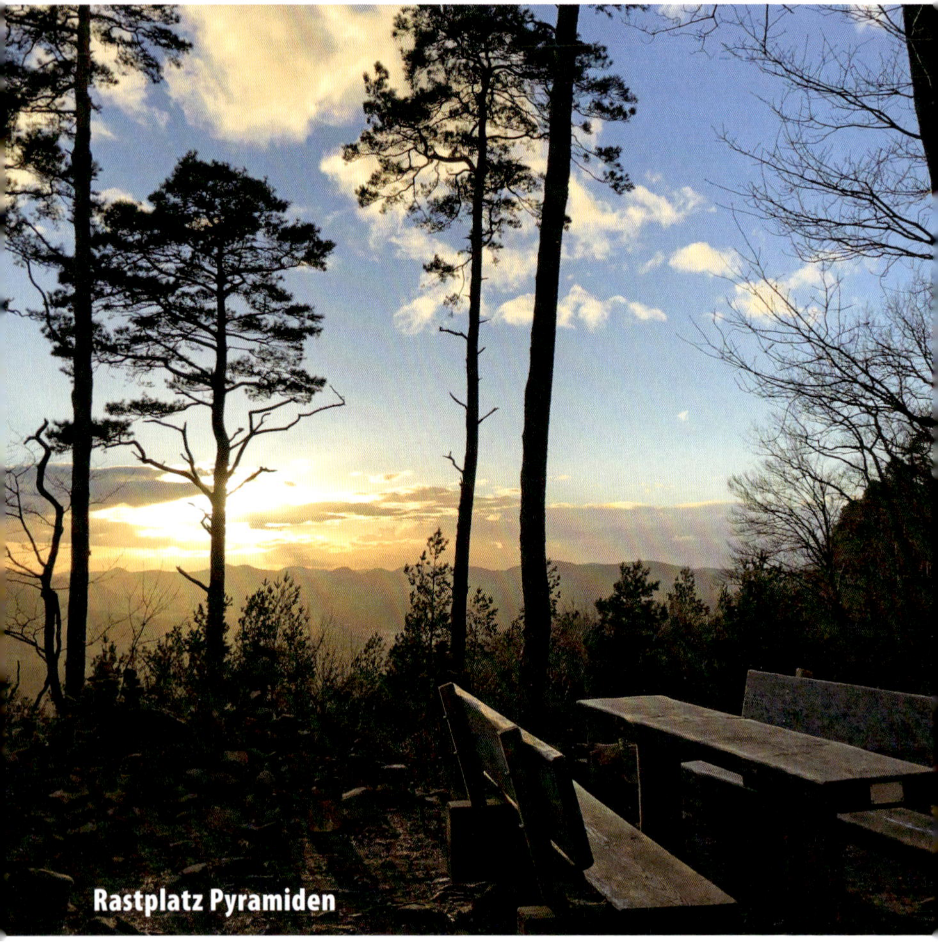
Rastplatz Pyramiden

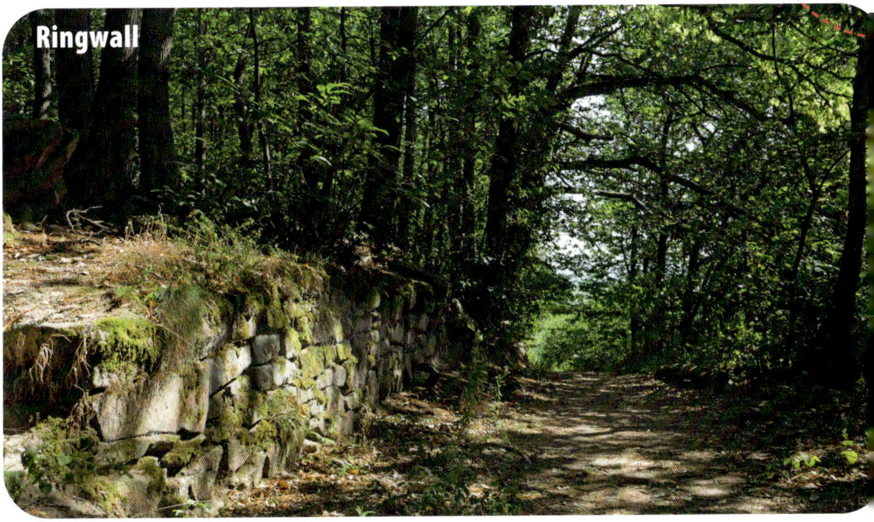

Zurück auf dem Burgenweg, nehmen wir beschwingt den letzten Kilometer zur Burg Landeck in Angriff. Verzaubert von den vielen Eindrücken macht es uns nichts aus, dass wir dieses Stück auf einem breiten Waldweg laufen. Unterwegs kommen wir nochmals an einer Ruhebank vorbei, die für den Blick nach Südosten ausgerichtet ist.

Etwa 300 Meter vor der Burg zweigt der Weg nach rechts ab, und wir gelangen auf einen kurzen Hohlweg, der am Ende erneut auf einen befestigten Weg stößt. Vor uns liegt die ehemalige Stauferburg **Burg Landeck 9.** Über eine Holzbrücke gelangen wir in den gut besuchten Burghof. Ausgiebig erkunden wir die Burg und begeben uns in den Bergfried. In seinem Innern ist das Burgmuseum untergebracht. Über eine Holztreppe gelangen wir auf die Aussichtsplattform des Turms, von der wir einen freien Blick nach Osten und Südwesten haben.

Im Burghof finden wir überall nette Sitzgelegenheiten. Hungrig von unserer Erkundungstour freuen wir uns nun auf die Küche der **Burgschänke Landeck 10** und gönnen uns dazu ein Gläschen Pfälzer Wein.

*Die **Burg Landeck** wurde um das 12. Jahrhundert auf gewachsenem Fels errichtet. Ihr Bergfried ist einer der besterhaltenen jener Zeit in der Pfalz. Vermutlich wurde die Burg wie die beiden anderen Burgen als Schutzburg für das Kloster Klingenmünster erbaut.*

Panoramatour 5

Das Ende unserer Wanderung naht, und wir können zwischen zwei Varianten wählen: entweder die Straße hinunter, die direkt zur Johannaquelle führt, oder parallel zur Straße über den Berg auf dem Burgenweg nach unten. Wir entscheiden uns gegen die Straße und laufen den letzten Kilometer auf einem wunderschönen schmalen Waldweg hinunter. Unterwegs sehen wir links am Wegesrand Reste des äußeren Ringwalls der Burganlange Schlössel. Das letzte Stück zur quer verlaufenden Straße ist steinig und steil, deshalb achten wir auf diesem Wegabschnitt besonders auf unsere Schritte. An der Straße angekommen wenden wir uns nach rechts und sind mit wenigen Schritten zurück am Ausgangspunkt unserer Wanderung.

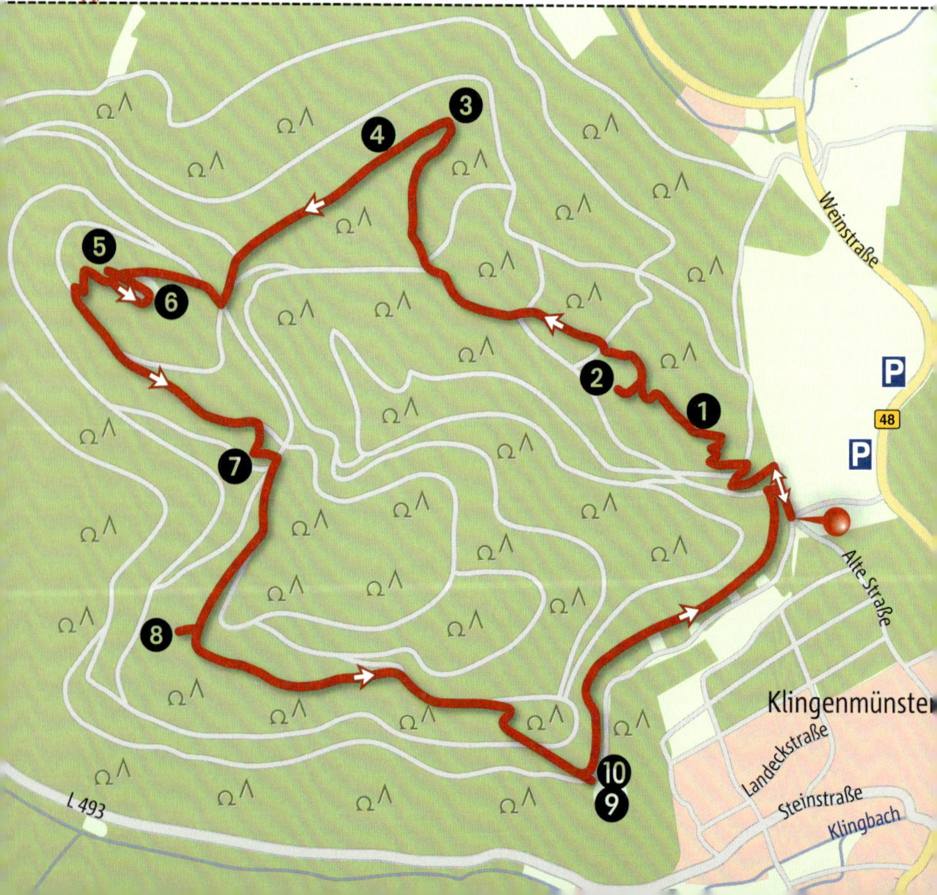

Alles auf einen Blick

WIE & WANN:
Breite Waldwege, schmale Pfade, Asphaltweg zum Parkplatz; ganzjährig schön, bei Glätte Felsen nicht begehbar

HIN & WEG:
Auto: Parkplatz Pfalzklinikum für Psychiatrie und Neurologie, Weinstraße 100, 76889 Klingenmünster (GPS: 49.1499044, 8.0157313); Parkplatz vor der Burg Landeck (GPS: 49.829269, 8.020604)

Entspannung ✱✱✱✱✱
Genuss ✱✱✱✱✱
Romantik ✱✱✱✱✱

ÖPNV: Buslinien 531 (Landau – Annweiler) und 540 (Landau – Bad Bergzabern), Haltestelle „Klingenmünster Pfalzklinikum"

ESSEN & ENTSPANNEN:
Burgschänke Landeck ⑩ auf der Burgruine Landeck, Tel. (0 63 49) 87 44

ENTDECKEN & ERLEBEN:
Ringwall ❶
Ruine Schlössel ❷
Fliehburg Heidenschuh ❸ bei Glätte Felsplateau nicht begehbar
Abschnittsmauer mit Toröffnung ❹
Wasgaublick ❺
Martinsturm ❻
Steinpyramiden ❼
Weißer Felsen ❽
Burg Landeck ❾ Burgmuseum und Burgführungen

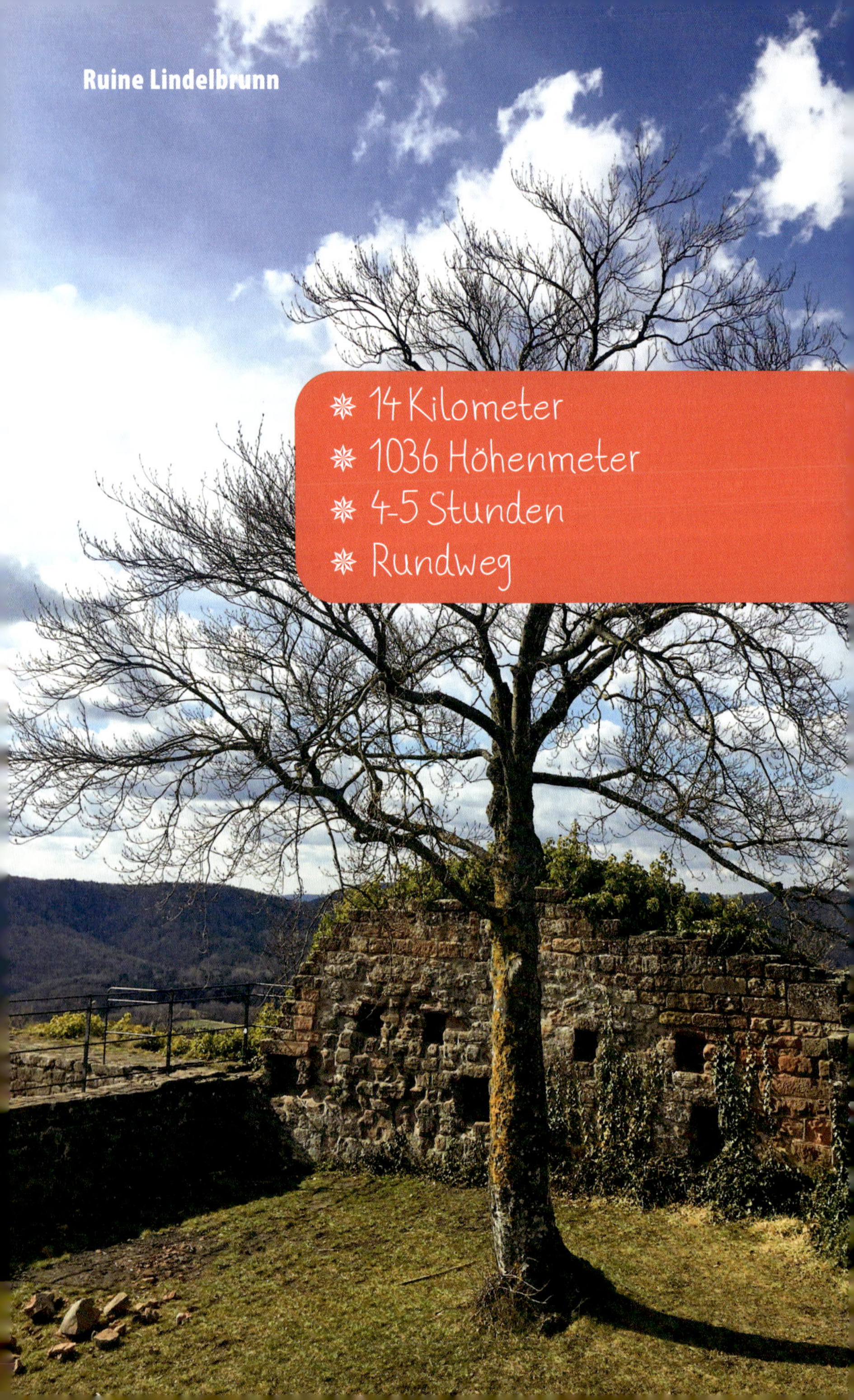

Ruine Lindelbrunn

- 14 Kilometer
- 1036 Höhenmeter
- 4-5 Stunden
- Rundweg

Auf dieser erlebnisreichen Tour wandern wir von einer schönen Aussicht zur nächsten und erkunden zum Abschluss eine der romantischsten Burgruinen des Wasgaus. Uns erwarten verschlungene Pfade, lichtdurchflutete Höhenwege, mächtige Felsen mit tollen Picknickplätzen und unvergessliche Fernblicke.

Im Felsenwald

Runde um Lindelbrunn

Auf dem Waldparkplatz unterhalb der **Ruine Lindelbrunn** starten wir unsere Wanderung. Links sehen wir einen Schilderbaum mit einer Unmenge an Wegweisern. Die Markierungen „roter Punkt“ und „grünes Dreieck“ führen uns nach links Richtung Darstein. Den ersten Kilometer absolvieren wir auf einem breiten, teilweise geschotterten Fahrweg. Zwei Naturfenster lenken unsere Aufmerksamkeit auf das Thema „Nachhaltigkeit“, und wir werden darüber informiert, weshalb beispielsweise Totholz bewusst in den Wäldern liegen gelassen wird.

An einer Abzweigung wechseln wir links auf den schmalen Waldweg. Rechts, etwas von den Blättern verdeckt, sehen wir die dazugehörigen Hinweisschilder. Gemächlich wandern wir auf weichem Waldboden in leichtem Anstieg bergauf, bis wir zu einer Sitzgruppe kommen. Hier treffen wir auf den **Rimbach-Steig,** dessen Wegzeichen „blaues R auf weißem Grund“ uns nun eine Weile leiten wird. Richtung Häuselstein geht es nun rechts für uns weiter. Einen geschotterten Wendeplatz müssen wir noch überqueren, dann kann der Aufstieg zum Immersberg beginnen. Eine steile Passage am Anfang des sandigen Waldpfads gehen wir langsam an. Wind streicht durch die hohen Baumkronen über uns. Das Knarzen der sich aneinander reibenden Bäume durchbricht die Stille des Waldes. In steilen Serpentinen geht es den Berg hinauf, und nach circa 10 Minuten sind wir auch schon am nächsten Hinweisschild. Links geht es auf dem Rimbach-Steig weiter, doch neugierig, wie wir sind, gehen wir erst einmal rechts entlang zum nahe gelegenen **Aussichtspunkt Immersberg** ①.

Erstaunlich, wie schnell sich die Vegetation hier verändert. Eben liefen wir noch durch gemischten Laubwald, und jetzt sind wir auf einem Höhenweg, der uns durch süßlich duftenden Kiefernwald auf einen Felsvorsprung mit einer Sitzbank führt. Im ersten Moment sind wir sprachlos. Mit solch einem Ausblick hatten wir nicht gerechnet. Erhaben schauen wir über die Bergkuppen des südlichen Wasgaus. Im Mittelpunkt der Szenerie thront die Ruine Lindelbrunn auf dem Schlossberg. Etwas weiter nach rechts geschaut,

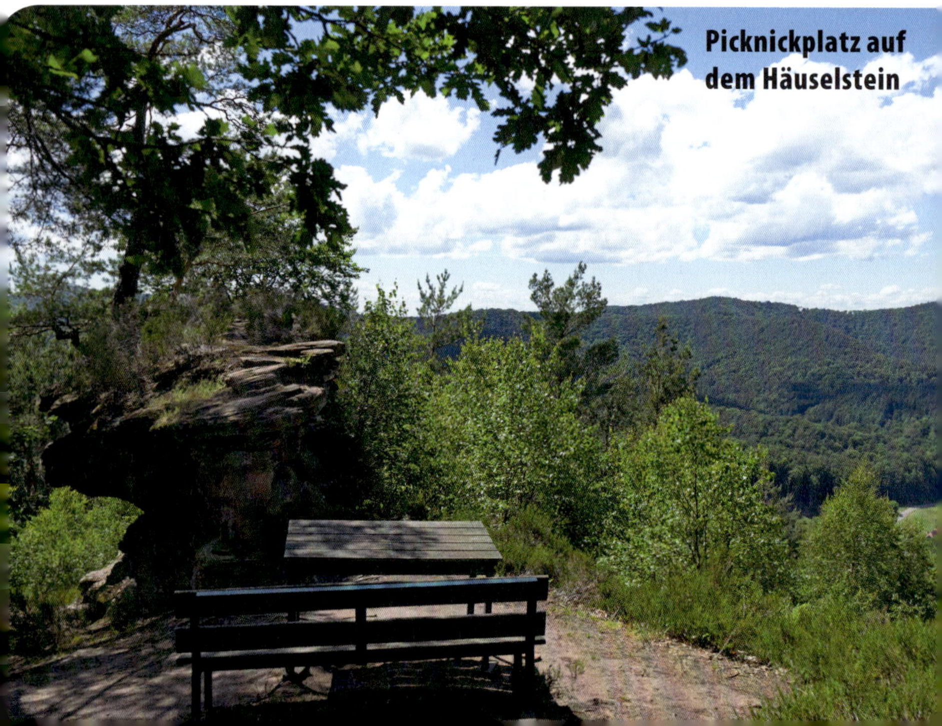

Picknickplatz auf dem Häuselstein

können wir auf dem Grat des Rothenberges ein mächtiges Felsenschiff erkennen: den **Rödelstein.**

Wieder zurück am Wegweiser, lassen wir uns vom blauen „R" über den Grat des Immersbergs führen. Schon wenige Minuten später erreichen wir einen großzügig angelegten Picknickplatz. Eine Infotafel gibt Aufschluss über die Bodenbeschaffenheit des

Für die Seele

Im Halbschatten sitzend, genießen wir unsere Brotzeit in der Natur und blicken vom Felsen hinunter ins Rimbachtal.

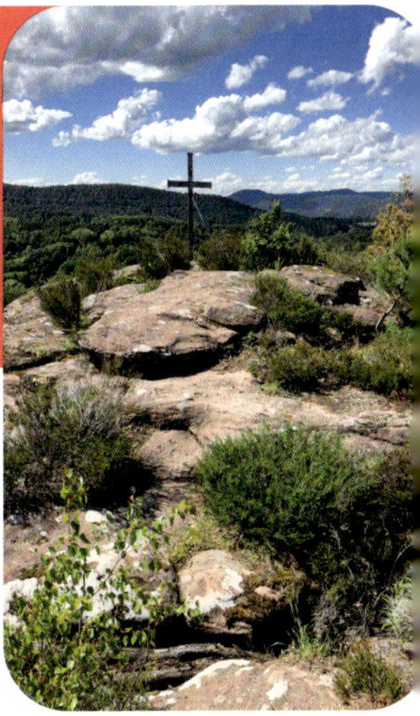

Bergs, auf dem wir stehen. Beschwingt wandern wir auf dem Bergrücken entlang, abwechselnd durch Mischwald und Nadelwald, jeweils begleitet vom Duft der Bäume. Besonders der süßliche Wohlgeruch der Douglasien hat es uns angetan.

Der Pfad schlängelt sich an Sandsteinfelsen vorbei, die wie kleine Türmchen auf dem Bergkamm sitzen. Je nach Baumbestand der Passagen, die wir gerade durchwandern, verändert sich die Atmosphäre von mediterran-südländisch zu mystisch-romantisch. Unsere Schritte verlangsamen sich, und wir werden zu regelrechten Müßiggängern.

Lustwandlerisch legen wir im Schneckentempo die 500 Meter zur nächsten Wegkreuzung zurück. Nun werden wir nach links geleitet, zum Häuselstein. Der Weg dorthin ist traumhaft: lichtdurchflutet, weicher Waldboden, Farne, die wie grüne Farbtupfer zwischen den braunen Baumstämmen wachsen. Fast hätten wir den schmalen Abzweig nach links unten verpasst, der mit einem leicht verwitterten blauen R links am Baum gekennzeichnet ist. Wir gehen um den Felsen herum und sind am **Aussichtspunkt Häuselstein** 2

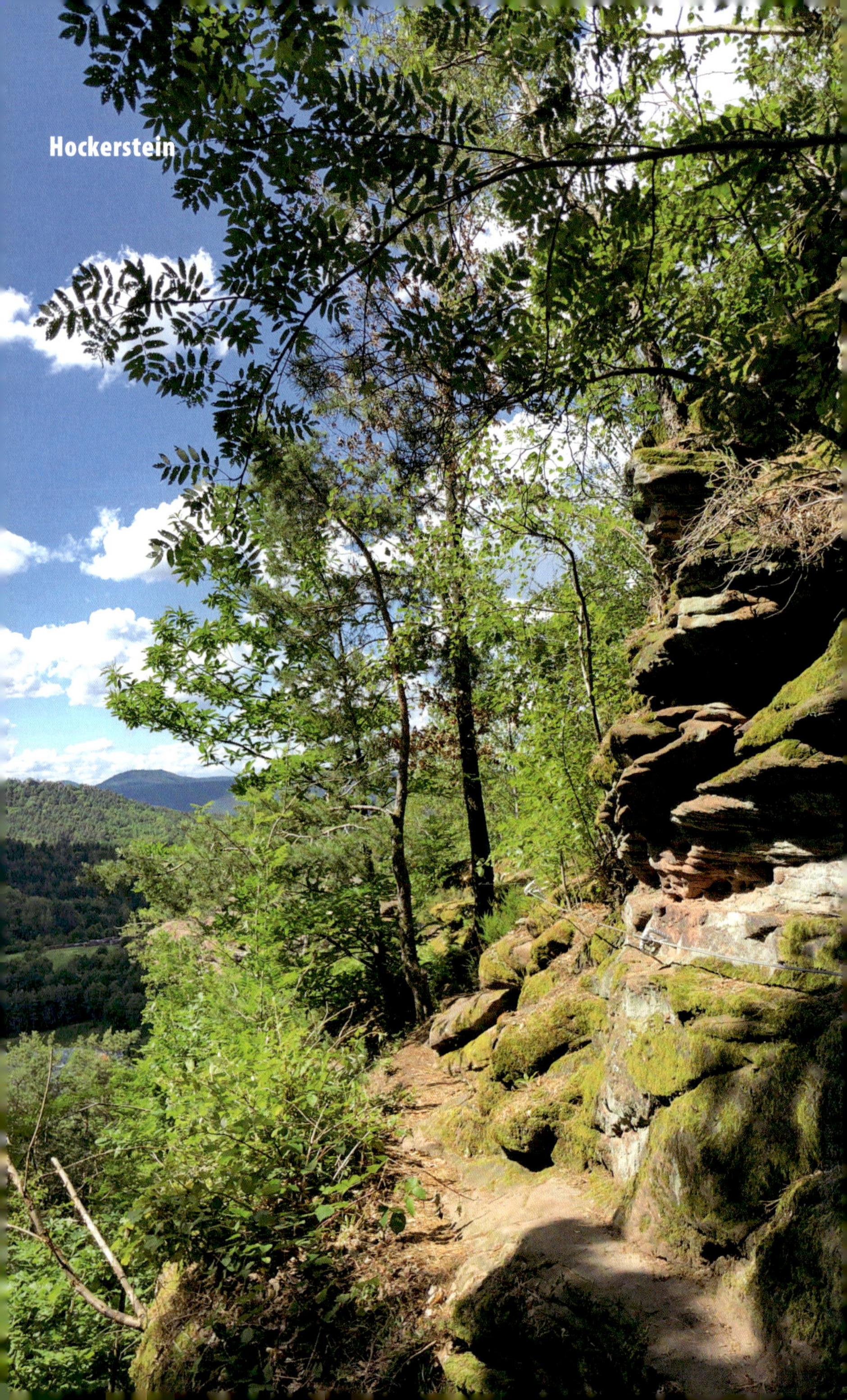
Hockerstein

angelangt. Jetzt ist Vesper angesagt, und hungrig packen wir unseren Proviant aus.

Ein kurzer, felsiger Steig bringt uns vom Häuselstein rechts hinunter auf den Wanderweg. Dem Wegweiser entnehmen wir, dass in 1,6 Kilometern ein weiterer Höhepunkt auf uns wartet: der **Hockerstein.** Auf weichem Waldboden wandern wir leicht absteigend durch verschiedene Waldzonen. Nachdem wir etwa einen Kilometer zurückgelegt haben, kommen wir an eine Weggabelung. Links steht ein Wegpfosten mit dem Rimbach-Steig-Zeichen und einem Pfeil, der nach rechts zeigt. Die neue Richtung ist eingeschlagen, und wir erfreuen uns an der Bewegung. Sonnenstrahlen lassen die Schatten der Blätter tanzen und bilden überall kleine Sonneninseln. Zum Hockerstein sind es jetzt noch 300 Meter. Ein Wegweiser lenkt uns nach links. Die Vegetation verändert sich, es wird etwas karger, und wir stellen fest, dass wir uns auf einem Kammweg befinden. Der Weg wird zum schmalen Pfad und führt uns bergab an einem Felsenmassiv vorbei. **Hockerstein** ③ – wir sind da.

Um auf das exponierte Sandsteinplateau zu gelangen, müssen wir einen abenteuerlichen, stahlseilgesicherten Steig bewältigen. Wie ein Postkartenmotiv so schön ist der Blick nach vorne, der sich uns Schritt für Schritt öffnet. Geschafft, wir sind am Gipfelkreuz und schauen auf ein grandioses Bergpanorama und das Dörfchen Schwanheim unten im Tal.

Noch einmal müssen wir die Steigpassage entlangkraxeln, um wieder auf den Hauptweg zu kommen. Recht zügig geht es jetzt bergab, und wir staunen nicht schlecht, als wir, am Fuße des Hockersteins angekommen, das mächtige Felsengebilde nun in seiner vollen Größe sehen können. Je tiefer wir kommen, umso kühler und dichter wird es im Wald. Fast wie im Urwald fühlen wir uns unter dem Blätterdach der hohen Bäume und dem üppigen Buschwerk dazwischen.

Unser Wegweiser lotst uns nach links Richtung Schwanheim und **Wasgauhütte.** Kurze Zeit später tre-

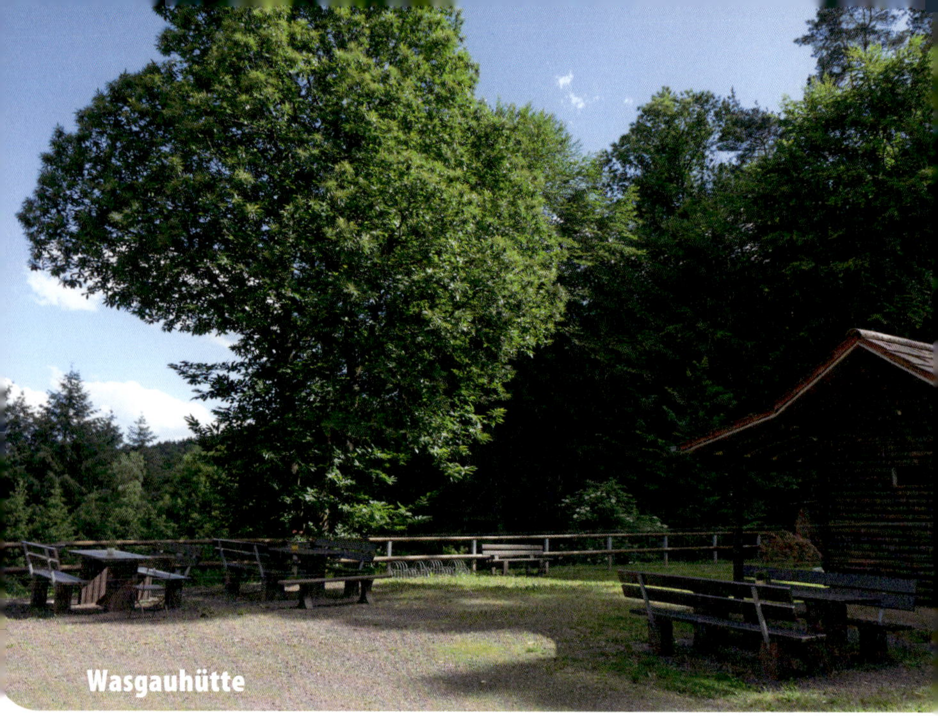

Wasgauhütte

Seit 1931 wird in Schwanheim eine lange Tradition gepflegt: Jedes Jahr am Sonntag nach Mariä Geburt findet eine Lichterprozession zur **Mariengrotte** statt.

ten wir aus einem Kastanienwald heraus und sehen links auf einer Lichtung die **Mariengrotte Schwanheim** **4**.

Ein letztes Mal folgen wir der Markierung „Rimbach-Steig" rechts über den Kreuzweg hinunter in die Ringstraße. An der T-Kreuzung verabschieden wir uns vom blauen R und biegen links ab. Mehrere Wanderwege führen hier zur Wasgauhütte, und wir entscheiden uns für das grüne Dreieck des **August-Becker-Wegs.** An der Kreuzigungsgruppe überqueren wir die Wasgaustraße und kommen in die Hauptsraße. Vor der Kirche St. Hubertus gehen wir nach links in die gleichnamige Straße und folgen ihr bergauf bis zur **Wasgauhütte** **5**. An Wochenenden ist die Pfälzerwaldhütte ein beliebtes Einkehrziel, man sitzt in geselliger Runde zusammen und genießt die Pfälzer Hüttenkultur mit einer erfrischenden Rieslingschorle.

Wir verlassen das Freigelände der Hütte nach links und gehen zum ersten Schilderbaum. **Richtung Lindelbrunn** ist für uns maßgebend, und wir folgen ab hier der Markierung „roter Punkt". So wandern wir auf einem breiten Waldweg durch hohen Mischwald ohne nennenswerte Höhenunterschiede. Nach dem deftigen Pfälzer Mittagstisch kommt uns dieser gemütliche Abschnitt sehr gelegen.

Hin und wieder erhaschen wir einen Blick durch die Bäume auf das bergige Umland. Immer den roten Punkt im Blick, wandern wir etwa 1,3 Kilometer, bis wir auf Höhe **Haselstein** 6 an zwei Weggabelungen hintereinander kommen. Bei der ersten biegen wir nach links ab, bei der zweiten nach rechts. Eine Runde um den Haselstein sparen wir uns somit, da das Felsenmassiv in den Brutzeiten der Falken und Uhus für längere Zeit gesperrt ist. An der Stelle, an der von links der Weg vom Haselstein wieder auf unseren Weg trifft (etwa nach 500 Metern), biegen wir rechts ab und orientieren uns für die kommenden 2 Kilo-

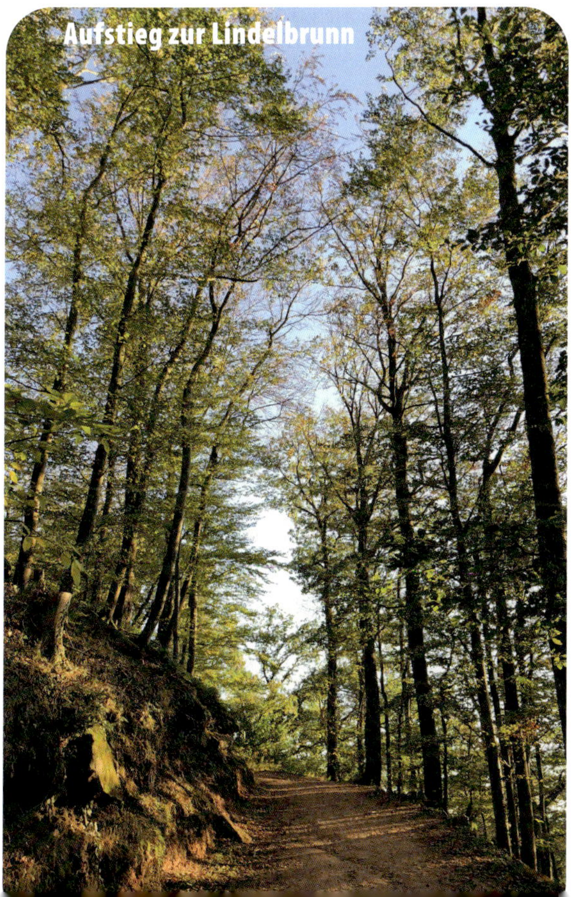
Aufstieg zur Lindelbrunn

meter am **Wasgaufelsenweg** Richtung Oberschlettenbach und Lindelbrunn, gekennzeichnet mit einem roten „W“ auf weißem Grund.

Zu unserer Überraschung gelangen wir auf einen Wiesenweg. Ein neuer Duft schmeichelt unserer Seele, der Duft nach Kindheit und Wiesenglück. Etliche Sitzbänke stehen am Wegesrand und regen zur Wanderpause an. Wir schauen in die Richtung aus der wir gekommen sind, und sehen den Haselstein aus dem Berg ragen. Das rote W leitet uns auf einem betonierten Wirtschaftsweg an Pferdekoppeln vorbei nach **Oberschlettenbach.** Hinter dem Friedhof geht es in einer zackigen Schleife auf die quer verlaufende **August-Becker-Straße,** die wir nach links entlanggehen. Sie führt uns aus dem Dorf heraus zum **Hahnenhof.** Dort überqueren wir die L 490 und gehen am Hof vorbei weiter dem roten W folgend.

Links von uns Wald, rechts Wiese und dazu Grillenzirpen – wir fühlen uns entspannt und vom Alltag losgelöst. Ungefähr nach 500 Metern zweigt der Wasgaufelsenweg nach links ab, wir gehen aber geradeaus auf dem Schotterweg weiter und lassen uns ab hier vom Zeichen rot-gelber Balken leiten. Wir verlassen den Schotterweg nach ca. 100 Metern und folgen unserer neuen Wegmarkierung links auf einen Waldweg. Ohne merkliche Höhenunterschiede wandern wir erst durch lieblichen Laubwald, dann durch dichten Fichtenwald.

Der rot-gelbe Balken führt uns aus dem Wald heraus. Zur Ruine Lindelbrunn sind es jetzt noch 1,6 Kilometer durch duftende Wiesenabschnitte. Hin und wieder erhaschen wir einen Blick auf das historische Gemäuer, das oben auf dem Schlossberg auf unseren Besuch wartet. Doch vorher kehren wir erst im **Cramerhaus** 7 ein und lassen es uns im schönen Biergarten des Wanderheims gut gehen.

Hinter dem Wanderparkplatz, auf dem unser Auto steht, beginnt der Aufstieg zur **Ruine Lindelbrunn** 8. In circa 20 Minuten sind wir einmal um den Berg mar-

Die Waldgaststätte ***Cramerhaus*** *liegt mitten im Pfälzerwald unterhalb der Ruine Lindelbrunn. Der große Biergarten unter alten Linden ist ein beliebtes Ziel für Wanderer und Urlauber. Auf der rustikalen Speisekarte stehen Weine und deftige Spezialitäten unmittelbar aus der Region.*

Die ***Ruine Lindelbrunn*** *ist eine ehemalige Reichsburg, die im 12. Jahrhundert erbaut wurde. Reste der Hauptmauern weisen staufische Züge auf. Wenn man genau hinschaut, kann man am Aufgang noch Reste der beiden Toranlagen erkennen.*

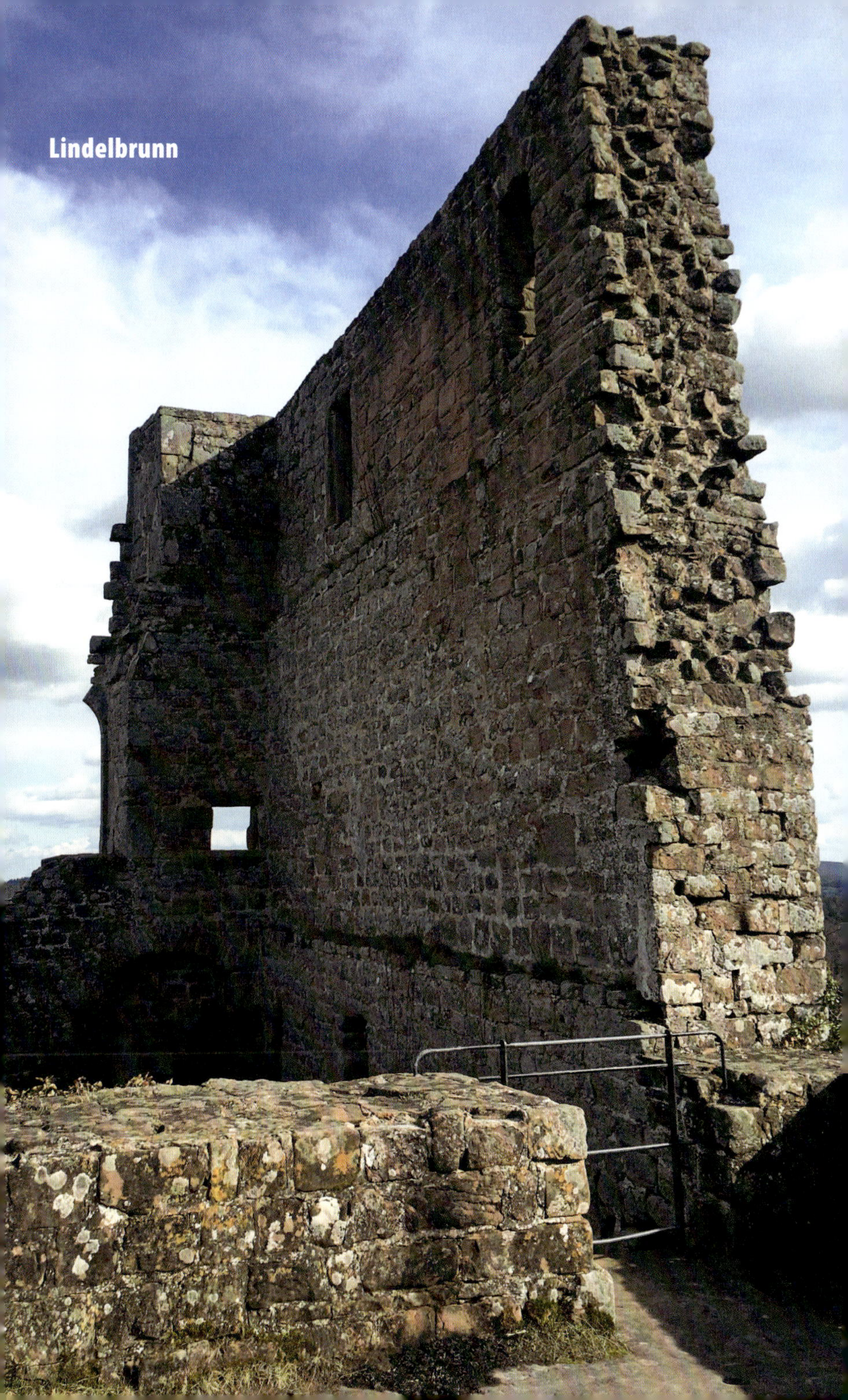
Lindelbrunn

Panoramatour 6

schiert und schauen noch kurz am **Nasenfels 9** vorbei, zu dem ein schmaler Pfad nach rechts abzweigt. Den Pfad müssen wir wieder zurück und nehmen dann den letzten steilen Anstieg hinauf ins ehemalige Burginnere der Lindelbrunn. Es gibt unglaublich viel zu entdecken und verträumte Plätze zum Hinsetzen. Von der Nordost-Ecke der Ruine aus kann man, nach Osten schauend, die Umrisse von Ruine Drachenfels und der Reichsburg Trifels erkennen. Überhaupt ist die Aussicht von hier oben in alle Richtungen ein Traum.

Mit einem Gläschen Pfälzer Wein auf den Burgmauern sitzend lassen wir einen wunderschönen Wandertag ausklingen, während sich die Sonne mit einem Meer aus Gelb, Rot und Orange verabschiedet.

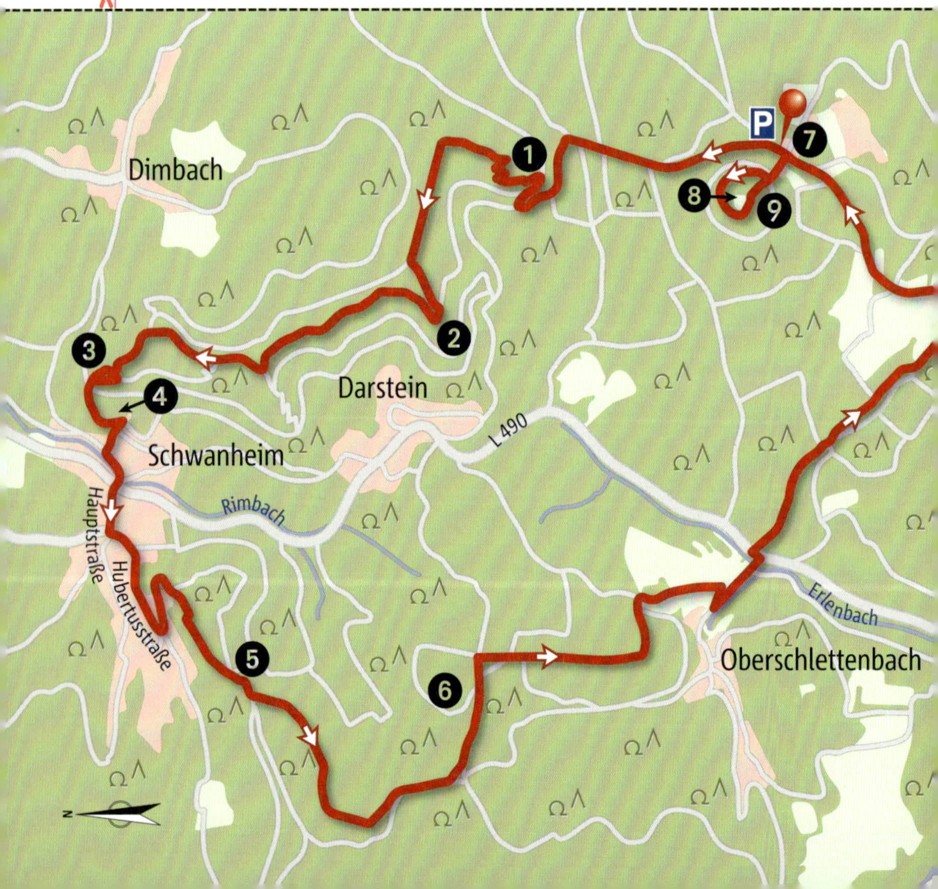

Alles auf einen Blick

WIE & WANN:

Breite Waldwege, schmale Pfade und Steige, Wiesenwege und betonierte Feldwege; ganzjährig schön, bei Schnee- und Eisglätte Felsen nur eingeschränkt begehbar

HIN & WEG:

Auto: Von der A 65 Abfahrt Landau Nord, weiter auf B 10 Richtung Annweiler, dann auf B 48 / L 4940 / L 493 bis kurz vor Vorderweidenthal, am Schild „Lindelbrunn" rechts abbiegen, nach ca. 1 km am Wanderheim Cramerhaus vorbei auf Waldparkplatz (GPS: 49.142990, 7.898719)

Entspannung ✱✱✱✱✱

Genuss ✱✱✱✱✱

Romantik ✱✱✱✱✱

ÖPNV: Mit dem Zug nach Bad Bergzabern oder Annweiler am Trifels, dann mit dem Bus 525 Richtung Oberschlettenbach, Einstieg zur Wandertour ab Bushaltestelle Hahnenhof

ESSEN & ENTSPANNEN:

Wasgauhütte ❺ Hütte Pfälzerwald-Verein Schwanheim, 76848 Schwanheim, Hüttentel. (0 63 92) 71 27

Cramerhaus ❼ Waldgaststätte und Wanderheim, Lindelbrunn 4, 76889 Vorderweidenthal, Tel. (0 63 98) 2 37, www.cramerhaus.de

ENTDECKEN & ERLEBEN:

Aussichtspunkt Immersberg ❶
Häuselstein ❷
Hockerstein ❸
Mariengrotte Schwanheim ❹
Haselstein ❻
Ruine Lindelbrunn ❽
Nasenfels ❾

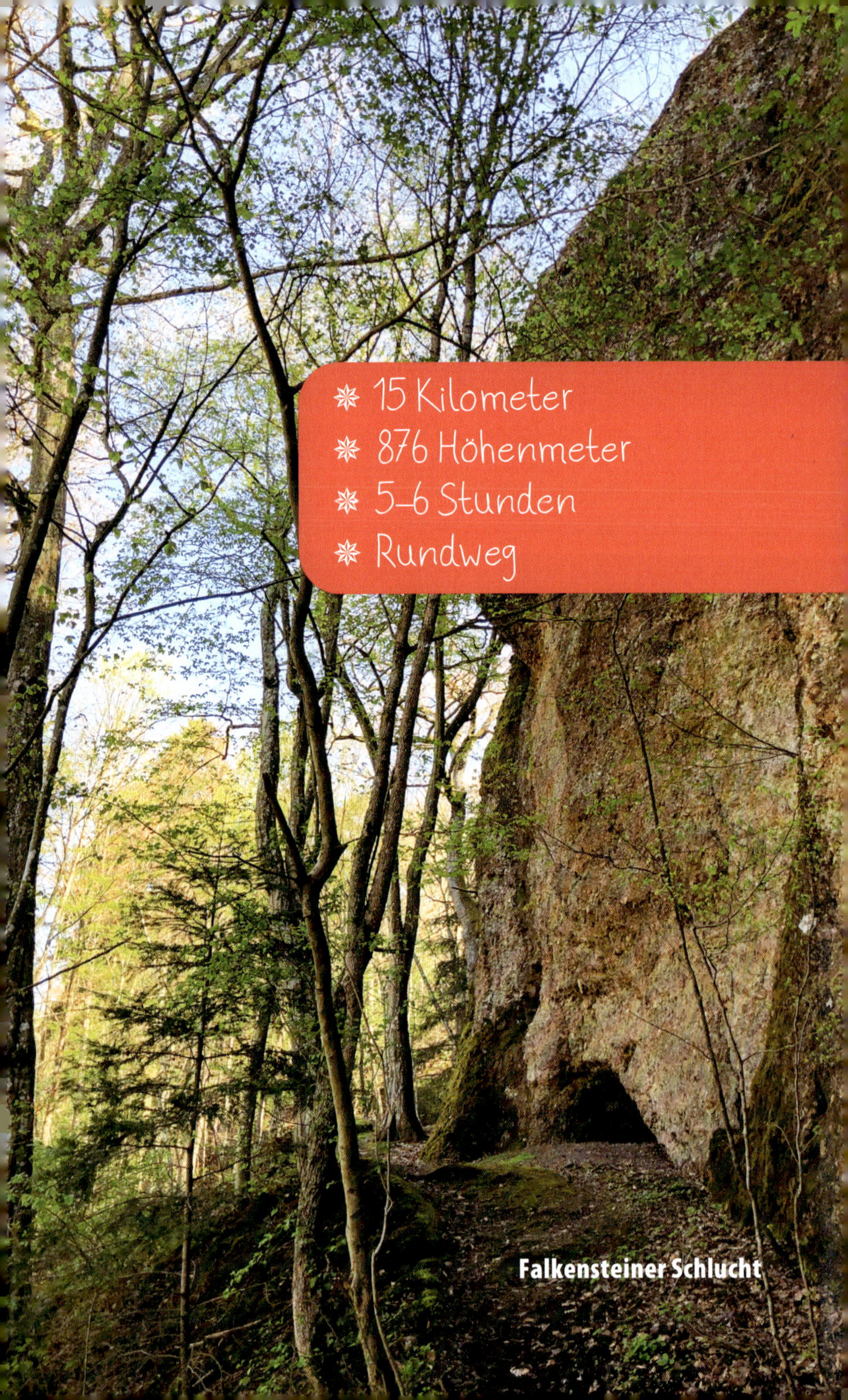

- 15 Kilometer
- 876 Höhenmeter
- 5–6 Stunden
- Rundweg

Falkensteiner Schlucht

Das Höhendorf Falkenstein ist Ausgangspunkt unserer erlebnisreichen Wanderung auf dem westlichen Donnersberg, dem höchsten Massiv der Pfalz. Meditative Waldpassagen, überraschende Ausblicke und historische Entdeckungen erwarten uns auf den 15 Wanderkilometern.

Erlebnis Donnersberg

Falkensteiner Schlucht

Am Parkplatz oberhalb der **Burgruine Falkenstein** beginnen wir unsere Wanderung, indem wir der Markierung „roter Balken" nach Winnweiler, also nach rechts folgen. Der Weg ist zu Beginn geschottert. Schon nach wenigen Schritten können wir aus erhöhter Position rechter Hand die Ruine sehen. Nach einer Kurve finden wir uns in einer mediterran angehauchten Landschaft wieder. Nach rechts haben wir freien Blick ins **Falkensteiner Tal,** auf die Burg und den Glockenturm.

Der roten Wegmarkierung nach wandern wir leicht bergab und machen einen Schlenker. Wasser fließt links vom Berg den Felsen hinunter bis über den Weg. Nach dem erfrischenden Abschnitt kommen wir auf einen breiten Waldweg. Trotz Schotter ist der Weg gut zu laufen. Die Friedhofstraße quert, und wir sehen unten auf der Wiese den protestantischen **Glockenturm** 1 stehen.

*Der im neuromanischen Stil konzipierte **Glockenturm** entstand aus dem Wunsch der Falkensteiner Protestanten heraus, über ein eigenes Glockengeläut zu verfügen. Im Juni 1886 wurde der Turm feierlich eingeweiht und in Dienst genommen.*

Noch vor dem Glockenturm zweigt unser Weg nach links ab, am Friedhof vorbei. Es dauert nicht lange, und wir kommen zur **Kneipp-Anlage** 2. Auf einem weichen Grasweg setzen wir unsere Wanderung

Der **Donnersberg** ist mit 687 Metern das höchste Bergmassiv der Pfalz, sein höchster Punkt ist der Königstuhl. Der Berg entstand vor etwa 300 Mio. Jahren durch vulkanische Hebung. Im 2. Jahrhundert v. Chr. legten die Kelten auf dem Berg eine Siedlung mit einer mächtigen Ringmauer an. Der Ringwall auf dem Donnersberg ist einer der größten in Europa.

fort, an einem Pfosten sehen wir den roten Balken, der uns geradeaus weiter leitet. Nach einer Biegung gelangen wir auf einen sandigeren Weg, der leicht ansteigt.

Unser rot markierter Waldweg mündet in den **Thomas-Voll-Weg,** einen breiten Fahrweg, der dem ehemaligen Forstamtsleiter Thomas Voll gewidmet ist. Wenige Gehminuten später sehen wir den **Thomas-Voll-Felsen 3,** eine Felsenwand mit Gedenktafel und einem Rastplatz davor. Stetig geht es nun bergab, und wir kommen an blockartigen, basalthaltigen Felsgebilden vorbei. Kurvenreich endet der Voll-Weg an einer Weggabelung, an der wir uns nach rechts orientieren, den roten Balken weiterhin im Blick. Bergab sind wir nun auf dem Weg zur Falkensteiner Schlucht. Bereits jetzt sehen wir linker Hand die ersten felsigen Vorboten der Schlucht.

Parallel zur Straße kommen wir zum **Parkplatz im Falkensteiner Tal.** Von hier aus führt ein abenteuerlicher und anspruchsvoller Pfad durch die **Falkensteiner Schlucht 4.** Ohne Markierung windet sich der Felsenpfad links den Berg hinauf, am spröden Felsgestein

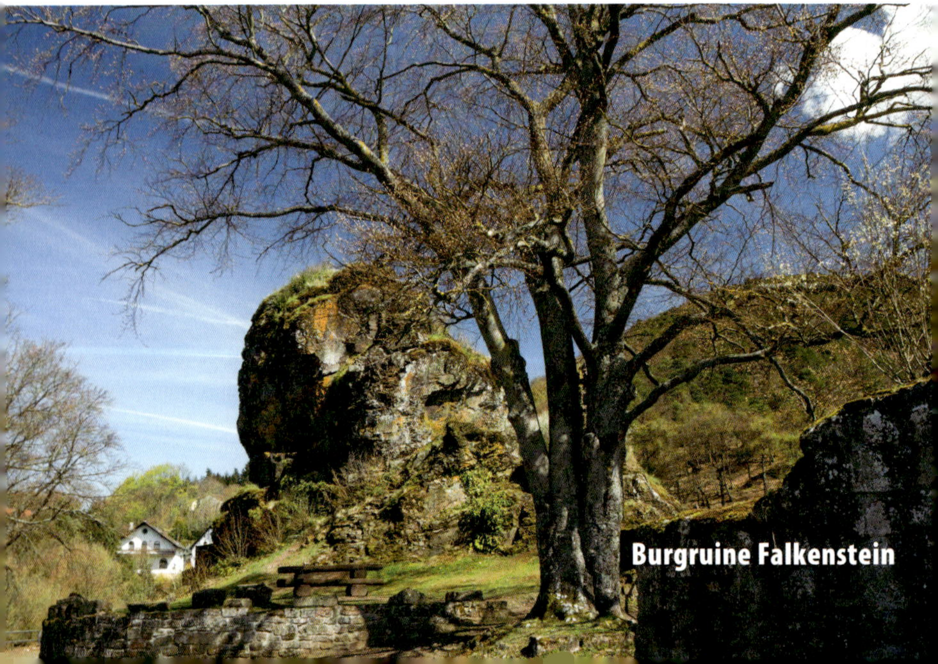
Burgruine Falkenstein

entlang und durch einen bergmännisch in den Fels gehauenen Tunnel. Felsüberhänge ragen über den Weg, und manche Passagen sind mit Geländern vor Absturz gesichert. Bei näherer Betrachtung sehen wir, dass der Fels mit unendlich vielen kleinen Steinbrocken verschmolzen ist. Geologie zum Anfassen – was für ein Erlebnis!

Für die Seele

Wir sitzen an einem romantischen Picknickplatz und genießen ungestörte Zweisamkeit, während uns die Sonne sanft streichelt.

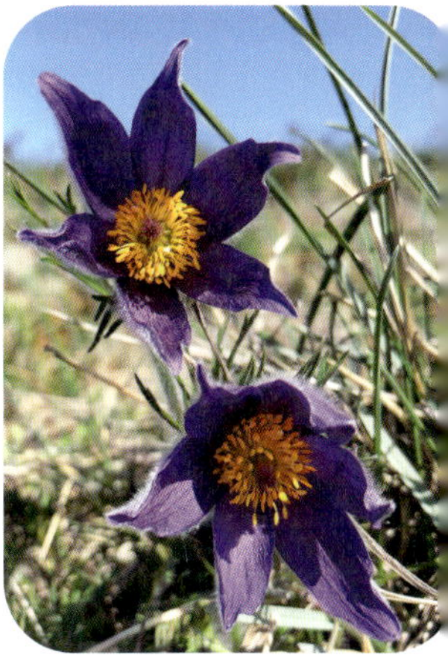

Meter für Meter steigen wir hinauf und finden uns in einer südländischen Atmosphäre wieder. Wir kommen an eine Stelle, an der drei schmale, kaum zu erkennende Stufen in den Stein gehauen sind. Um auf dem Pfad weiterlaufen zu können, müssen wir diese Stufen hinaufkraxeln, da es einen Höhenunterschied von ca. einem Meter zu überwinden gilt. Wanderstöcke sind hier sehr hilfreich. Es geht zwischen zwei Felsbrocken hindurch. Rechter Hand entdecken wir einen nach oben führenden Treppenweg. Den Abstecher auf das Felsenriff machen wir, denn es erwartet uns ein **Aussichtspunkt 5** mit schönem Blick ins weite Tal.

Zum Pfad gehen wir die Steinstufen wieder hinunter und laufen abermals an den Felsen entlang. Noch immer geht es bergauf, und wir lassen uns Zeit. In einem Bogen wandern wir um die Bergspitze herum. Zwischen zwei Felsen erkennen wir einen schmalen Pfad, der wie eine Rinne den Berg hinauf zu einem weiteren traumhaften **Aussichtspunkt 6** führt. In dieser Rinne steigen wir nach oben und stützen uns dabei rechts und links an den Felsen ab.

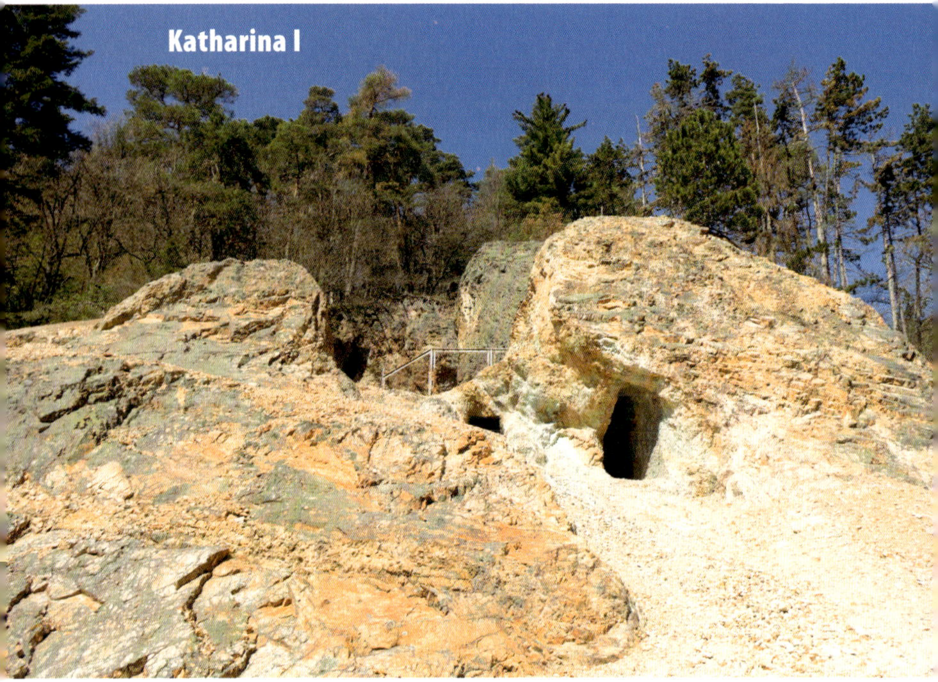

Unser Pfad geht hier oben leicht ansteigend links weiter. Nach wenigen Metern stoßen wir auf einen quer verlaufenden, schmalen Weg, auf den wir ohne Markierung links abbiegen. Insgesamt wirkt die Natur sehr ursprünglich: Bemoostes Totholz liegt herum, Büsche wachsen wild. Hier darf Natur sein, wie sie möchte.

Wenige Gehminuten später stoßen wir auf einen breiten Weg, der sich kurze Zeit später als Pfälzer Höhenweg herausstellt. Nun müssen wir links abbiegen und erreichen alsbald eine breite Weggabelung. Ab hier werden wir wieder geführt, und zwar von der blau-weißen Markierung des **Pfälzer Höhenwegs,** der hier nach rechts abgeht. Ein Schild am Baum vor uns weist auf die **Luise-Rubel-Bank** 7 hin. Dorthin sind es nur wenige Meter geradeaus.

Zurück an der Weggabelung biegen wir also rechts ab und wandern auf einem breiten Waldweg.

Die Wegmarkierung ist verlässlich und wir müssen kaum auf den Weg achten. Außer wir kommen, wie jetzt nach etwa 400 Metern, an eine Weggabelung. Sofort entdecken wir unser Wegzeichen an einem Holzpfosten und lassen uns nach links leiten. Ohne nennenswerte Höhenunterschiede wandern wir auf eine spitze Kehre zu, an der wir nach rechts auf einen schmalen Pfad entlang der Westflanke des Katharinenbergs geführt werden.

Nun müssen wir aufpassen, denn wir verlassen in etwa 500 Metern den Pfälzer Höhenweg, um von oben an die Grube „Katharina I" zu gelangen. Die erste Weggabelung lassen wir außer Acht und folgen dem Höhenweg weiter. Danach stoßen wir auf einen Querweg. Der Pfälzer Höhenweg geht hier rechts weiter, wir wenden uns an der Stelle aber nach links und folgen dem unmarkierten Pfad. Wir laufen in steilem Anstieg geradeaus auf die Grube zu. Bereits nach wenigen Gehminuten öffnet sich uns der Blick auf die Grube **„Katharina I"** **8**.

Am Zaun stehend, haben wir einen großartigen Blick in die Schlünde der Stollengänge. Wenn wir nach rechts unten schauen, können wir den Weg sehen, auf dem wir unsere Wanderung fortsetzen werden. Wir laufen bequem am Zaun entlang und nehmen an dessen Ende den Pfad rechts hinab.

Schnell sind wir unten angekommen und haben auch gleich eine neue Markierung, die uns ab jetzt den Weg weist: das gelbe Schild „K-2", der sogenannte **Kupferweg 2.** Mit der Grube im Rücken wenden wir uns nach links und laufen auf einem breiten Waldweg am unteren Zaun entlang zur Grube **„Katharina II"** **9**. Von ihr sehen wir hier unten leider nicht so viel. Der „K-2" macht eine Kurve, und wir halten uns zweimal rechts. Eine Tafel am Wegesrand macht uns auf den **Bienstandstollen** **10** etwas oberhalb des Weges aufmerksam. Die paar Meter sind wir schnell nach oben gestiegen, um in das schwarze Loch des Stollens zu schauen.

*Bereits zu Zeiten der Kelten und Römer wurde auf dem **Donnersberg** nach Erz geschürft. Im 15. Jahrhundert wurden die ersten Gruben der Neuzeit in Betrieb genommen.*

***„Katharina I"** und **„Katharina II"** gehören zu den ältesten Gruben im Imsbacher Bergrevier. Sehr wahrscheinlich waren sie auch die ergiebigsten Abbaustätten für Kupfererze. Noch heute kann man in den Tagebauwänden Stollenreste aus der frühen Phase des Bergbaus erkennen.*

*Im April wächst auf dem **Schelmenkopf** die geschützte Küchenschelle. Und auch sonst haben dort oben bedrohte Pflanzen- und Tierarten (wie z. B. der Schwalbenschwanz) eine Heimat gefunden.*

In sanftem Auf und Ab wandern wir weiter und kommen nacheinander an die beiden **Aussichtspunkte „Katharina II"** ⑪ und **Tagesweitung „Katharina I"** ⑫. Zumindest von hier können wir etwas mehr von der Grube „Katharina II" sehen.

Unser Pfad wird steiniger, und die Umgebung wirkt zunehmend trockener und karstiger. Der Steinpfad windet sich den Berg hoch, und wir erreichen eine schroffe Felskuppe. Von hier genießen wir einen schönen Blick hinunter ins Katharinental. Wir gehen um die Kuppe herum und finden uns in einem Paradiesgarten wieder. Zwischen blühenden Gebüschen befinden sich **romantische Picknickplätze** ⑬.

Auf dem K-2 geht es nun in sanftem Aufwärtsmarsch weiter Richtung Kupferberghütte. Doch vorher kommen wir an der ehemaligen Grube **„Grüner Löwe"** ⑭ vorbei. Ab dem 14. Jahrhundert wurden hier Kupfer- und Silbererze gewonnen. Unser Pfad macht eine Kurve, und nach etwa 200 Metern fällt uns rechts etwas unterhalb ein gezackter Felsen auf. Ein Trampelpfad führt hinunter zum markanten Aussichtspunkt **Reißender Fels.** Weiter geht's zur **Wegspinne Kühunter** ⑮.

Den Weg zur Kupferberghütte (ca. 300 Meter) kann man kaum verfehlen, dennoch merken wir uns die Markierung **blauer Punkt.** Kurz bevor wir die Hütte erreichen, entdecken wir weitere romantische Picknickplätze, die geschützt in einer Art Gartenlaube versteckt liegen. Vor der **Kupferberghütte** ⑯ stehen mehrere Tische und Bänke, die zur Brotzeit mit grandioser Aussicht einladen.

Nachhaltig beeindruckt von den vielen Fernsichten, die wir bis jetzt auf unserer Wanderung hatten, gehen wir dem blauen Punkt nach zurück zur Wegkreuzung **Kühunter.** Von dort schlagen wir die Richtung zur Kronbuche ein (Richtung Falkenstein) und folgen dem Wegzeichen **Blauer Punkt** (ersatzweise auch blaues W) für ungefähr 3 Kilometer. Dieser Tourenabschnitt ist stetig ansteigend und führt über-

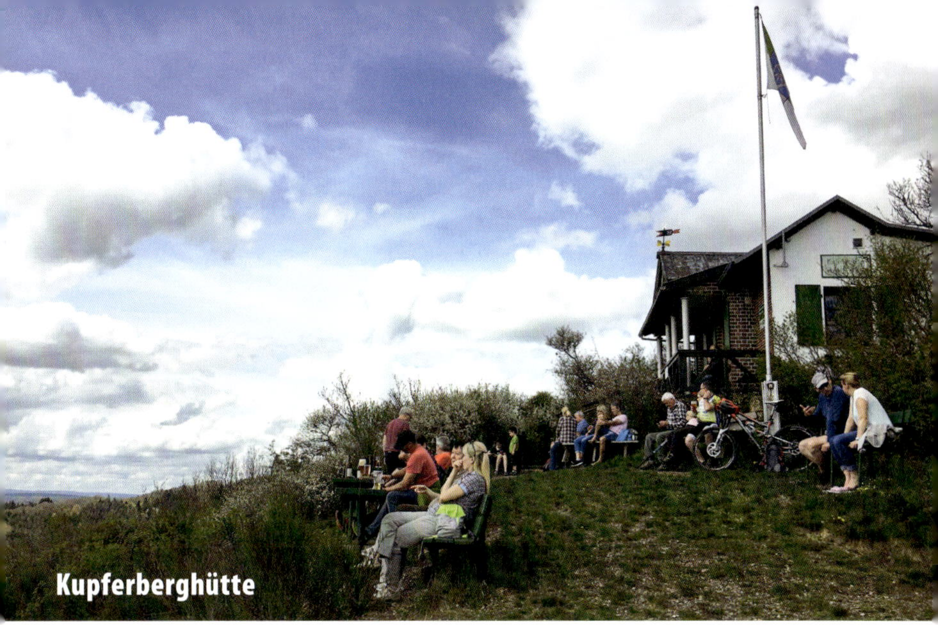

Kupferberghütte

wiegend auf breiten Waldwegen. Etwa auf der Hälfte der Strecke kommen wir über den Schindtalsattel zu einer Sitzbank. Jetzt ist es nicht mehr weit bis zur **Kronenbuchhütte ⑰,** unserem nächsten Ziel. Immer dem Hauptweg mit dem blauen Punkt nach erreichen wir die mitten im Wald liegende Hütte. Auf dem weitläufigen Außengelände finden wir einen gemütlichen Platz zum Ausruhen und Entspannen.

Von der Hütte aus gehen wir rechts hinab zur Wegkreuzung. Ein Wegweiser zeigt uns die Richtung zur Burg Falkenstein. Auch der Pfälzer Höhenweg führt dorthin, und so haben wir wieder eine Markierung, der wir folgen können. Achtung: Es führen hier zwei Wege nach rechts, einer davon führt nach oben, einer verläuft flach. Der flache Weg ist unserer.

Angekommen am Wanderparkplatz (nach ca. 1 Kilometer), gehen wir halb rechts weiter zum Ausflugslokal **Falkensteiner Hof ⑱.** Dazu müssen wir die Hauptstraße überqueren. Am Restaurant gehen wir zunächst vorbei, da wir uns erst noch das nahe gelegene **Naturschutzgebiet Schelmenkopf ⑲** anschauen möchten. Oben auf der Bergkuppe fällt uns ein kleiner Felsen auf. Ein Trampelpfad führt hinauf zum sogenannten **Rabenfels ⑳.** Auf der Sitzbank genießen wir die friedvolle Idylle des Schelmenkopfs, bevor wir zur Einkehr im Falkensteiner Hof den Weg wieder zurückgehen.

Zum Abschluss unserer Erlebnisrunde auf dem Donnersberg gehen wir bergab zur **Ruine Falkenstein.** Wir können entweder die Hauptstraße entlanglaufen oder den Weg zurück Richtung Wanderparkplatz einschlagen. Kurz vor der Brücke zum Parkplatz zweigt rechts ein schmaler Pfad ab. Wir gehen rechts den Berg hinunter auf einen schmalen, asphaltierten Weg, der in die Hauptstraße mündet. Wenige Meter weiter bergab kommen wir zur **Ruine Falkenstein 21.** Den Rest des Tages verbringen wir in dem historischen Gemäuer und kehren danach mit Eindrücken zum Parkplatz schräg gegenüber zurück.

*Auf einem ehemaligen Vulkanschlot thront die **Burgruine Falkenstein**. Im Jahr 1135 wurde die Burg zum ersten Mal urkundlich erwähnt. Seit ihrer Zerstörung durch die Franzosen 1794 ist sie eine Ruine.*

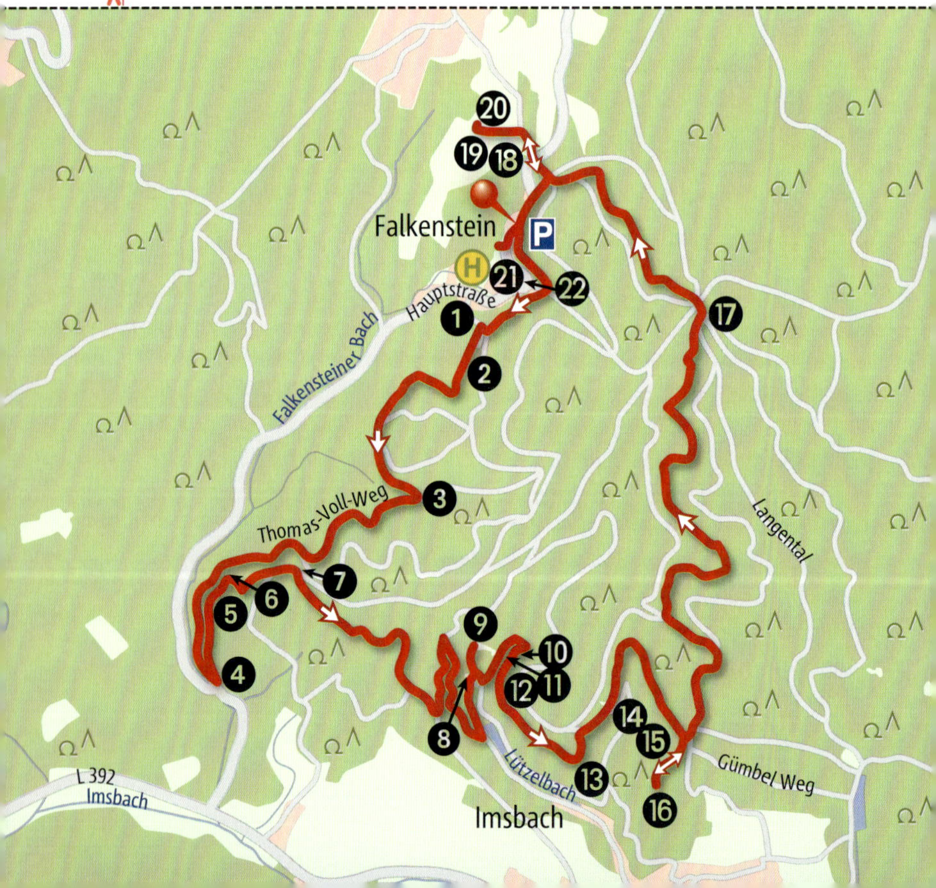

Alles auf einen Blick

WIE & WANN:
Breite Waldwege, schmale Pfade, knackige Anstiege, Asphaltwege lediglich in Falkenstein; ganzjährig schön, besonders im April und Mai, wenn alles blüht

HIN & WEG:
Auto: Über B 48 auf L 392, dann links nach Falkenstein; aus Richtung Dannenfels über L 349 / L 386 / K 37, aus Rockenhausen über L 386 / K 37 nach Falkenstein, Parkplatz Hauptstraße (schräg gegenüber Ruine Falkenstein) (GPS: 49.609945, 7.874966)

Entspannung ✱✱✱✱✱
Genuss ✱✱✱✱✱
Romantik ✱✱✱✱✱

ÖPNV: Mit der Bahn nach Winnweiler, weiter mit Bus 905, Haltestelle „Falkenstein Ortsmitte" oder „Wambacher Hof"

ESSEN & ENTSPANNEN:
Kupferberghütte ⑯ Kupferberg, 67817 Imsbach, Tel. (0 63 02) 23 04, einfache Pfälzer Kost
Kronenbuchhütte ⑰ K38, 67817 Imsbach, Tel. (0 63 02) 72 03, www.kronenbuchhuette.de, einfache Pfälzer Kost
Falkensteiner Hof ⑱ Nusshütterweg, 67808 Falkenstein, Tel. (0 63 02) 92 45 55, www.falkensteiner-hof.com
Burgstubb Falkenstein ㉒ Hauptstraße 49, 67808 Falkenstein, Tel. (0 63 02) 98 17 77, www.burgstubb-falkenstein.de, Pfälzer Spezialitäten

ENTDECKEN & ERLEBEN:
Glockenturm ❶ Kneipp-Anlage Falkenstein ❷ Thomas-Voll-Felsen ❸ Falkensteiner Schlucht ❹ Aussichtspunkt ❺ Aussichtspunkt ❻ Luise-Rubel-Bank ❼ Grube „Kaharina I" ❽ Grube „Katharina II" ❾ Bienstandstollen ❿ Blick zur Tagesweitung „Katharina II" ⓫ Blick zur Tagesweitung „Katharina I" ⓬ Romantische Picknickplätze ⓭ Grube „Grüner Löwe" ⓮ Wegspinne Kühunter ⓯ Naturschutzgebiet Schelmenkopf ⓳ Rabenfels ⓴ Ruine Falkenstein ㉒

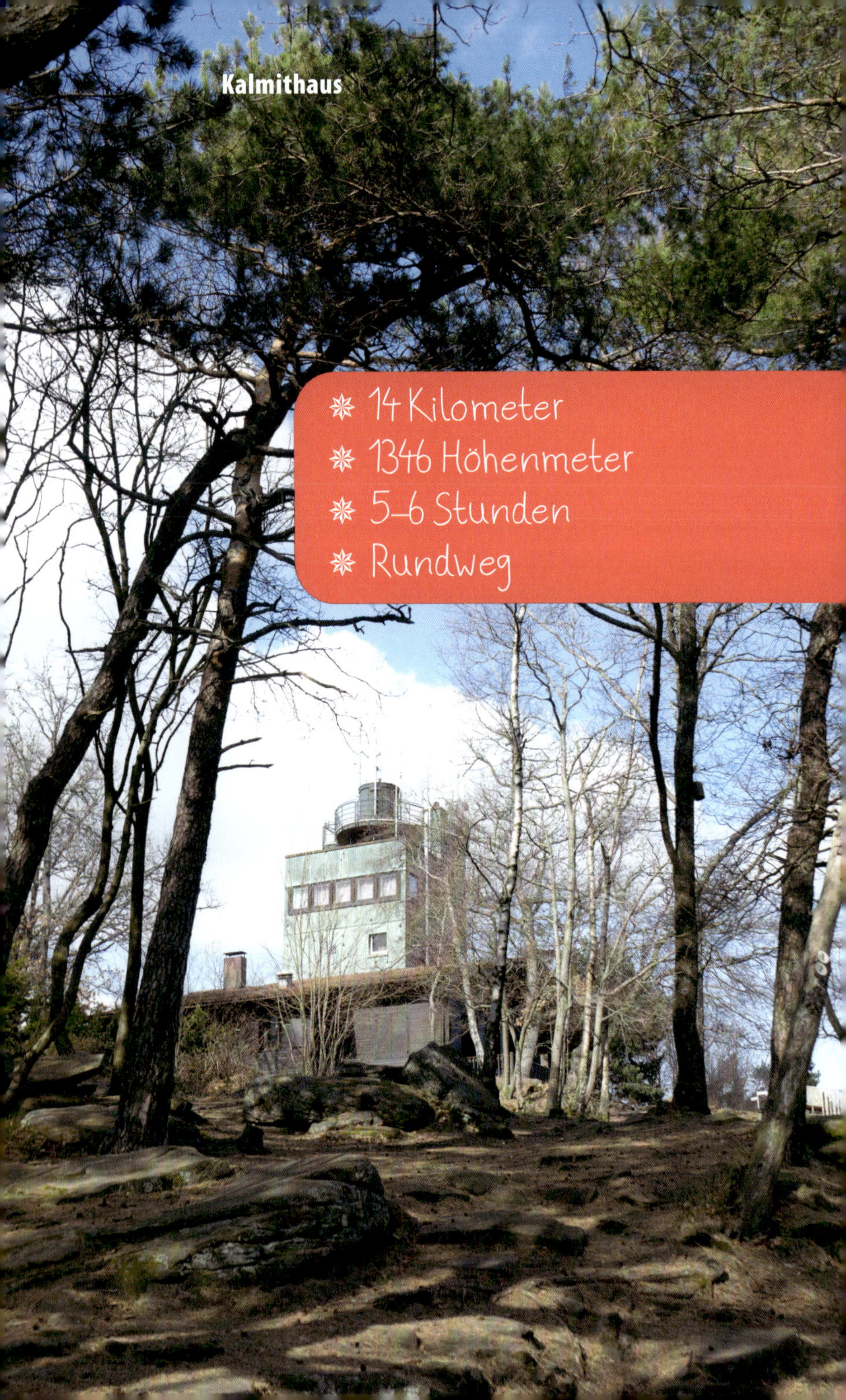

Kalmithaus

- 14 Kilometer
- 1346 Höhenmeter
- 5–6 Stunden
- Rundweg

Der abwechslungsreiche Rundweg führt zu zahlreichen interessanten Wanderzielen im Waldgebiet rund um St. Martin, so auch zum Hochberg, dem Hausberg des Weinortes. Bei einer Gipfelrunde darf natürlich der höchste Gipfel des Pfälzerwalds nicht fehlen: der Kalmit.

Große Gipfelrunde

Vom Hochberg zum Kalmit

Unsere Wanderung beginnt am Parkplatz **Sandwiesenweiher.** Auf dem Wanderweg mit der **Markierung grün-weißer Balken** laufen wir zum **Haus an den Fichten ❷.** Dort, hinter dem **Sandbrunnen ❶,** steigen wir links über ein paar Steinstufen den Berg hoch. Nach etwa 30 Metern betreten wir durch ein Gatter das **Auerochsengehege.**

Etwa ein Kilometer Waldpfad mit steilen Anstiegen liegt vor uns. Die grün-weiße Markierung leitet uns am Haus an den Fichten oberhalb vorbei und geradeaus Richtung Hesselbachhütte. Der Pfad geht in eine Art Hohlweg über. Breite Stufen wurden in den Weg eingearbeitet, um den Aufstieg zu erleichtern. Durch ein Tor verlassen wir wieder das Ochsengehege und kommen auf einem breiten Forstweg zur **Hesselbachhütte ❸.**

Hinter der Hütte beginnt für uns ein neuer Abschnitt, denn ab hier wandern wir auf dem **Hochberg Rundweg** (Wegzeichen „Felsengrafik auf gelbem Schild"). Ein zusätzlicher, gelber Wegweiser am Baum schickt uns nach links **Richtung Hochberg.** Jetzt geht es etwas gemäßigter den Berg hinauf, zunächst

*Im St. Martiner Tal beweiden **Heckrinder** das Gebiet in der Nähe des Sandwiesenweihers. Die Wildrinder ähneln dem ausgestorbenen Auerochsen und werden seit 2011 im Rahmen eines Beweidungsprojekts als „Landschaftsgestalter" eingesetzt. In dem über 100 Jahre alten Kiefernwald sorgen sie für eine wilde Wald- und Weidelandschaft.*

auf einem breiten Sandweg. An der ersten Gabelung gehen wir nach links, an der zweiten Gabelung fehlt die Markierung, hier entscheiden wir uns für den rechts abzweigenden, ansteigenden Weg. In zwei Schleifen laufen wir auf einem breiten, roten Sandweg bergauf. Nach der zweiten Kurve wird der Weg schmaler, und wir müssen gut aufpassen, dass wir den kommenden Abzweig nach rechts nicht verpassen. In etwa 60 Metern Entfernung sehen wir unser Wegzeichen an einem Baum hängen. Dort beginnt ein sehr schmaler Pfad, der rechts in den Kiefernwald hineinführt. Der Pfadanfang ist schwer zu erkennen, und beim Näherkommen sehen wir die Markierung aus einem ungünstigen Blickwinkel. Etwa 10 Meter waldeinwärts befindet sich ein Bestätigungszeichen. In der Folge ist der Pfad gut ausgeschildert, sodass wir kaum weiter auf den Weg achten müssen. Quer verlaufende Wege lassen wir außer Acht.

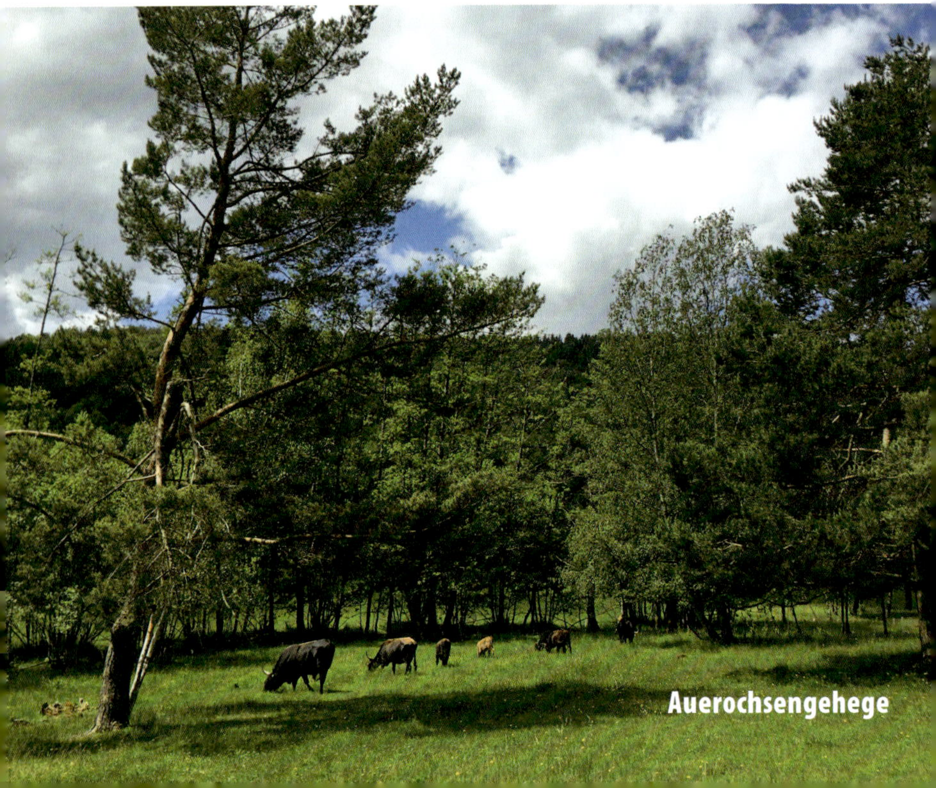
Auerochsengehege

Eine neue Waldlandschaft umgibt uns: hohe Kiefern, Unmengen von Blaubeersträuchern, Heidekraut und Farn – wie verzaubert laufen wir auf dem weichen Trail und lassen die Atmosphäre auf uns wirken. Wir nähern uns dem Bergrücken und haben ab und zu Ausblicke auf die gegenüberliegenden Berge.

Auf dem Bergsattel wandern wir bis zu einer Weg-

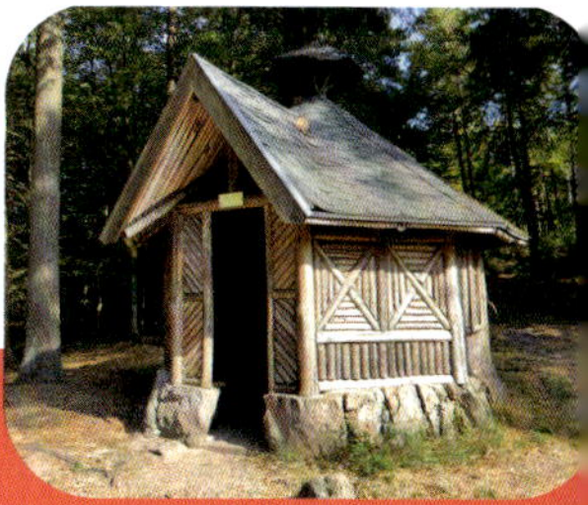

Für die Seele

Wir bahnen uns den Weg durch Felsspalten hindurch, über Felsblöcke hinweg, fassen an und kraxeln ein wenig herum und möchten gar nicht mehr raus aus diesem Wandererlebnis.

gabelung. Nach links gelangen wir zum **Schornsteinfelsen.** Zuerst gehen wir geschwind die 200 Meter nach rechts und machen einen Abstecher zum **Hochberggipfel.** Am höchsten Punkt des Hochbergs befindet sich das **Steinerne Köppl 4.** Auf den ersten Blick ist es nur ein aufgeschichteter Steinhaufen, aber wenn wir uns die Steine etwas genauer betrachten, entdecken wir Wünsche und Weisheiten, die Wanderer hier zurückgelassen haben. Wir laufen die paar Meter wieder zurück zur Weggabelung und gehen nun den kurzen Weg hinunter zum **Schornsteinfelsen 5.** Uns ist nach einer Verschnaufpause, und wir nehmen die Sitzbank in Beschlag. Zwischen den Bäumen hindurch können wir in die Ebene der Südpfalz blicken. Von der Sitzbank aus wenden wir uns nach rechts und folgen dem Waldpfad leicht bergab. Überall entlang diesem Pfadabschnitt liegen Steinquader wie große Bauklötze herum. Eine Passage mit jungen Tannenbäumen rechts und links am Weg wirkt wie im Märchenwald. Die ausladenden Äste der jungen Tannen streicheln uns, und wir sind offen für diese unmittelbare Berührung, die uns eine wohltuende Naturerfahrung beschert.

Unser Pfad stößt auf einen Querweg, auf den wir nach links in einen hellen Kiefernwald abbiegen. Auch hier wachsen junge Bäumchen heran. Ihr zartes Grün sticht zwischen den braunen, kahlen Stämmen der älteren Kiefern heraus. Wenige Gehminuten später kommen wir zur nächsten Weggabelung, an der wir den Abzweig nach links zum **Schorlestumpe** ❻ nehmen. Hier machen wir kurz Halt, da wir erstens eine schöne Aussicht in die Rheinebene und zweitens die Möglichkeit zu einer gemütlichen Brotzeit haben.

Unterhalb des Picknickplatzes laufen wir anschließend auf dem breiten Waldweg nach rechts **Richtung St. Martin.** Links am Baum sehen wir unsere Markierung und zur Bestätigung einen gelben Wegweiser. An der kommenden Weggabelung halten wir uns links (Achtung, hier fehlt die Markierung!) und wandern leicht bergab. Wir befinden uns immer noch auf dem **Hochberg Rundweg.** Ungefähr 500 Meter sind es bis zur nächsten Weggabelung, an der wir nach links abbiegen. Bereits nach wenigen Metern erblicken wir sogleich mehrere Hinweise und Markierungen, die uns nach rechts Richtung Wetterkreuz leiten. Leicht absteigend laufen wir auf weichem Waldboden. Um uns herum wachsen Blaubeersträucher und Heidekraut – ein herrlich wilder und gleichzeitig lieblicher Höhenpfad. Viel zu schnell ist dieser Abschnitt zu Ende, doch auf uns wartet bereits ein weiteres Seelenplätzchen: Wir kommen zum **Wetterkreuz** ❼ und zur **Wallfahrtsstätte auf dem Ottilienberg.** Eine friedvolle Ruhe geht von diesem Ort aus, und wir setzen uns ein paar Minuten auf eine der Bänke.

Steinstufen führen uns nun hinunter zu einer Wegkreuzung mit Schilderbaum. Wenige Meter geradeaus finden wir eine Sitzbank mit großartiger Aussicht in die Südpfalz und die Rheinebene. Zurück am Schilderbaum folgen wir ab jetzt der rot-weißen **Wegmarkierung Pfälzer Weinsteig.** Es geht links ab Richtung Schwalbenfelsen (0,9 Kilometer). Bequem laufen wir sanft bergab auf einem breiten, sandigen Höhenweg.

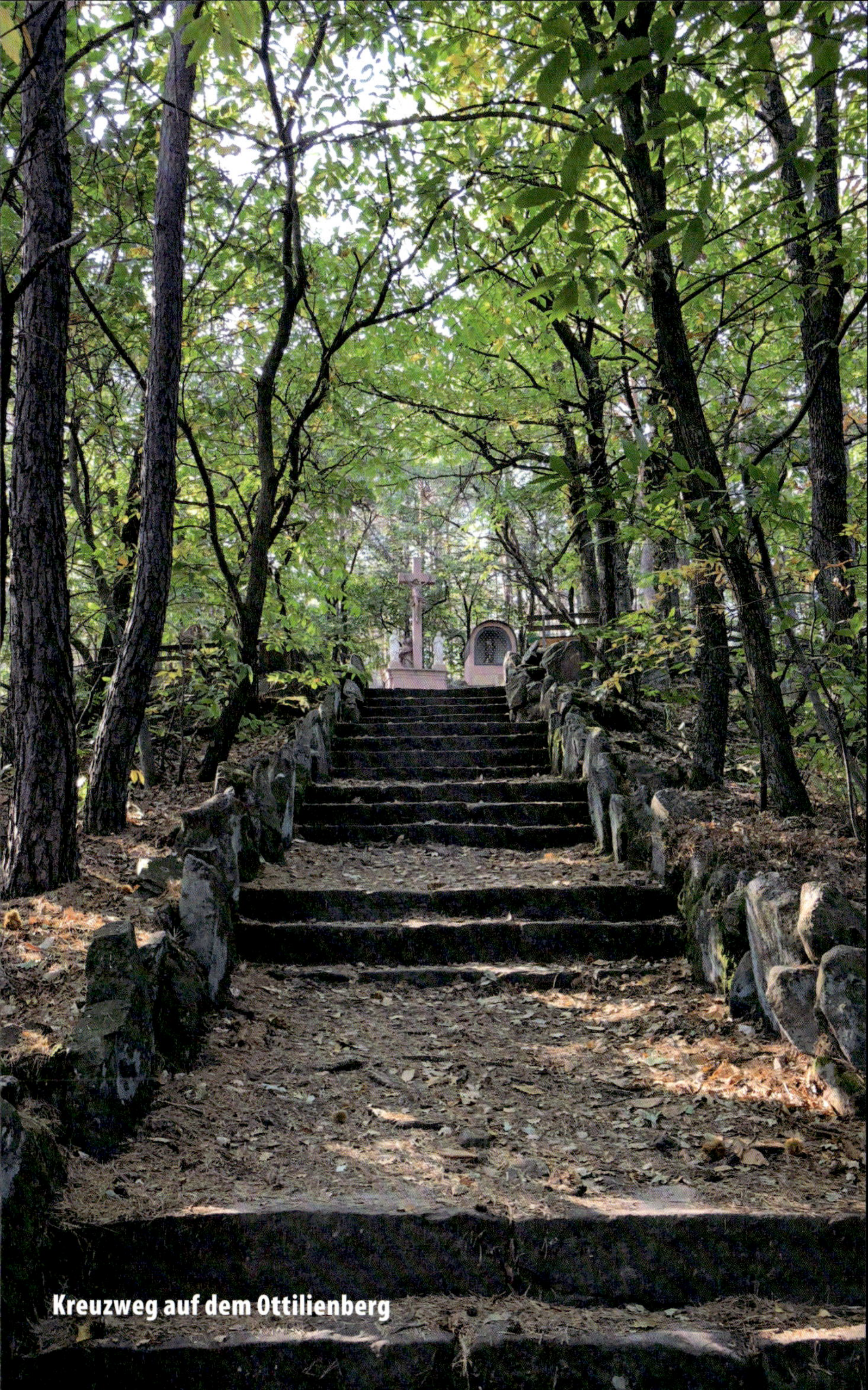

Kreuzweg auf dem Ottilienberg

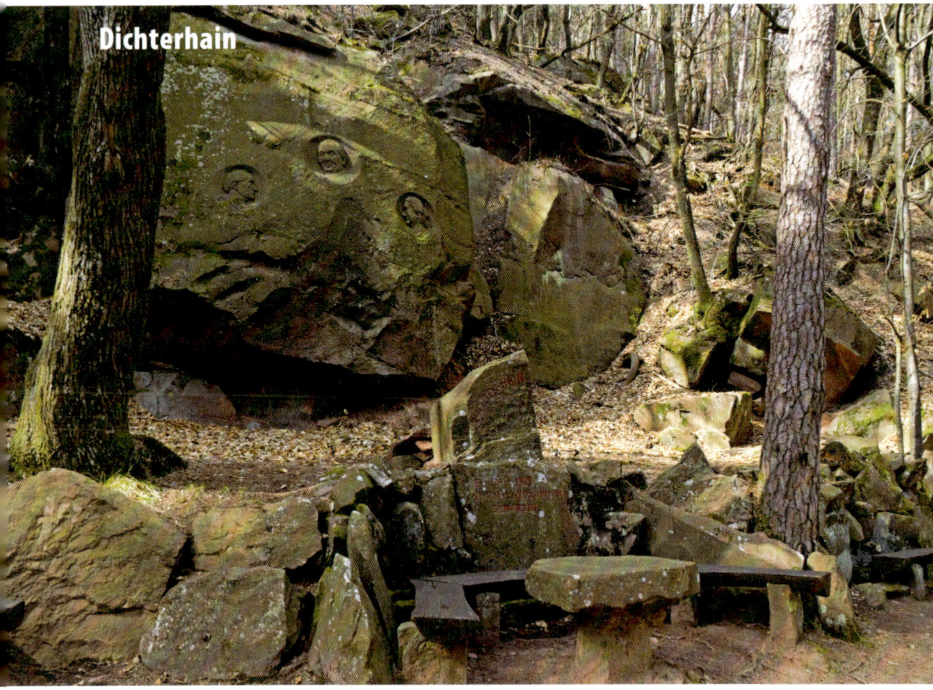

Dichterhain

Nach circa 500 Metern entdecken wir links am Berghang eine Felsenwand mit eingemeißelten Reliefs. Wir befinden uns am **Dichterhain 8**.

Weiter geht es zum **Schwalbenfelsen 9**. Von der Markierung am Wegpfosten werden wir nach rechts den Hang hinab gelotst. Im Zickzack folgen wir dem schmalen steinigen Pfad bergab und kommen zur **Tina-Will-Blick-Hütte 10**, einem traumhaft schönen Picknickplatz mit vielen Sitzgelegenheiten. Da wir bald wieder bergauf wandern müssen, machen wir hier eine ausgedehnte Pause und stärken uns für den bevorstehenden Aufstieg zum Kalmitgipfel.

Talwärts gelangen wir, dem rot-weißen Zeichen folgend, zum **Bellachinibrunnen 11**. Am **Bellachiniweiher 12** etwas weiter unterhalb überqueren wir einen Fahrweg und zweimal den **Kropsbach.** An der Sitzbank nehmen wir den linken Pfad und steigen im Zickzack hinauf zur Totenkopfstraße. Auf der anderen Straßenseite

*In einem alten Sandsteinbruch wurde den drei Pfälzer Mundartdichtern August Heinrich („Bellemer Heiner"), Fritz Claus und Lina Sommer 1929 ein Denkmal gesetzt, da sie sich in besonderer Weise um St. Martin verdient gemacht hatten. Ihnen zu Ehren wurde ihr Relief im sogenannten „**Dichterhain**" in den Fels gemeißelt.*

geht unsere Wanderung auf dem Pfälzer Weinsteig **Richtung Kalmit** weiter. Nun beginnt ein 3 Kilometer langer und steiler Aufstieg zum Gipfel des höchsten Berges im Pfälzerwald. Wie es sich für einen Steig gehört, wandern wir auf einem naturbelassenen Weg mit Wurzelwerk und Steinen. Achtsam setzen wir unsere Schritte und lassen uns Zeit.

Die Laubwaldzone lassen wir hinter uns, und je höher wir kommen, desto mediterraner wirkt die Landschaft um uns herum. Auch der Weg verändert sich, er wird schmaler und nimmt Steigcharakter an. Nach dem ersten steilen Kilometer sehen wir eine Sitzbank am Wegesrand, die wir dankbar und außer Atem in Anspruch nehmen. Nach weiteren 300 Metern fällt der Weg kurzzeitig ab und gabelt sich. Links geht der Weinsteig weiter, wir aber folgen der Markierung **roter Punkt** nach rechts, um zum **Kalmitgipfel** zu gelangen. Wir kreuzen einen breiten Fahrweg und erreichen kurze Zeit später die **Kalmitstraße.** Zweimal überqueren wir die Straße, einmal auf die rechte Seite, dann wieder zurück auf die linke Seite. Auf dieser Straßenseite geht es, mit dem roten Punkt im Blick, einen knappen Kilometer bergauf bis zum Gipfel. An

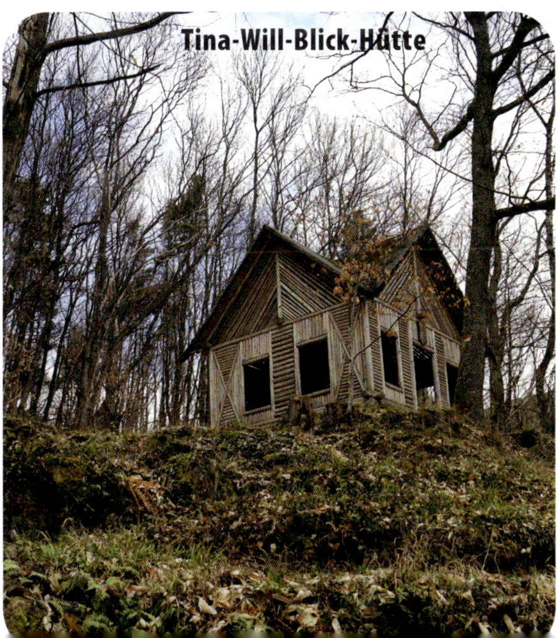
Tina-Will-Blick-Hütte

*Mit 672,6 Metern ist der **Kalmit** der höchste Berg im Pfälzerwald und nach dem Donnersberg (686,5 Meter) der zweithöchste Gipfel der Pfalz. Auf dem Berg befinden sich ein Aussichtsturm, eine Wetterstation und seit 2012 die erste Sichtweitenmess-station Deutschlands.*

*Unterhalb des Kalmit auf dem Hüttenberg befindet sich das **„Felsenmeer Hüttenberg"**. Die Felsentrümmer stammen aus den sogenannten Karlstalschichten des Mittleren Buntsandsteins und sind durch Frostsprengung während verschiedener Kaltzeiten entstanden.*

der Weggabelung biegen wir links ab, überqueren die Straße, die zum Gipfel führt, etwas versetzt und nehmen dann den rechten Abzweig. In einem Bogen wandern wir unterhalb der Bergkuppe an einer schiefen Felsplatte vorbei, die links am Wegesrand in der Erde steckt. Auf ihr befindet sich unser Wegzeichen roter Punkt. Rechts finden wir einen romantischen, etwas versteckt liegenden Felsvorsprung.

Noch ein kleines Stück, und wir sind oben auf dem **Kalmitgipfel ⑬.** Eine überwältigende Aussicht empfängt uns. Erschöpft und hungrig lassen wir uns auf einer der Bänke nieder und freuen uns auf ein Mittagessen im Freien vor dem **Kalmithaus ⑭.**

Bis zum Kalmitgipfel haben wir ungefähr 400 Höhenmeter zurückgelegt. Ab jetzt geht es nur noch bergab. Von der Aussichtsterrasse aus folgen wir dem Wegweiser Richtung Felsenmeer (1 Kilometer) nach links. Zusätzlich orientieren wir uns erneut an der rot-weißen Markierung des **Pfälzer Weinsteigs.** Wir laufen auf den Sendemast zu und sehen am Gittertor unser Wegzeichen. Geradeaus laufen wir auf den asphaltierten Weg. Links geht es abwärts auf einem breiten Waldweg mit eingesetzten Stufen. Am Parkplatz weist uns die Markierung am Wegpfosten links auf einen schmalen Pfad. Nun geht es immer geradeaus bis zum Felsenmeer. Ein klitzekleiner Anstieg steht bevor, dann sehen wir auch schon die ersten Gesteinsbrocken des Naturdenkmals **Felsenmeer ⑮.**

Der schönste Weg durch das beeindruckende Felsenmeer wird mit dem **weiß-grünen Balken** markiert. Ihm folgen wir und erleben ein fantastisches Felsenmeer-Abenteuer.

Mit weichem Waldboden unter unseren Füßen wandern wir noch eine Weile auf dem felsigen Berggrat, immer geradeaus dem weiß-grünen Balken folgend. An der **Hüttenberghütte ⑯** angekommen, genießen wir noch einmal einen letzten Blick in die Rheinebene und biegen nach links unten ab. Nun folgen wir der **Markierung weißer Punkt** Richtung Wolselquelle. Wiederum auf einem schmalen Waldpfad wandern wir jetzt unterhalb des Felsenmeers talwärts. Nach etwa 15 Minuten Gehzeit gelangen wir an eine Wegkreuzung. Geradeaus geht es auf den Pfälzer Weinsteig, nach rechts biegt unser Weg ab. Ein gelbes Hinweisschild (Wolselquelle – Wappenschmiede – St. Martin) und der **weiße Punkt** geben uns die Richtung vor.

Auf einem weichen Waldpfad wandern wir etwas erhöht zu einem parallel verlaufenden breiteren Weg. Teilweise marschieren wir durch dichten Nadelwald. Manche Abschnitte sind sehr steinig, und wir müssen aktiv auf den Weg achten, damit wir nicht stolpern. Dem vorgegebenen Pfad folgen wir geradeaus bis zur **Wolselquelle 17**. Unterhalb der Picknickgruppe befindet sich die mit Steinen eingefasste Quelle. Ab hier setzen wir unsere Wanderung direkt am Bach entlang fort

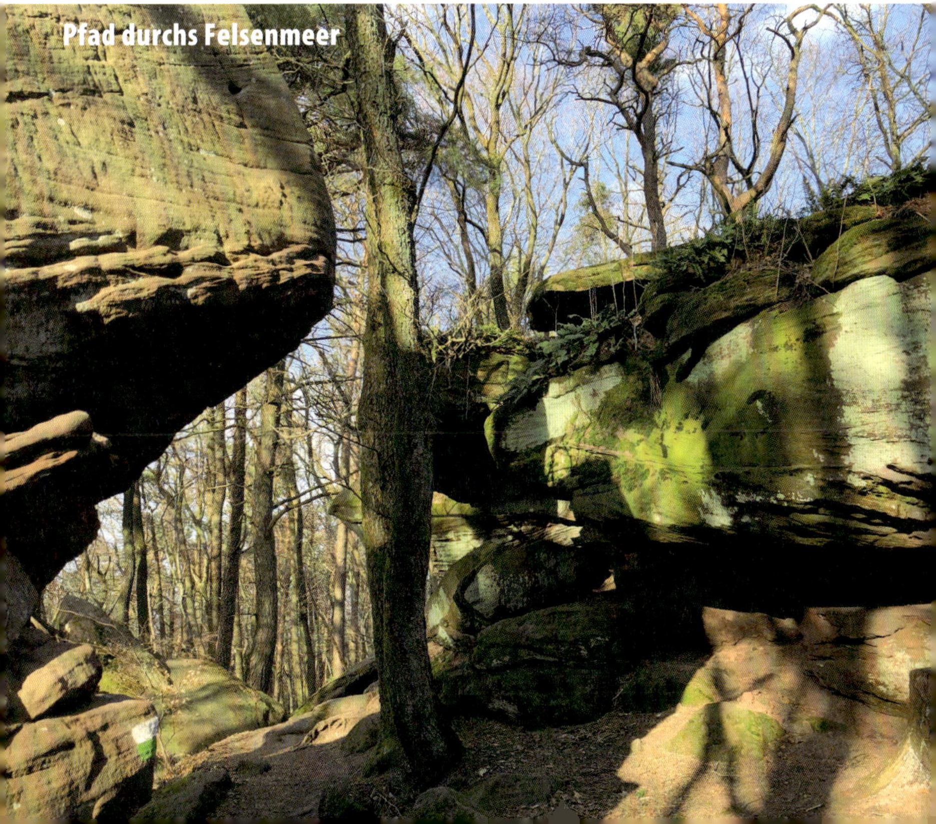
Pfad durchs Felsenmeer

und folgen weiterhin dem weißen Punkt. Über mehrere Holzbrücken wechseln wir mehrfach die Bachseite. Die letzte Holzbrücke überqueren wir nach links und kommen an die **Totenkopfstraße** (L 514). Rechts in der Seitenstraße geht es zum **Wirtshaus am Wolsel ⑱**, das allerdings nur an zwei Tagen der Woche geöffnet hat. Unser Weg geht auf der anderen Straßenseite nach rechts weiter. Hier folgen wir wieder unserer ersten Markierung **grün-weißer Balken** zurück zum Parkplatz. Wir befreien uns von Rucksack und Wanderstöcken und gehen über den **Barfußpfad** am **Sandwiesenweiher** vorbei nach rechts und gleich wieder nach links zur **Grillhütte St. Martin ⑲**. Hier lassen wir gemütlich den Tag mit regionaler Kost und einem guten Tröpfchen Pfälzer Wein ausklingen.

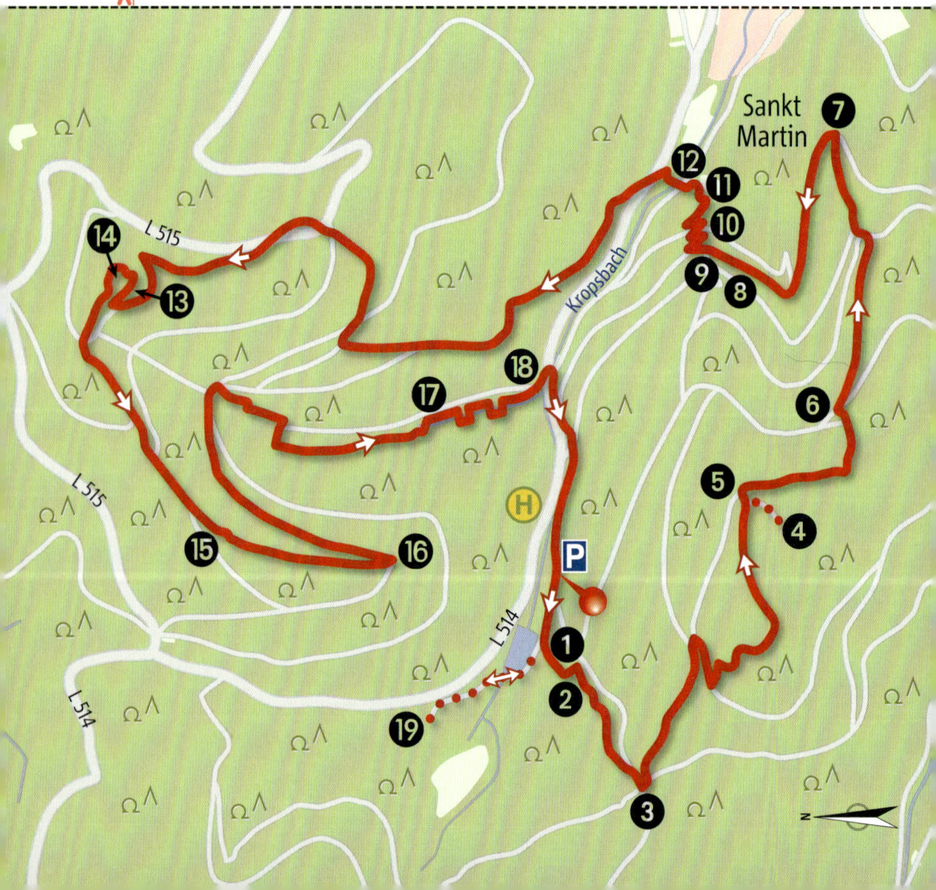

Alles auf einen Blick

WIE & WANN:
Breite und schmale Waldwege, Felsenpfade und Steige, geringer Forstweganteil, kaum asphaltierte Straßen; schönste Wanderzeit März bis Oktober

HIN & WEG:
Auto: Von A 65 kommend, Abfahrt Edenkoben Richtung Maikammer, dann nach St. Martin, Totenkopfstraße Richtung Kalmit, nach ca. 3 km Wanderparkplatz am Sandwiesenweiher (GPS: 49.3057983, 8.0684479)

Entspannung ★★★☆☆
Genuss ★★★★☆
Romantik ★★★★☆

ÖPNV: Mit der Bahn nach Kirrweiler oder Edenkoben, weiter mit dem Bus 503 (Kalmit-Neustadt), Haltestelle „St. Martin Stauweiher"

ESSEN & ENTSPANNEN:
Haus an den Fichten ❷ Totenkopfstraße, 67487 St. Martin, Tel. (0 63 23) 78 44, www.haus-an-den-fichten.de
Kalmithaus ⓮ 67487 Maikammer, Tel. (0 63 21) 54 24, www.kalmithaus.de
Wirtshaus im Wolsel ⓲ An der Totenkopfstraße, 67487 St. Martin, Tel. (0 63 23) 55 45, www.wolsel.de
Grillhütte St. Martin ⓳ Totenkopfstraße, 67487 St. Martin, Tel. (0 63 23) 77 48

ENTDECKEN & ERLEBEN:
Sandbrunnen ❶ **Hesselbachhütte** ❸ **Steinernes Köppl** ❹ **Schornsteinfelsen** ❺ **Schorlestumpe** ❻ **Wetterkreuz** ❼ **Dichterhain** ❽ **Schwalbenfelsen** ❾ **Tina-Will-Blick-Hütte** ❿ **Bellachinibrunnen** ⓫ **Bellachiniweiher** ⓬ **Kalmitgipfel** ⓭ **Naturdenkmal Felsenmeer** ⓯ **Hüttenberghütte** ⓰ **Wolselquelle** ⓱

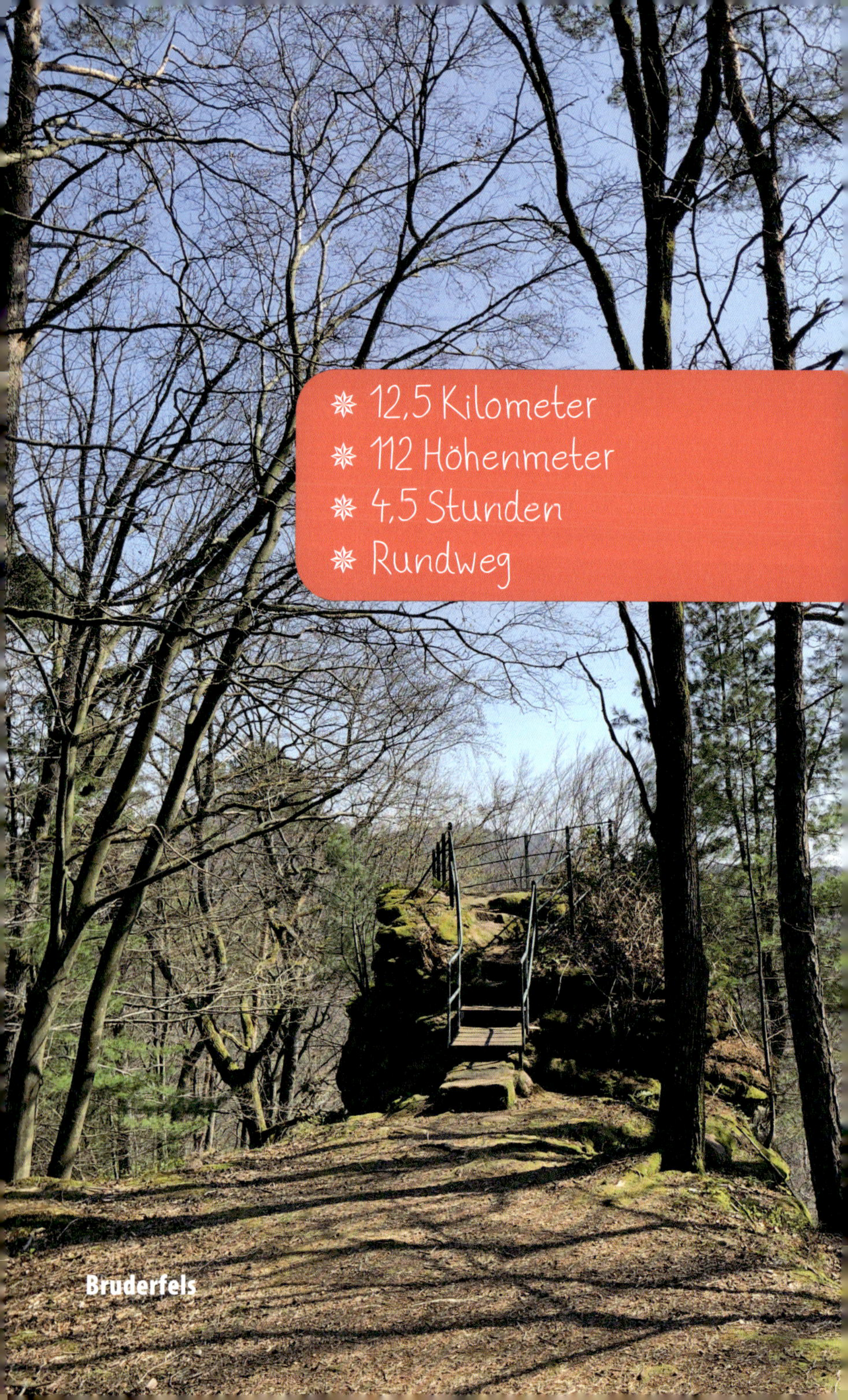

- 12,5 Kilometer
- 112 Höhenmeter
- 4,5 Stunden
- Rundweg

Bruderfels

Auf dieser knapp 13 Kilometer langen Wanderung werden wir zu Grenzgängern. Vier sagenhafte Burgen werden wir erkunden und unserem Nachbarn Frankreich einen Besuch abstatten. Einen Teil der Tour werden wir auf dem bekannten Felsenland Sagenweg zurücklegen, der manch unglaubliche Geschichte zu

Grenzgang

Vier Burgen bei Schönau

erzählen weiß. Jetzt aber erst mal ins hübsche Dörfchen Schönau, wo unsere sagenhafte Wanderung beginnt.

Wir laufen am Wanderparkplatz in der Gebüger Straße los und folgen der **Markierung Felsenland Sagenweg** (schwarzes Gespenst auf hellblauem Grund) Richtung Pfaffenfelsen. Das erste Wegstück ist asphaltiert, aber schon nach wenigen Metern führt ein schmaler Pfad rechts den Berg hoch. Auf den quer verlaufenden Schotterweg biegen wir rechts ab und befinden uns in der **Pfaffenfelsstraße.** Nach wenigen Metern geht es auch schon wieder nach links, und wir lassen uns von dem Gespenster-Logo bergauf führen. An einem Baum sehen wir einen alten Holzwegweiser, der nach links zeigt Richtung **Pfaffenfelsen** und **Bruderfelsen.** Unsere Wegmarkierung bestätigt die Richtung, und wir gehen einen schmalen Pfad aufwärts, der in steilem Zickzack nach oben führt. Immer wieder bleiben wir kurz stehen und erfreuen uns am Blick auf Schönau.

Oben auf der Bergkuppe thront der Pfaffenfelsen mit seinen nahezu senkrechten Felswänden. Ein paar Steinstufen bringen uns zu einem geschotterten Querweg, auf dem wir uns nach links wenden. Hinter der Biegung steht ein Holzpfosten, der uns nach rechts abzweigen lässt. Nachdem wir einen Bogen um den Felsen gewandert sind, führt uns nun ein Pfad rechts den Berg hinauf. Wenige Minuten später stehen wir vor dem **Pfaffenfelsen 1.** Über eine Stahlleiter gelangen wir hoch zur Aussichtskanzel. Eingebettet ins Saarbachtal liegt unter uns das malerische Schönau.

Vom Pfaffenfelsen führt ein Höhenweg in leichtem Anstieg weiter bergauf. Unsere Schritte klingen gedämpft auf dem weichen Waldboden, der mit Wurzeln durchzogen ist. Der Höhenweg führt an Felsen entlang und um sie herum. Ein Wegabschnitt mit dichtem Nadelwald unterscheidet sich deutlich, wirkt mystisch, verwunschen und geheimnisvoll. Unser

Pfaffenfelsen

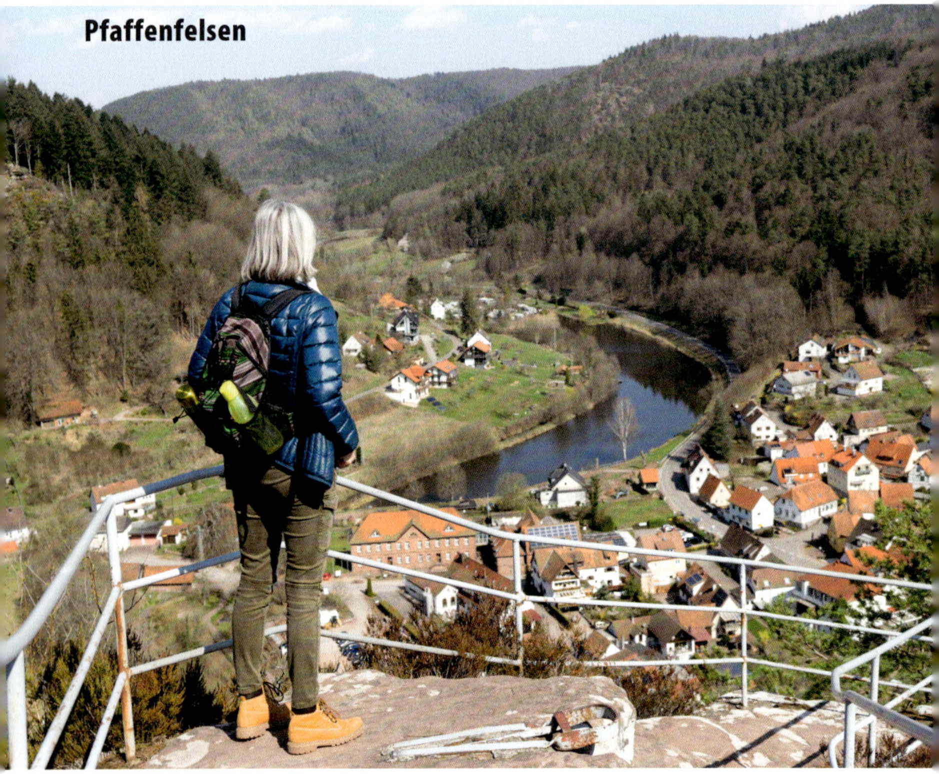

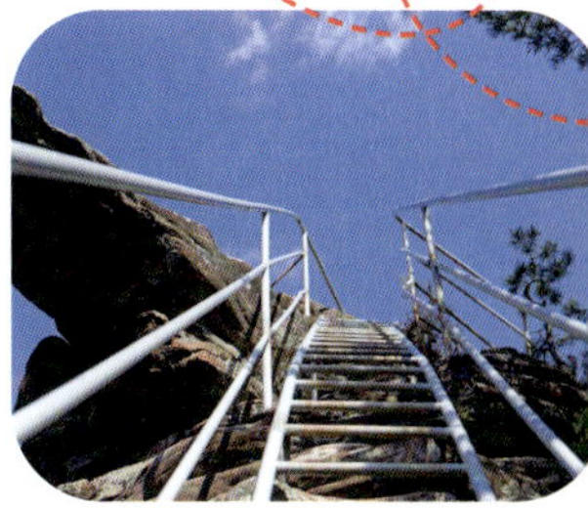

Wegzeichen lotst uns an einer Weggabelung nach links. Jetzt geht es noch einmal ein paar Meter kräftig bergauf, und wir sind nach 15 Minuten Wanderzeit am **Bruderfelsen** ❷ angekommen. Auch seine Plattform ist mit einem Geländer gegen Absturz gesichert.

Wir stehen mit dem Rücken zum Felsen und laufen wenige Meter nach links, dann biegen wir zweimal

Für die Seele

Am Ufer der Sauer gönnen wir unseren Füßen ein erfrischendes Bad im kühlen Bachwasser.

in Folge erneut links ab. Unterhalb des Bruderfelsens gehen wir nun 1 Kilometer talwärts, der Markierung Felsenland Sagenweg folgend bis zum **Hichtenbach.** Teilweise sind die Pfade etwas steil, und wir sind achtsam mit unseren Schritten. Unten im Tal stoßen wir auf einen Querweg und werden von unserem Wegzeichen nach links **Richtung Hirschthal** geleitet (1,2 Kilometer). Links vom Bach wandern wir im Genussmodus an den grünen Weidewiesen entlang, bis wir über eine Holzbrücke geleitet werden. Auf einem breiten Sandweg geht es nun ein Stück rechts vom Bach weiter. Am Sendemast biegen wir rechts ab und laufen in die **Brückenstraße** in **Hirschthal.** Rechts an der Straße steht wie bestellt eine Sitzbank, auf der wir uns einen Moment lang ausruhen. Die Brückenstraße führt uns hinunter ins Dorf. Große Holzfiguren am Hang wecken unser Interesse. Unter ihnen entdecken wir einen Hohlraum im Felsen. Laut einer Inschrift befand sich hier einst der **Zehntkeller** ❸ der Burg Fleckenstein.

Geradeaus wandern wir aus dem Dorf und gelangen auf einen Grasweg. Ohne dass wir uns dessen gewahr werden, überschreiten wir nach ca. 250 Metern

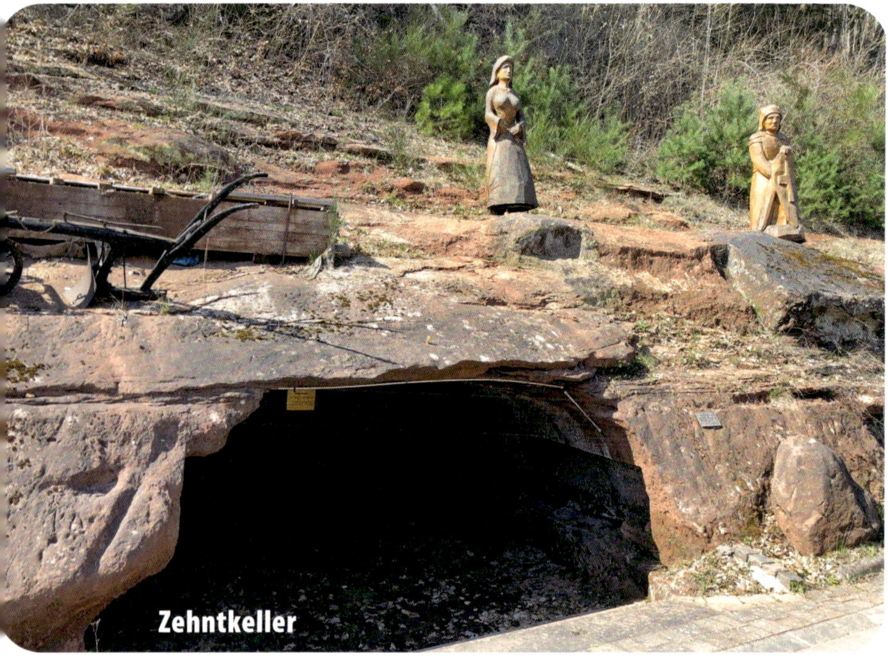
Zehntkeller

*Der **Saarbach** hieß ursprünglich Sauerbach. Er fließt durch den Süden der Pfalz, durchquert das Elsass und mündet bei Seltz in den Rhein. In Hirschthal fließt er über die deutsch-französische Grenze und heißt von da an „Sauer".*

die Grenze zu Frankreich. Noch befinden wir uns links vom Saarbachtal, doch unsere Freude wird groß, als wir sehen, dass uns das Gespenster-Zeichen direkt hinunter an den **Saarbach** ❹ bzw. an die französische „Sauer" lenkt.

Dort gehen wir über die Holzbrücke und weiter über einen schmalen Pfad hoch auf die Straße zum **Grenzübergang** ❺ zu Deutschland, den wir jedoch nicht überschreiten. Wir bleiben noch eine Weile im Elsass und nehmen den nach rechts ansteigenden Pfad parallel zur Straße. Unser Wegzeichen hat sich optisch etwas verändert, die französische Version ist kleiner und mit einem weißen Hintergrund versehen. In der Ferne ist es möglicherweise etwas schwieriger zu erkennen.

Der Felsenland Sagenweg bringt uns nun in etwa 1,5 Kilometern, streckenweise steil ansteigend zur **Burg Fleckenstein.** An den beiden aufeinanderfolgenden

Weggabelungen folgen wir der Markierung jeweils nach links. Der Aufstieg ist anstrengend und zieht sich etwas in die Länge. Nun kommen wir aus dem Mischwald heraus und gehen durch einen von Fichten dominierten Nadelwald. Uns gefällt dieser Abschnitt, er wirkt wild und ungebändigt, so ganz anders als der Mischwald, den wir zuvor durchwandert haben. Etwas abseits unseres Wegs entdecken wir mitten im Wald eine Sitzbank, zu der ein schmaler Pfad hinführt. Dieses romantische Pausenplätzchen kommt wie gerufen.

Nach unserer Atempause begeben wir uns wieder zurück auf den Sagenweg. Rechts im Wald hören wir juchzende Kinderstimmen und entdecken auch gleich die Ursache dafür: eine riesige Trampolinstraße. Es ist Teil des Konzepts der Burg Fleckenstein, Natur erlebbar zu machen. So gibt es verschiedene Stationen rund um die Burg, an denen Kinder wie Erwachsene spielerisch mit den eigenen Sinnen Natur erfahren können.

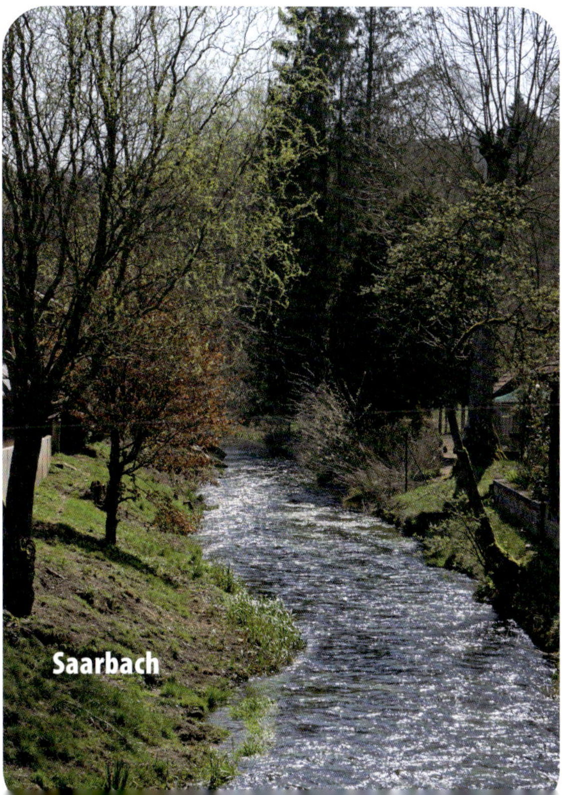
Saarbach

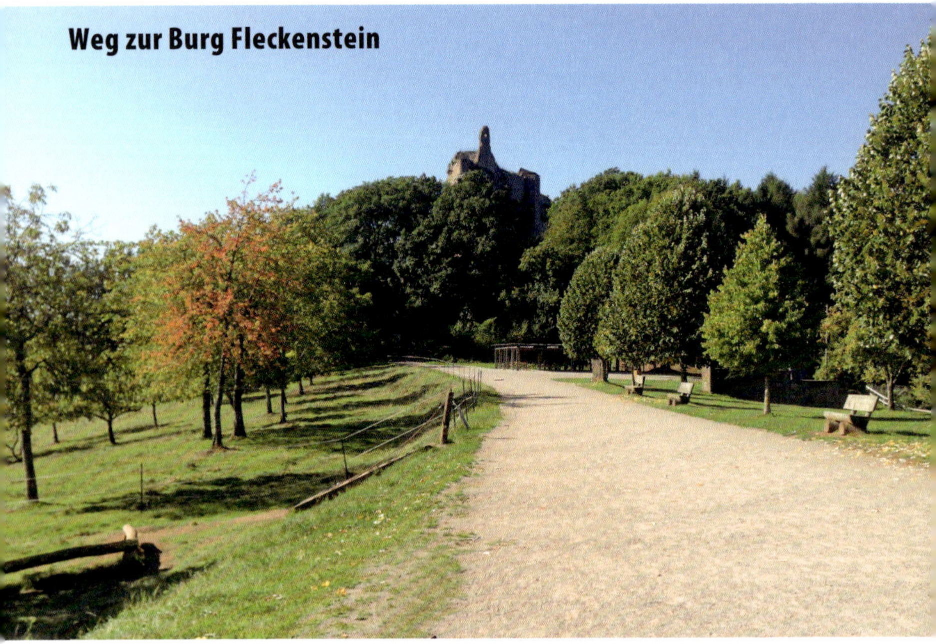

Weg zur Burg Fleckenstein

Fleckenstein *ist eine gut erhaltene Burgruine aus dem 12. Jahrhundert und war eine der größten Vogesenburgen. Auf einer steil aufragenden Felsplatte liegt eine Festung von 92 Metern Länge und 8 Metern Breite. Beeindruckend sind die aus dem Fels gehauenen Gemächer und das Burgmuseum. Für die Besichtigung sollte man sich mindestens 1 Stunde Zeit nehmen.*

Wir laufen einmal um den Berg herum und stehen vor **Burg Fleckenstein 6.**

Fleckenstein ist ein beliebter Ausflugsort, entsprechend ist hier an den Wochenenden und in den Ferien einiges los. Die Eintrittsmarken für die Burg gibt es an der Burgkasse im **Informationszentrum 8** unterhalb der Burg (ca. 300 m). Dort angekommen, suchen wir uns im Außenbereich des **Cafés des 4 Châteaux 7** einen gemütlichen Platz zum Mittagessen mit Burgenblick.

Gestärkt und ausgeruht gehen wir jetzt den Aufstieg zum Col de Hohenbourg an. Hinter dem Informationszentrum finden wir links an einem Zaun das blaue Gespenst. Wir wandern nun in steilem Anstieg Richtung **Château Hohenburg.** Rechts von uns schauen wir auf den **Langenfels 9**, einen beliebten Kletterfels. Ab hier steht uns ein abenteuerlicher Kilometer auf dem Felsenpfad **Sentiers des Roches** bevor. Der Pfad hat Steigcharakter: Wurzeln, Steine und steile Passagen erfordern unsere Achtsamkeit. Dennoch sind wir total begeistert, da wir durch die Wegführung den Felsen ganz nah kommen können. Es ist sogar möglich, zwischen den Felsen etwas herumzuklettern oder über einen schmalen Pfad ganz ungefährlich auf ihr Plateau zu steigen. Jeder kann hier sein eigenes Seelenplätzchen finden. Die Richtung des Weges ist zwar durch die Markierung vorgegeben, doch wir können selbst wählen, ob wir direkt am Felsen laufen möchten oder einen Meter davon weg. Diese Freiheit, uns den Weg auf manchen Abschnitten selbst erschließen zu dürfen, ist großartig, und wir haben viel Spaß dabei.

Nachdem wir das Felsenabenteuer hinter uns gelassen haben, wandern wir nun etwas entspannter, aber immer noch ansteigend, auf dem Rücken des **Col de Hohenbourg.** An dem Felsbrocken mit dem roten Dreieck wenden wir uns nach rechts und folgen dem Pfad mit der Markierung des Sagenwegs weiter. Auf dem Bergrücken wandern wir durch herrlichen Mischwald bis zur geschotterten Wegkreuzung. Dort am Schilderbaum finden wir einen Wegweiser **Richtung Loewenstein** und **Hohenbourg** und biegen entsprechend rechts ab auf den ausgewiesenen Weg. Unter-

***Burg Loewenstein** stammt aus dem 13. Jahrhundert. Die Burg ist zweigeteilt, da sie auf zwei getrennte Sandsteinfelsen gebaut wurde. Einer Sage nach hauste auf dieser Burg der gefürchtete Raubritter Lindenschmidt, dessen Geist heute noch ab und zu über den Wasgau reiten soll.*

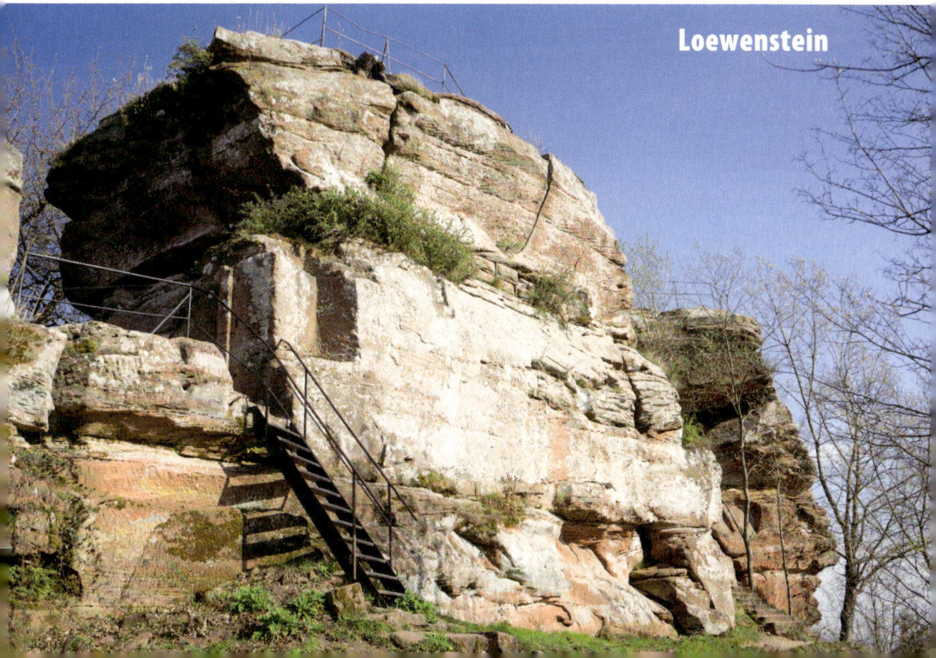

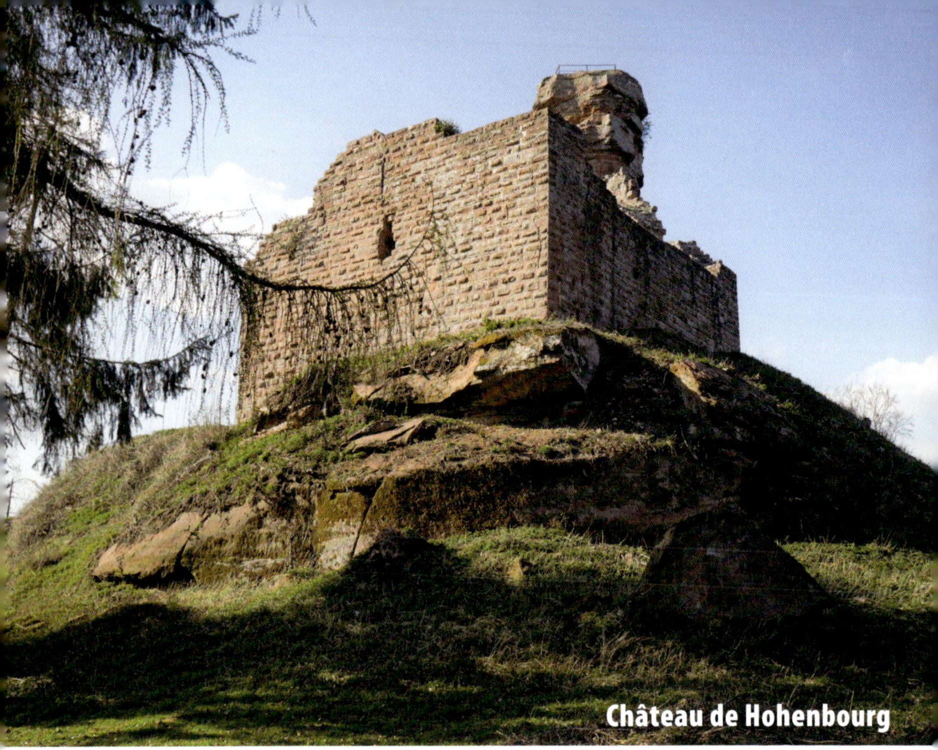

Château de Hohenbourg

wegs haben wir freie Sicht auf die Burg Fleckenstein und ins Roehrental. Wir stoßen auf einen breiten Waldweg, auf dem wir rechts ein paar Meter weitergehen, um dann den Abzweig nach links bergauf zu nehmen. Jetzt sind es noch etwa 300 Meter bis zur **Ruine Loewenstein ⑩.**

Vom südlichen Turm der Burgruine haben wir eine tolle Aussicht. Da die Burg im 17. Jahrhundert nahezu komplett zerstört wurde, ist von der Ober- und Unterburg nicht mehr viel erhalten. Gerade mal 5 Gehminuten ist das **Château de Hohenbourg ⑪** von der Ruine Loewenstein entfernt. Ein Höhenweg führt über den Kamm des Schlossbergs hinüber. Hier auf der Hohenburg gibt es einiges mehr zu erkunden. Über Steintreppen steigen wir unter Torbögen hindurch zum Aussichtsplateau des Turms hinauf. Im Anschluss an unsere Burgbesichtigung zieht es uns zu einer der vielen Sandsteinmauern hin, auf der wir uns ausruhen.

Den größten Anstieg haben wir hinter uns gebracht. Zur nächsten Burg ist der Weg etwas moderater. Vom blauen Gespenst lassen wir uns weiter führen und laufen nun durch einen jungen Buchenwald. Einem Wegweiser entnehmen wir, dass es noch 15 Minuten Wanderzeit zur **Wegelnburg** sind. Auf dem Weg passieren wir die Quelle **Maidenbrunnen** ⓬. An der **Schutzhütte Kaiser-Wilhelm-Stein** ⓭ werden wir zu Grenzgängern und befinden uns wieder auf deutschem Boden. An der Hütte laufen wir vorbei und gehen geradeaus über die Kreuzung. Schon beginnt der kurze Aufstieg zur Wegelnburg, vorbei an den Felsen **Kaiser-Wilhelm-Turm** und **Krötenstuhl.** Recht schnell haben wir den Berg erklommen und sehen vor uns die höchstgelegene Burg der Pfalz, die **Wegelnburg** ⓮. Wegen Sanierungsarbeiten kann die Burg leider nur teilweise besichtigt werden, dennoch lohnt es sich, einen Rundgang durch die ehemalige Reichsburg zu unternehmen.

Dies war die letzte Burg unserer Wandertour. Noch ganz berauscht von den vielen Eindrücken beginnen wir nun mit dem Abstieg nach Schönau. Die **Markierung Felsenland Sagenweg** leitet uns links um die Burg herum, auf einen schmalen absteigenden Pfad, der uns gleich in einer spitzen Kehre nach links führt.

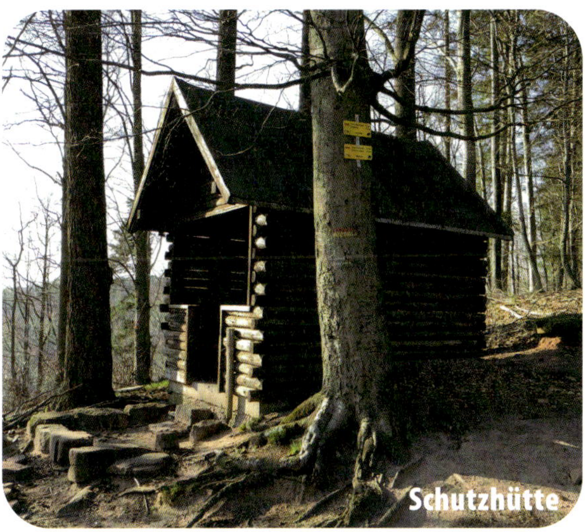

Schutzhütte

Panoramatour 9

Gemütlich wandern wir auf einem breiten Waldweg durch Douglasienwald. Nach diesem Abschnitt knickt der Felsenland Sagenweg spitz nach rechts ab. Wir aber laufen geradeaus durch den Wald hinunter zu einer Wegkreuzung. Dort biegen wir halb rechts ab und folgen der **Markierung rot-gelber Balken** nach Schönau (laut Beschilderung 2,7 Kilometer). Es geht immer geradeaus bergab. Unser Weg gabelt sich kurz vor Schönau und geht in einen betonierten Wirtschaftsweg über. Die ersten Häuser von Schönau sind zu sehen. Kurz vor dem Dorf erkennen wir rechts etwas erhöht ein Steinkreuz mit einer Sitzgruppe. In der Abendsonne sitzend genießen wir einen letzten **Dorfblick ⑮**, bevor wir über die **Wegelnburger Straße** in die **Gebüger Straße** zum Parkplatz marschieren.

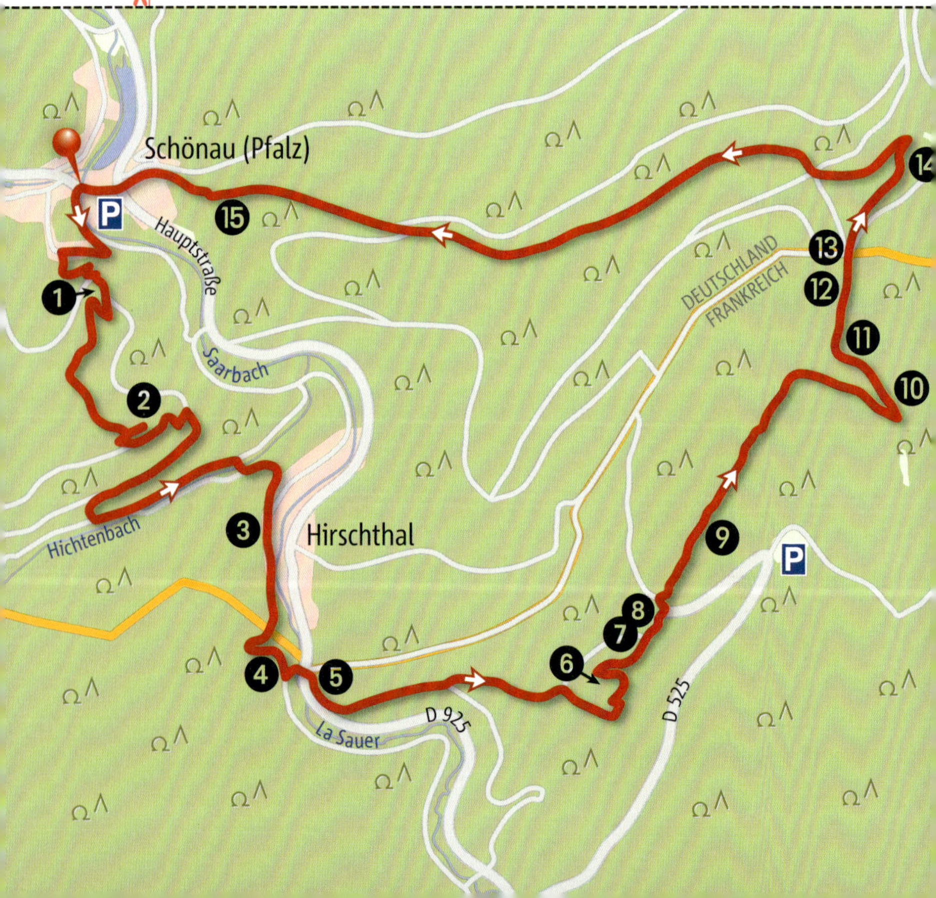

Alles auf einen Blick

WIE & WANN:
Breite und schmale Waldwege, Felsenpfade, weiche Höhenwege, Forstwege, asphaltierte Straßen in den Dörfern; Felsenpfade bei Glätte oder nach Regen nicht begehbar, beste Wanderzeit März bis Oktober

HIN & WEG:
Auto: Schönau ist über die L 488 und die K 43 zu erreichen; Wanderparkplatz: Gebüger Straße, 66996 Schönau (GPS: 49.060341, 7.74791)

Entspannung ★★☆☆☆
Genuss ★★★☆☆
Romantik ★★☆☆☆

ÖPNV: Mit dem Zug bis Bundenthal-Rumbach, weiter mit Buslinie 251 nach Schönau

ESSEN & ENTSPANNEN:
Rucksackverpflegung für unterwegs
Café des 4 Châteaux ❼ Lieu-dit Fleckenstein, 67510 Lembach, Frankreich, Telefon (0 33) (0) 3 88 94 28 52, www.fleckenstein.fr/de/restauration

ENTDECKEN & ERLEBEN:
Pfaffenfelsen ❶ Bruderfelsen ❷ Zehntkeller ❸ Saarbach ❹
Grenzübergang ❺
Fleckenstein ❻ www.fleckenstein.fr
Informationszentrum Burg Fleckenstein ❽
Langenfels ❾ Loewenstein ❿ Chateau de Hohenbourg ⓫
Maidenbrunnen ⓬ Schutzhütte Kaiser-Wilhelm-Stein ⓭
Wegelnburg ⓮ Dorfblick ⓯

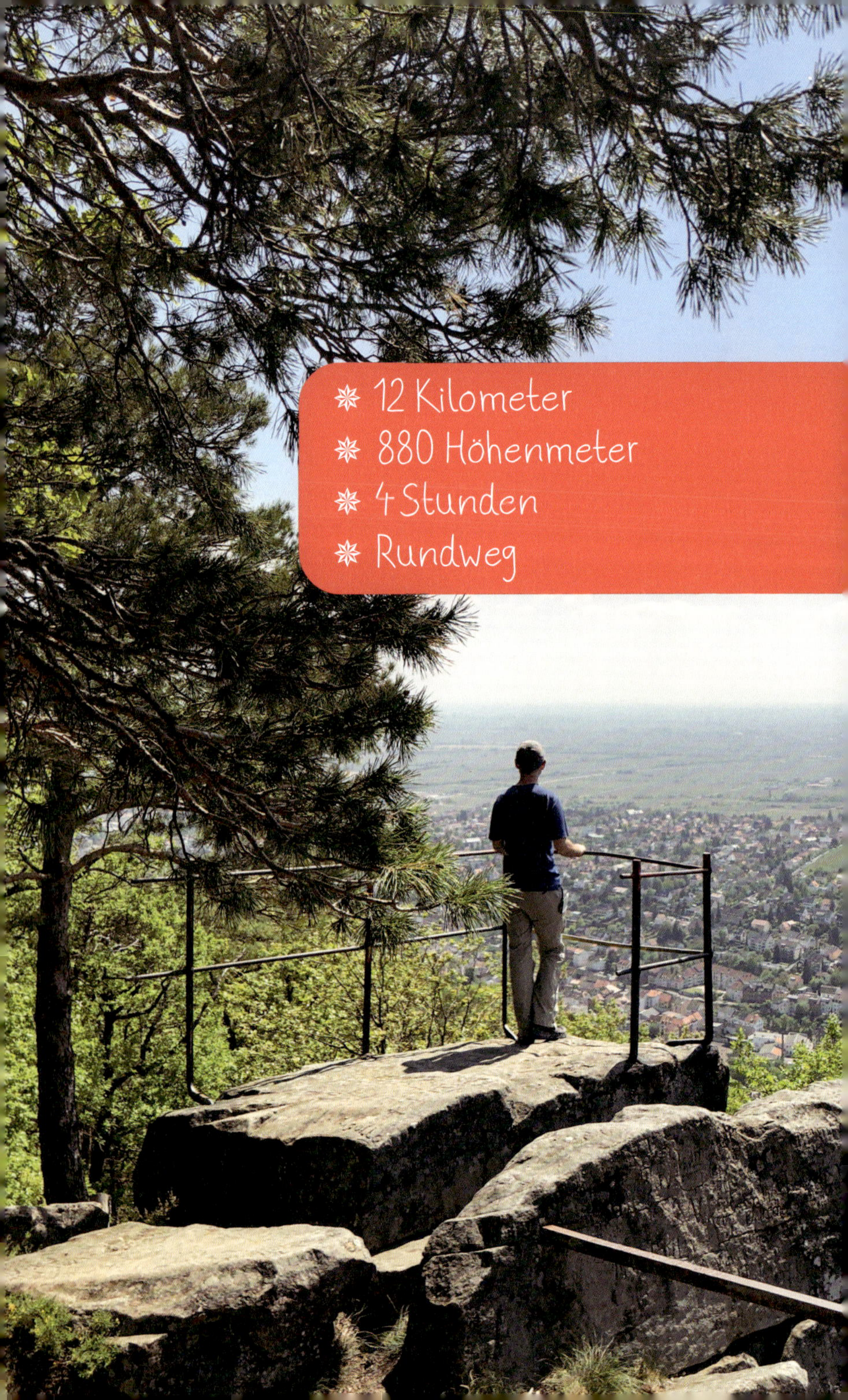
12 Kilometer
880 Höhenmeter
4 Stunden
Rundweg

Vom Parkplatz laufen wir nach links auf dem **Haardter Treppenweg** zur **Dr.-Welsch-Terrasse** 1. Ab dort folgen wir der **Markierung Pfälzer Weinsteig** (rot-weiße Welle) durch das große Eisengatter (Nr. 21) und gelangen in eine schöne Parkanlage, die auch „Balkon der Pfalz" genannt wird. Eine großartige Sicht auf Neustadt und

Hoch hinaus

Unterwegs bei Neustadt

Umgebung bietet sich uns von der großen Aussichtsterrasse.

Angetan von der Farbenfülle verlassen wir das Gelände auf dem Pfälzer Weinsteig nach links, die Straße aufwärts. An einer Weggabelung biegen wir rechts auf den **Kübelweg.** Wenige Meter weiter gabelt sich der Weg, und wir nehmen den rechten Abzweig, der auf einem Pflasterweg durch die Weinberge führt. Ein Wegweiser am Schilderbaum lädt uns zu einem Abstecher zum **Deidesheimer Tempel** 2 ein.

Erhaben steht der Deidesheimer Tempel auf dem Weinberg. Nach Norden geschaut, sehen wir das **Haardter Schloss** auf dem Schlossberg thronen.

Wieder zurück auf dem Pfälzer Weinsteig laufen wir auf dem Pflastersteinweg in den Wald hinein und passieren linker Hand einen eingezäunten Vereinsbienenstand des Neustadter Imkervereins. Unser Weg zweigt wenige Minuten später nach rechts ab, und wir wandern auf einem steinigen Pfad durch Kiefern- und Kastanienwald bergauf. Etwas links oberhalb von uns sehen wir eine halbrunde Steinmauer, die sich nach einer spitzen Kehre als **Scheffel-**

Auf seinem Weinberg ließ der Neustädter Winzer und ehemalige Bürgermeister Friedrich Deidesheimer 1853/54 den ***Deidesheimer Tempel*** *errichten. Als Vorbild diente der Monopteros im Englischen Garten in München. Deidesheimer soll unter anderem Ludwig I. von Bayern hier empfangen haben.*

Die **Wolfsburg** diente als Schutz und zur Verteidigung, als Wohnsitz und Zufluchtstätte im Dreißigjährigen Krieg. Erbaut wurde sie vermutlich zu Beginn des 13. Jahrhunderts. Nach ihrer Zerstörung 1633 wurde sie nicht wieder aufgebaut. Zwischen März und Juni ist der ehemalige Palas zum Schutz der Tier- und Pflanzenwelt für Besucher geschlossen.

warte 3 herausstellt. Um 1928 wurde dieser Platz im Gedenken an Joseph Victor von Scheffel angelegt, einen der meistgelesenen deutschen Schriftsteller in der zweiten Hälfte des 19. Jahrhunderts.

Von der Scheffelwarte aus gehen wir nun auf dem Pfälzer Weinsteig geradeaus weiter. An einer Abzweigung halten wir uns rechts und wandern an den Ruinenresten der **Josephskapelle** 4 vorbei. Die Kapelle wurde während der Französischen Revolution zerstört, heute sind neben einem schlichten Holzkreuz nur noch ein paar Grundmauern des Kapellenschiffs zu erkennen.

Wenige Meter weiter biegen wir links ab und laufen durch herrlichen Eichen-Kastanien-Kiefernwald auf einem wunderschönen Waldpfad in Kehren den Berg hinunter. An der Weggabelung folgen wir dem Pfälzer Weinsteig nach rechts und wandern auf einem angenehm zu laufenden Waldweg geradeaus Richtung Ruine Wolfsburg. Ungefähr nach 1,5 Wanderkilometern passieren wir den **Wolfsbrunnen** 5. Nun sind es nur noch wenige Gehminuten zur **Ruine Wolfsburg** 6. Die **Burgschänke** 7 hat geöffnet, und wir freu-

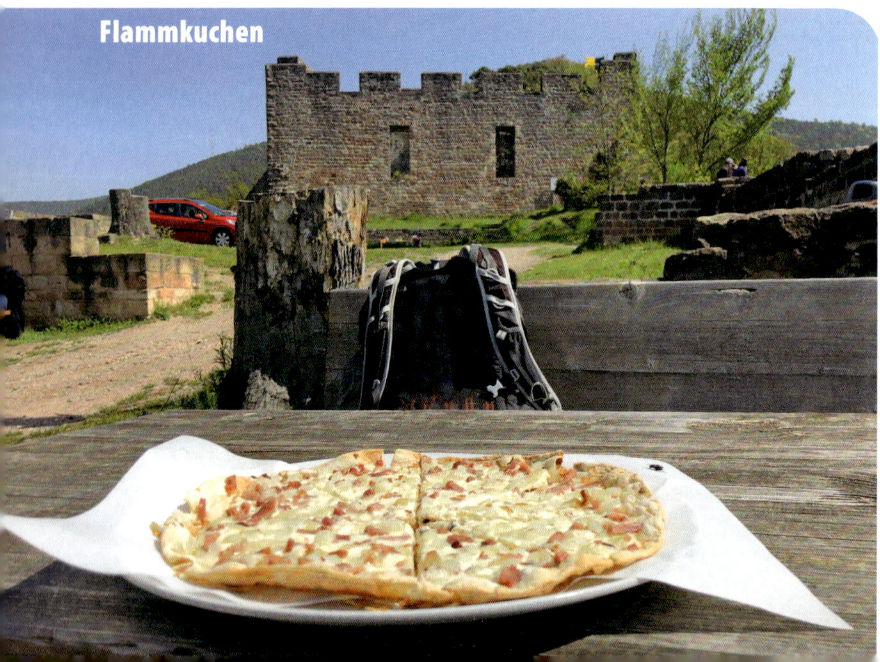

Flammkuchen

en uns nun auf einen leckeren Flammkuchen mit einem Gläschen Pfälzer Wein.

Ganz vorne an der westlichen Burgmauer schauen wir unter uns ins Speyerbachtal. Weißer Rauch steigt über dem Wald auf, und ein lautes Pfeifsignal schallt zu uns hoch: das **Kuckucksbähnel,** eine historische Dampflokomotive, fährt durchs Tal.

Für die Seele

Unserem kindlichen Trieb nachgehend, klettern wir zwischen den Felsen herum und entdecken herrliche Aussichtsplätze.

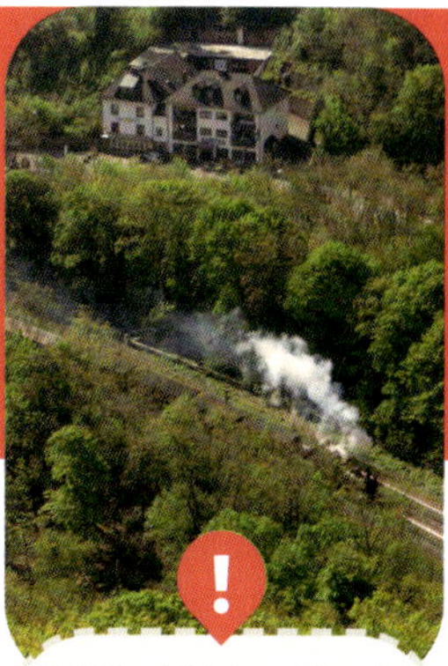

Seit über 30 Jahren fährt die Museumsbahn ***„Kuckucksbähnel"*** *durchs Elmsteiner Tal. Eine Fahrt mit der historischen Dampflokomotive ist ein unvergessliches Erlebnis. (Mai–Juli, Sonn- und Feiertage, mindestens alle 14 Tage; August–Oktober, alle Sonn- und Feiertage).*

Auf dem Pfälzer Weinsteig setzen wir unsere Wanderung fort und müssen zurück zum Schilderbaum unterhalb der Burgmauer. Dort leitet uns die Wegmarkierung rechts um die Burg herum und über Felsstufen hinauf zu einer Felsenkanzel. Uns zu Füßen liegt die Wolfsburg, die wir von hier oben nun als Ganzes wahrnehmen können. Felsig geht es für uns weiter auf dem Pfälzer Weinsteig, in großem Zickzack auf dem Grat des **Naturdenkmals Hochfelsen** 8 entlang. Achtsam lenken wir unsere Schritte über den steinigen Pfad. Hin und wieder führen uns Steinstufen zu exponierten Aussichtsplattformen.

Bald darauf überqueren wir auf dem Wolfsberg einen Weg (blau-weißer Balken) und kommen kurze Zeit später an eine Abzweigung. Unser Wegzeichen lenkt uns rechts auf einen Pfad, der uns zum **Bergstein** im **Naturschutzgebiet am Wolfsberg** führen wird. Auf der Höhe wandern wir durch einen wundersamen Mix aus Kiefern-, Eichen- und Buchenwald. Linker Hand zwischen den Bäumen entdecken wir unzählige, aus Ästen gebaute Unterstände, die wohl Wildcampern als Schutz vor Wildschweinen dienten. Vor uns lichtet sich der Wald etwas und macht den Blick frei auf das Naturdenkmal **Bergstein** ⑨. Gemütlich nehmen wir auf dem Waldsofa Platz und schauen ins Speyerbachtal hinunter. Gegenüber erkennen wir das Hambacher Schloss.

In einer 180-Grad-Kehre wandern wir nun rechts vom Bergstein und halten uns an den beiden folgenden Abzweigungen links. Auf einem Forstweg gelangen wir an eine Wegspinne, hier werden wir von unserer **Wegmarkierung Pfälzer Weinsteig** nach rechts gelotst. In einem Halbbogen laufen wir in wenigen Minuten zum Relief **Steinerner Hirsch** ⑩, das vom Neustädter Bildhauer Philipp Steger in den Sandstein gehauen wurde. Wir überqueren eine Kreuzung und gelangen auf einen Fahrweg, dem wir nach rechts folgen. Auf sandigem Boden geht es stetig bergauf **Richtung Weinbiet.**

Angekommen auf dem 554 Meter hohen Weinbiet haben wir Glück, denn der **Weinbietturm** ⑪ ist geöffnet. Neugierig auf die Aussicht von der Plattform des Turms, erklimmen wir die Stufen. Als Belohnung für unsere Mühe wartet ein 360-Grad-Blick auf uns. Bevor wir uns wieder auf den Weg machen, kehren wir erst noch in der beliebten und gut besuchten **Waldgaststätte Weinbiethaus** ⑫ ein.

Hier am Weinbiet verlassen wir den Pfälzer Weinsteig und folgen nun dem lokalen Wanderweg mit der **Markierung grüner Punkt Richtung Gimmeldingen.** Vom Eingang des Weinbiethauses gehen wir den Weg hinab, halten uns links und laufen unterhalb des Spielplatzes vorbei. Kurze Zeit später zweigt unser Weg in einer spitzen Kehre nach rechts ab. In einem Halbbogen wandern wir unterhalb des Weinbietgipfels und lassen uns dann im Zickzack vom grünen Punkt etwa 1,5 Kilometer talwärts leiten. An einer Weggabelung quert der Wanderweg mit der **Markierung schwarzer Punkt.** Diesem Weg folgen wir ab hier, zuerst nach rechts, dann weiter talwärts, bis wir zu einer größeren Weggabelung kommen und auf

*Das **Weinbiet** (554 Meter) gehört zu den höchsten Bergen im Pfälzerwald und thront oberhalb der Weindörfer Mußbach, Gimmeldingen und Haardt. Kraftvoller Boden und mildes Klima am Fuße des Berges bilden die Grundlage für den Anbau von Qualitätsweinen. Eine der bekanntesten Lagen ist die „Mußbacher Eselshaut".*

einen sandigen Querweg stoßen, der auf eine asphaltierte Straßenkurve stößt. Nun müssen wir aufpassen, denn wir verlassen kurzzeitig den Wanderweg mit dem schwarzen Punkt und gehen links vor der Straßenkurve einen schmalen Pfad hinab. Dort wo der Pfad beginnt, steht ein Holzpfosten (jedoch ohne Markierung), und es führen ein paar flache Steinstufen abwärts. Auf diesem wilden Pfad gelangen wir zum **Wilhelmsplatz ⑬**, an dem der **Kaiserweg** quer verläuft (Wanderweg weiß-roter Balken). Der Wilhelmsplatz ist in drei Terrassen aufgeteilt, auf der unteren steht die Schutzhütte **Oskar-Wiedemann-Blick ⑭**.

Unsere Wanderung setzen wir anschließend auf dem **Wanderweg weiß-roter Balken** fort. Dafür müssen wir wieder hoch zum Gedenkstein und dort der Wegmarkierung nach links folgen. Nach etwa 10 Minuten Wanderzeit stoßen wir wieder auf den nun asphaltierten Weg mit dem schwarzen Punkt, der ab hier identisch ist mit dem Wanderweg weiß-roter Balken. Etwa 200 Meter weiter kommen wir in einer Kurve an eine Holzbank. Hier führt ein unmarkier-

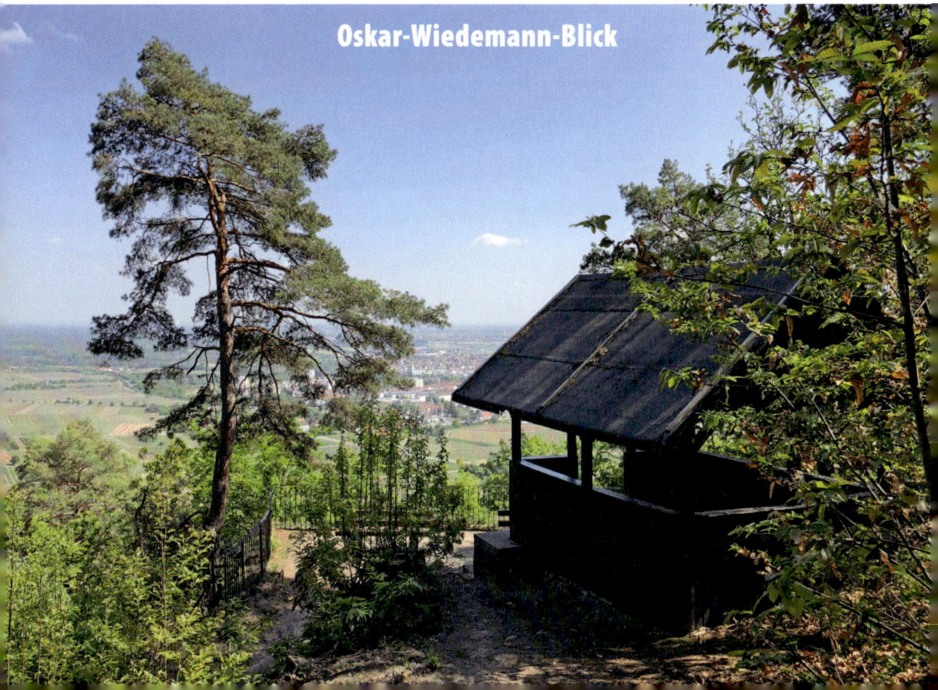

ter, schmaler Pfad links von der Straße abwärts. Diesen Pfad ziehen wir der asphaltierten Straße vor und wandern auf Naturboden am Südwesthang des Schlossbergs zum Meisental hinunter. Bereits nach 100 Metern kommen wir an eine Weggabelung, an der wir uns nach rechts wenden und den unteren der beiden Wege wählen. Der schmale Sandpfad führt direkt zum **Parkplatz Meisental.** Dort angekommen, laufen wir links die Straße **Im Meisental** hinunter. Am **Haus Nr. 20** biegen wir rechts ab in die **Eckstraße.** An deren Ende stoßen wir wieder auf den Haardter Treppenweg, dem wir nach links bis zum Parkplatz folgen. Im **Ristorante La Cusina Mediterranea im Haardter Winzer** 15 lassen wir genussvoll unseren erlebnisreichen Wandertag ausklingen.

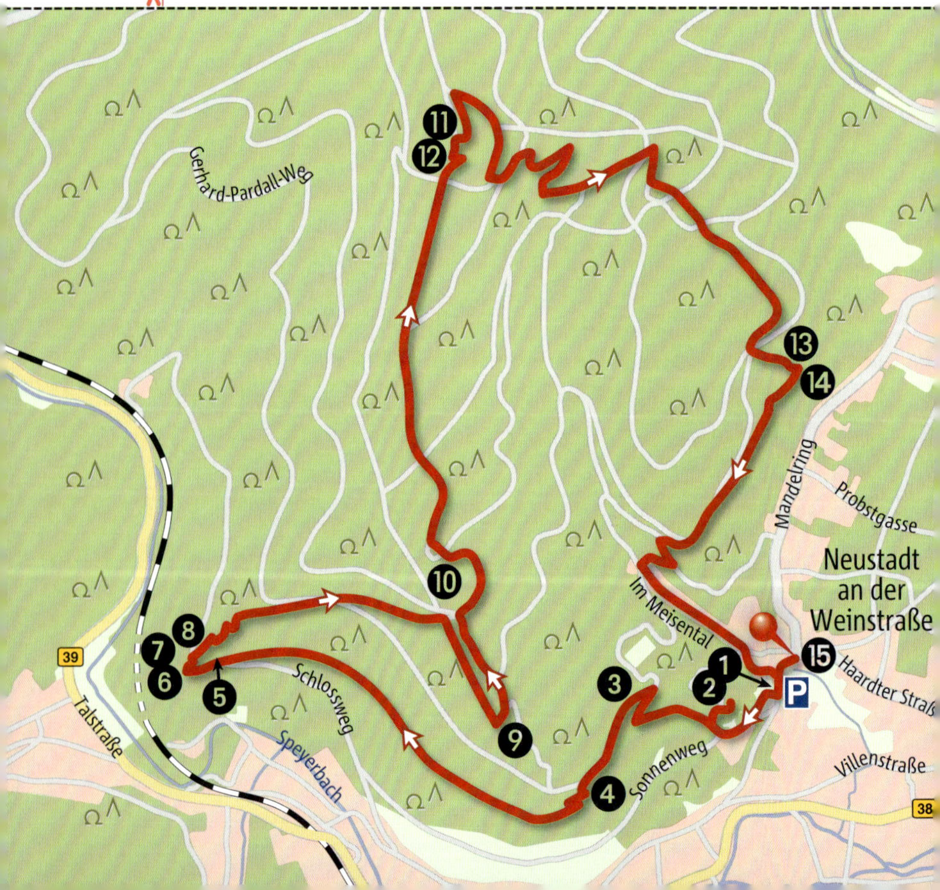

Alles auf einen Blick

WIE & WANN:
Natur- und Waldwege, schmale Pfade, geringer Forstweganteil, asphaltierte Straßen vom Meisental zum Parkplatz; schönste Wanderzeit von März bis Oktober

HIN & WEG:
Auto: A 65 bis Ausfahrt Neustadt/Wstr. Nord, weiter über B 38 nach Neustadt, rechts auf K 5 (Haardter Straße), links ab auf Mandelring zum Parkplatz am Haardter Treppenweg (GPS: 49.360150, 8.138171)

Entspannung ✱✱✱✱✱
Genuss ✱✱✱✱
Romantik ✱✱✱

ÖPNV: Mit der Bahn nach Neustadt (Hbf.), zu Fuß über den Pfälzer Weinsteig zur Dr.-Welsch-Terrasse (1,3 km) oder mit dem Bus zur Haltestelle „Haardt, Winzer"

ESSEN & ENTSPANNEN:
Burgschänke Wolfsburg ❼ Ruine Wolfsburg, 67433 Neustadt/Wstr., www.wolfsburg-neustadt.de/schaenke, wenn die Fahne auf der Burg weht, ist die Burgschänke geöffnet
Waldgaststätte Weinbiethaus ⓬ Weinbiet 2, 67433 Neustadt/Wstr., Tel. (0 63 21) 3 25 96, www.pwv-gimmeldingen.de/weinbiethaus
Ristorante La Cusina Mediterranea im Haardter Winzer ⓯ Mandelring 7, 67433 Neustadt/Wstr., Tel. (0 63 21) 9 54 50 08

ENTDECKEN & ERLEBEN:
Dr.-Welsch-Terrasse ❶ Haardter Treppenweg 21, 67433 Neustadt/Wstr.
Deidesheimer Tempel ❷ **Scheffelwarte** ❸ **Josephskapelle** ❹
Wolfsbrunnen ❺ **Ruine Wolfsburg** ❻ **Hochfels** ❽ **Bergstein** ❾
Steinerner Hirsch ❿ **Weinbietturm** ⓫ **Wilhelmsplatz** ⓭
Oskar-Wiedemann-Blick ⓮

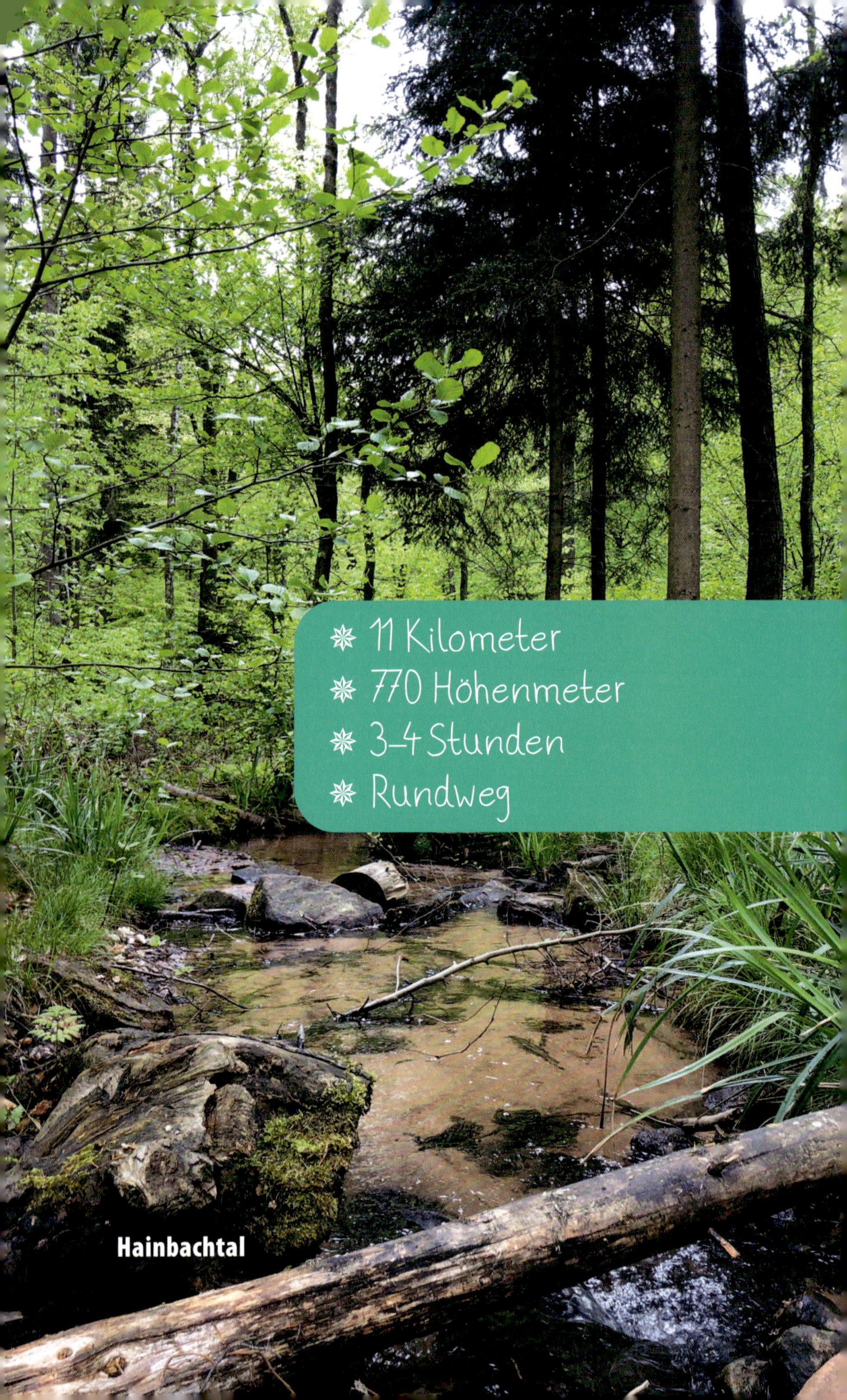

- 11 Kilometer
- 770 Höhenmeter
- 3–4 Stunden
- Rundweg

Hainbachtal

Zu einer Wanderung im Pfälzerwald gehört mindestens eine Einkehr in einer der urigen Hütten. Auf dieser Tour lernen wir drei Hütten am Weg kennen, die mit typisch regionaler Kost aufwarten und in denen Pfälzer Geselligkeit gelebt wird. Gegen Ende der Wanderung können wir uns unter der Historischen Walddusche abkühlen. Start und Ziel dieser etwa 10 Kilometer langen Rundwanderung ist am **Wanderparkplatz Sankt Johann** bei Albersweiler. Zu Beginn orientieren wir uns an der orange-braunen **Wegmarkierung Pfälzer Hüttentour.**

Direkt am Anfang des Parkplatzes geht es neben den Hinweisschildern auf einem steilen schmalen Pfad den Berg hoch **Richtung Naturfreundehaus Kiesbuckel**

*Das dichte Netz von mehr als 100 bewirtschafteten **Hütten** entlang der Wanderstrecken im Pfälzerwald ist in deutschen Mittelgebirgen einzigartig. Der über 100 Jahre alte Pfälzerwald-Verein (www.pwv.de) und die Naturfreunde Pfalz (www.naturfreunde.de) unterhalten den größten Teil der urigen Hütten.*

Hüttenschmaus

Schlemmerrunde bei Frankweiler

(2 Kilometer). Immer geradeaus wandern wir gemächlichen Schrittes bergauf, kreuzen einen Querweg und stoßen nach etwa 400 Metern auf einen breiten Waldweg. Die Hüttentour zweigt hier nach rechts ab, doch wir machen einen klitzekleinen Abstecher nach links und kommen zu einer Aussichtsbank mit **Trifelsblick ①**. Ein großartiger Weitblick auf die Reichsburg Trifels lässt uns die Mühen des sportlichen Anstiegs schnell vergessen. Rechts von der Sitzgruppe sehen wir die **Wegmarkierung Nummer 1,** sie führt uns über einen kurzen Bergpfad zurück auf die Hüttentour. Zwischen knarzigen Eichen wachsen Robinien und vereinzelt Ginstersträucher, die Anfang Mai in gelber Blütenpracht stehen.

In leichtem Anstieg wandern wir ungefähr 300 Meter geradeaus, bis wir zu einer Wegkreuzung mit zwei weißen Bänken kommen. Hier biegen wir links ab und nach 100 Metern wieder nach rechts. Jetzt wird es noch einmal kurzzeitig steil. An der folgenden Weggabelung halten wir uns links und befinden uns nun auf dem Weg zur ersten Hütte. Bevor wir auf das Naturfreundehaus stoßen, zweigt die Pfälzer Hüttentour nach links ab. Wir gehen hier geradeaus weiter und kommen über einen Schotterweg zum **Naturfreundehaus Kiesbuckel** ❷. Auf der Terrasse vor der Hütte haben wir einen schönen Platz gefunden, von dem aus wir in die Rheinebene schauen können. Eine kleine Stärkung ist sinnvoll, denn die folgenden 2 Kilometer gehen stetig bergauf mit teilweise anspruchsvollen Steigungen.

*Der **Orensberg** diente bereits während der Jungsteinzeit (ca. 4400–3500 v. Chr.) als Siedlungsplatz und Schutzrefugium. Im 8. Jahrhundert wurde eine Ringmauer um den Bergrücken gebaut. Heute sind noch Reste dieser Mauer in Form eines etwa 2,5 Kilometer langen Ringwalls zu sehen.*

Mit dem Rücken zur Hütte laufen wir nach links zum Schilderbaum am Parkplatz und finden dort wieder zurück auf die **Pfälzer Hüttentour Richtung Orensfels.** Mehrmals kreuzen wir breite Waldwege, wählen aber immer den Pfad, der uns links bergauf führt. Zuverlässig leitet uns die Wegmarkierung auf den **Orensberg.** In einer spitzen Kehre werden wir nach links Richtung **Landauer Hütte** geleitet, ab hier ist die Hüttentour iden-

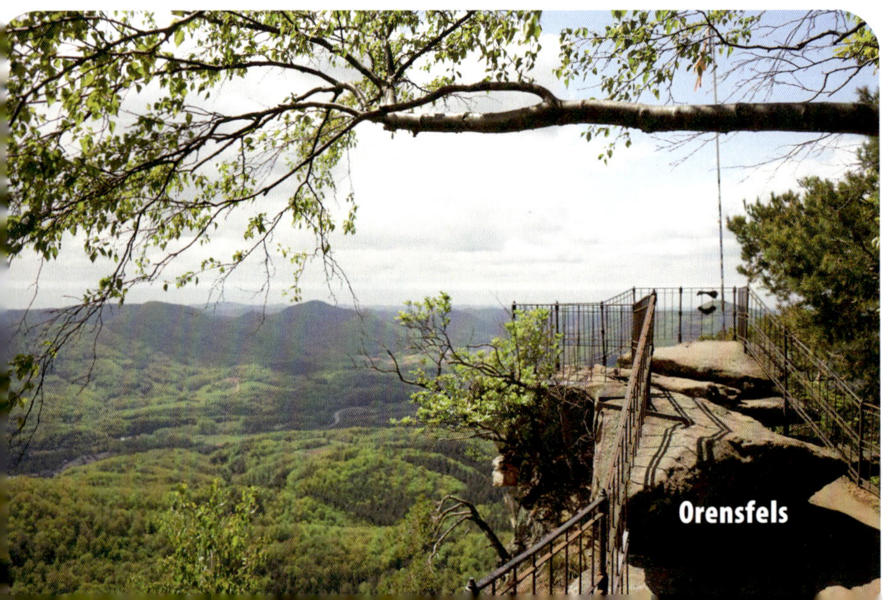

Orensfels

tisch mit dem Pfälzer Weinsteig. Auf dem Bergkamm angelangt, wandern wir an kleineren Felsen vorbei auf eine lichte Bergkuppe mit Picknickplatz. Informationstafeln klären uns über die Geschichte des Bergs auf. Ein paar Schritte weiter sind wir am **Orensfels** ③ angekommen und begeben uns über mehrere Steinstufen auf die exponierte Aussichtskanzel. Der Ausblick ist überwältigend: nach Südosten in die Rheinebene und zum Schwarzwald, nach Süden bis in die Vogesen und nach Westen zur Reichsburg Trifels und in die Weiten des Pfälzerwalds.

Unsere Hüttenwanderung setzen wir nach einer ausgedehnten Pause fort und folgen nun dem absteigenden Pfad rechts am Orensfels vorbei. Zurückschauend sehen wir jetzt den markanten Felsen von

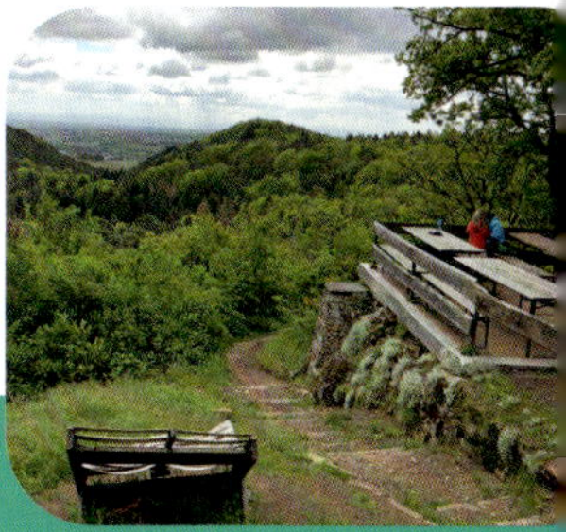

Für die Seele

Wir schlendern ohne Steigung einen romantischen Pfad am Berghang entlang und genießen traumhafte Ausblicke auf die umliegenden Pfälzer Berge.

der anderen Seite. Wir wandern durch einen lichtoffenen Waldabschnitt, gesäumt von wild wachsenden Kiefern und Buchen, und gelangen nach wenigen Gehminuten zum **Flugplatz der „Duddefliecher“** ④ (Drachenflieger). Der Pfad ist etwas schwierig zu laufen, da etliche Steine aus dem Boden herausragen und zur Stolpergefahr werden können.

Die Markierung Pfälzer Hüttentour begleitet uns noch etwa 1,5 Kilometer bis zur **Landauer Hütte** auf dem **Zimmer-Platz.** Kurz vor Erreichen der Hütte können wir zwischen den Bäumen einen Blick auf die **Burg Neuscharfeneck** werfen. Wir passieren die **Naturquelle Zimmer-Brunnen** ⑤ und kommen zum Zimmer-Patz mit der beliebten und daher gut besuchten **Landauer Hütte** ⑥.

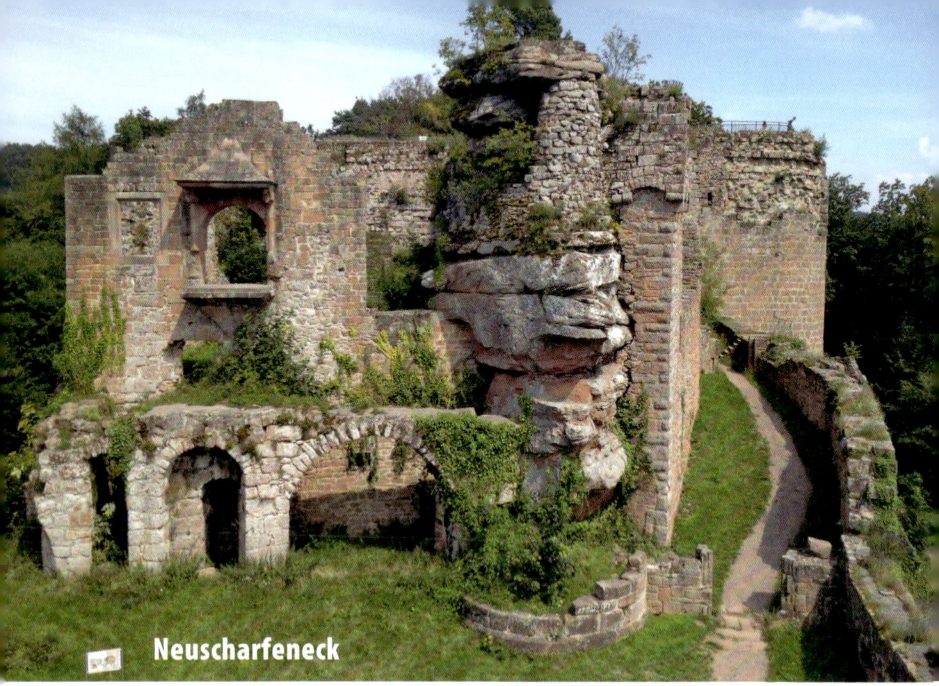

Wann genau die **Burg Neuscharfeneck** erbaut wurde, ist nicht bekannt. Sehr wahrscheinlich ist sie in der zweiten Hälfte des 13. Jahrhunderts durch die Herren von Scharfeneck errichtet worden. Das Geschlecht ist eine Seitenlinie der Ritter von Scharfenberg, die auf der gleichnamigen Burg bei Annweiler lebten.

Seit 1908 steht die Hütte unter Obhut der Ortsgruppe Landau des Pfälzerwald-Vereins und wird von Ehrenamtlichen des Vereins betrieben. Wir suchen uns draußen einen freien Platz und freuen uns auf ein herzhaftes Mittagessen – ganz nach Pfälzer Lebensart.

Wir haben jetzt schon einiges zur Neuscharfeneck erfahren und sind ganz erpicht darauf, die Burgruine zu erkunden. Es sind etwa 700 Meter Fußmarsch dorthin. Ein Wegweiser am Schilderbaum Zimmer-Platz zeigt uns die Richtung an. In nicht mehr als 10 Minuten wandern wir in einem Halbbogen auf dem Pfälzer Weinsteig zur **Burg Neuscharfeneck** 7. Sie liegt auf einem Ausläufer des Rossbergs in 501 Metern Höhe über dem Dorf Dernbach und ist eine der größten Burgen der Pfalz. Einzigartig in der Pfalz ist jedoch die nachgewiesene dreifache Wasserversorgung der Burg aus Brunnen, Zisternen und Quellwasserleitung. Die Besichtigung der Ruine ist ein Abenteuer. Es gibt so viel zu entdecken, dass wir völlig die Zeit vergessen. Was uns so richtig umhaut, ist der Rundblick von der **Schildmauer** aus.

Wieder zurück am Zimmer-Platz lassen wir uns

ab hier von der **Wegmarkierung rot-weißer Balken** ins Hainbachtal zur **Historischen Walddusche** hinunterführen (2 Kilometer). Das erste Stück ist recht steil, flacht dann aber zunehmend ab. Nach etwa 15 Minuten Wanderzeit überqueren wir den Hainbach und gelangen an einen Brunnen. Auf der dortigen Sitzbank ruhen wir uns für einen Moment aus. Links vom Bach setzen wir unsere Wanderung auf einem breiten Waldweg fort. Ein Holzwegweiser rechts am Weg lotst uns nach rechts zum Bach hinunter. Von dort verläuft ein unmarkierter, idyllischer Pfad über mehrere Holzbrücken am Hainbach entlang zur **Historischen Walddusche** ⑧. Ihre gesunde Wirkung hat die eiskalte Dusche bis heute noch. Wer mag, kann sich hier einen belebenden Wasserguss verabreichen.

Dem Pfad folgen wir noch wenige Meter weiter und wenden uns dann nach links aufwärts zurück auf den rot-weißen Wanderweg. Auf ihm wandern wir immer geradeaus, am **Landhaus Hainbachtal** ⑨ vorbei, den Berg hinunter auf einem gepflasterten Fahrweg. Unten an der Querstraße biegen wir scharf nach rechts ab und laufen bis kurz vor das Landhaus, das einer umfangreichen Sanierung unterzogen wird. Dort

*Die **Historische Walddusche** Gleisweiler im Hainbachtal war zwischen 1848 und 1870 eine Kaltwasserheilanstalt zur „Behandlung jeder Art chronischer Krankheiten". Heute ist sie ein Kleinod, denn sie ist die einzige noch existierende Anlage dieser Art in Deutschland.*

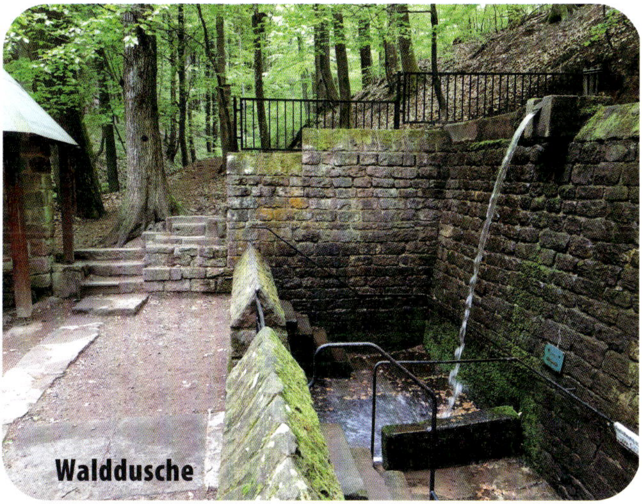

Walddusche

Verwöhntour 11

überqueren wir erneut den Hainbach und biegen links ab auf den **Pfälzer Keschdeweg.** Auf ihm gelangen wir in die Straße **Steigerter Hof,** gehen dann rechts in die **Ringelsbergstraße** und wandern am oberen Dorfrand von Frankweiler entlang. Die Kennzeichnung dieses Wegabschnitts ist lückenhaft, und zur Sicherheit orientieren wir uns auch an der Markierung **Wanderweg Deutsche Weinstraße** (grüne Traubenrispe auf weißem Grund).

Hinter der letzten Häuserreihe trifft die **Pfälzer Hüttentour** auf unseren Weg, und wir folgen wieder dem vertrauten Wanderwegzeichen. Zwischen Waldrand und Reben schlendern wir gemächlich auf Feldwegen nach Albersweiler-St. Johann und kehren im **Wirtshaus Hüttenzauber** (10) ein. Entlang der Schlossstraße gelangen wir später zurück zum Wanderparkplatz.

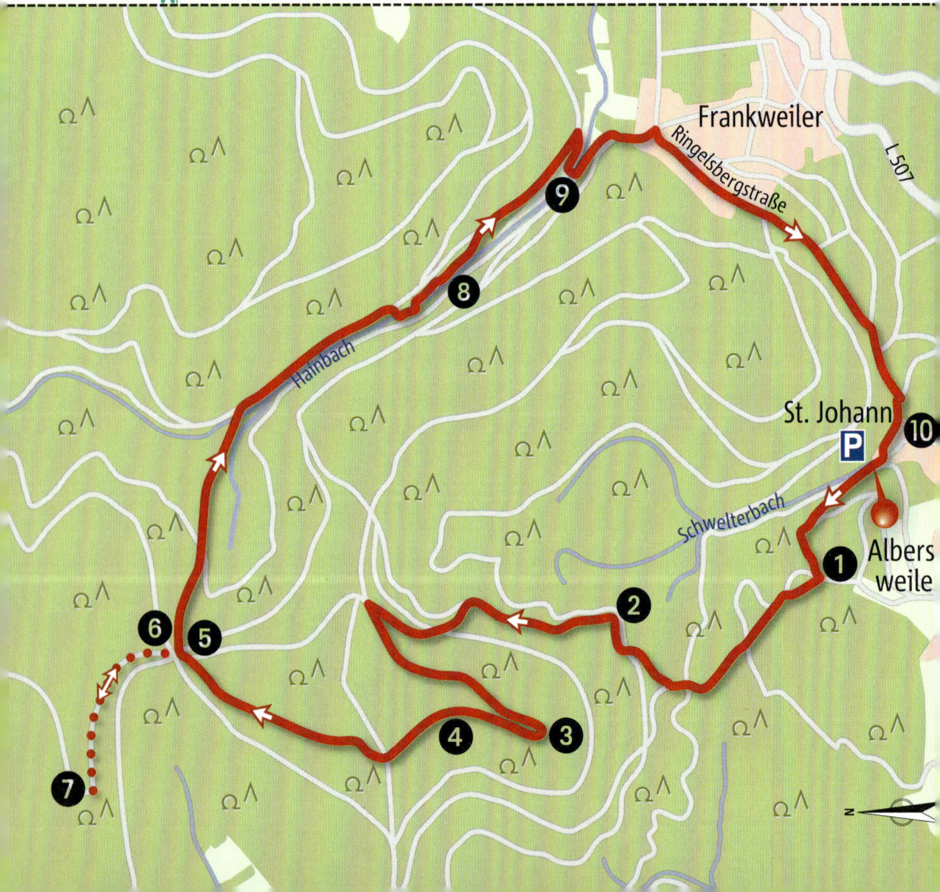

Alles auf einen Blick

WIE & WANN:

Waldwege und schmale Pfade, Forstwege, Wirtschaftswege entlang der Weinberge, asphaltierte Straßen in den Dörfern; schönste Wanderzeit März bis Oktober (besonders zur Kastanienernte)

HIN & WEG:

Auto: A 65 bis Ausfahrt Landau-Nord, auf B 10 nach Siebeldingen, weiter nach Albersweiler-St. Johann Wanderparkplatz (in Verlängerung der Schlossstraße) (GPS: 49.226389, 8.038216)

ÖPNV: Mit dem Zug nach Albersweiler, Bahnhaltepunkt an der Queichtallinie Landau-Pirmasens, Entfernung vom Bahnhof zum Ausgangspunkt am Wanderparkplatz St. Johann ca. 2 km

ESSEN & ENTSPANNEN:

Naturfreundehaus Kiesbuckel ❷ Tel. (0 63 45) 91 80 46, www.naturfreunde-landau.de

Entspannung ★★★☆☆

Genuss ★★★★★

Romantik ★★★☆☆

Landauer Hütte ❻ Tel. (0 63 45) 37 97, www.pwv-landau.de

Wirtshaus Hüttenzauber ❿ Schlossstr. 36, 76857 Albersweiler-St. Johann, Tel. (0 63 45) 9 35 52 62, www.berghofalbersweiler.de

ENTDECKEN & ERLEBEN:

Trifelsblick ❶

Orensfels ❸

Flugplatz der „Duddefliecher" ❹

Naturquelle Zimmer-Brunnen ❺

Burgruine Neuscharfeneck ❼ 76835 Ramberg, www.neuscharfeneck.de

Historische Walddusche ❽ jederzeit nutzbar, Umkleidekabine vorhanden

Landhaus Hainbachtal ❾

Wachtenburg

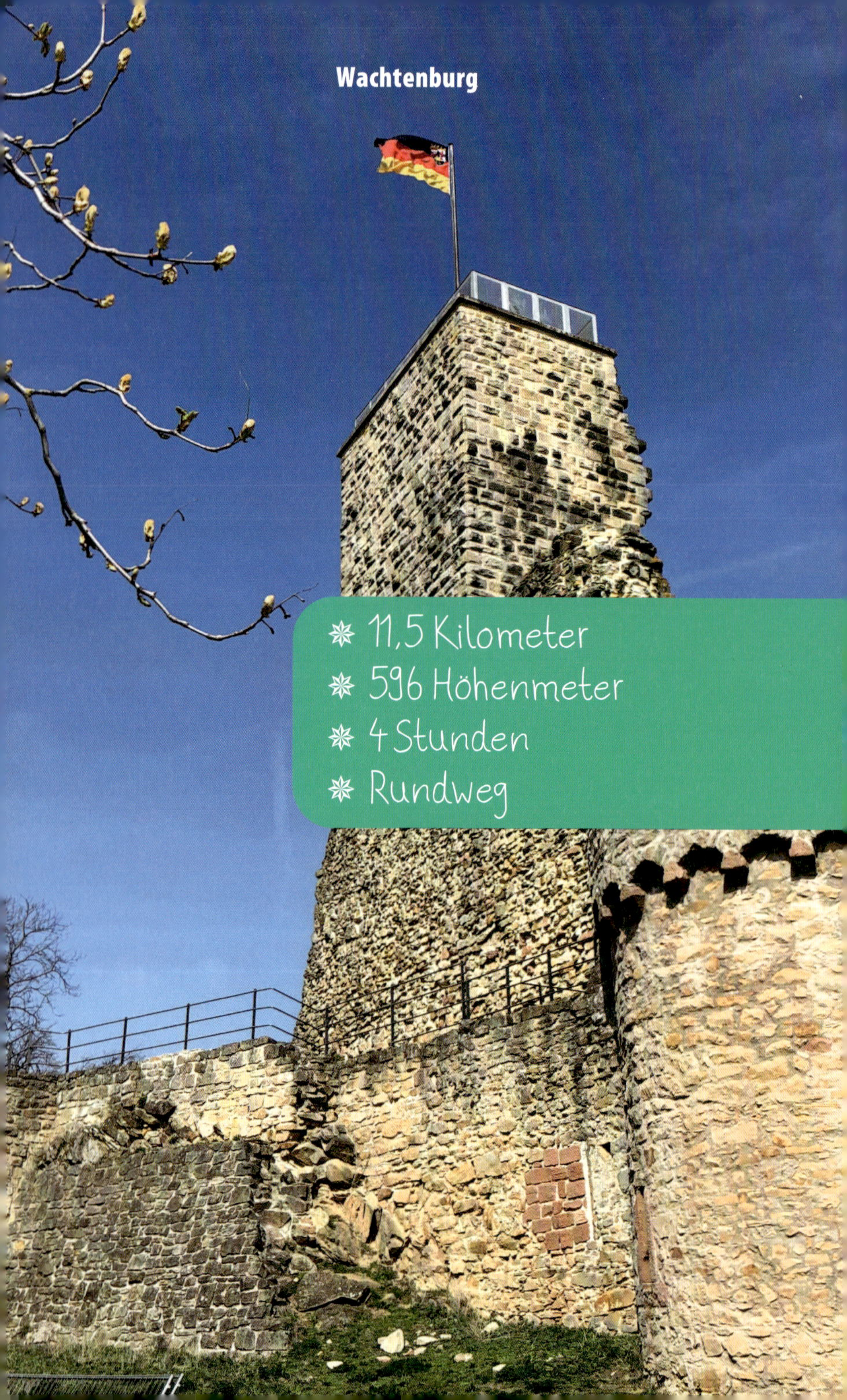

- 11,5 Kilometer
- 596 Höhenmeter
- 4 Stunden
- Rundweg

Diese kleine Genussrunde um das Wahrzeichen von Wachenheim führt uns durch herrliche Waldabschnitte und ausgezeichnete Weinlagen der Region. Großartige Aussichten erwarten uns, und wir entdecken beeindruckende Zeugnisse der Zeitgeschichte.

Am Bahnhof in Wachenheim starten wir unsere Wandertour nach links und orientieren uns an der Wegmarkierung „rot-gelbe Welle“, die den Zuweg zum **Pfälzer Weinsteig** symbolisiert. Rechts zweigt die **Bahnhofstraße** ab, auf der wir geradeaus bis zur quer verlaufenden Weinstraße laufen (ca. 750 m). Am **Café Schellack** biegen wir rechts ab auf die **Weinstraße.** Hinter der protestantischen St.-Georgs-Kirche biegen wir

Genussrunde

Wachtenburg und Heidenlöcher

links in die **Burgstraße** ab und folgen weiter dem Zuweg Pfälzer Weinsteig. Vor uns sehen wir bereits die imposante **Wachtenburg** auf dem Schlossberg thronen. Die Burgstraße geht in die **Schlossgasse** über und beginnt leicht anzusteigen. Es geht nach links auf einen schmalen Fußweg, der uns hoch zur Burg führt. An der Burgmauer entlang steigen wir die Stufen hinauf in den Burghof der **Wachtenburg ❶.**

Ein atemberaubendes Panorama auf die Südpfalz bietet sich uns. Lauschige Nischenplätze bieten Momente der Ruhe mit schönen Aussichten. Wer es gerne lebendiger mag, kann sich auf den Biergartenbänken der **Burgschänke ❷** niederlassen und Pfälzer Geselligkeit erleben.

*Die **Wachtenburg** wurde in stauffischer Zeit, Mitte des 12. Jahrhunderts, als Reichsburg auf einem Bergsporn erbaut. Sie gilt als Wahrzeichen von Wachenheim und wird wegen der Aussicht auf die Rheinebene auch „Balkon der Pfalz“ genannt. Erhalten sind Schildmauer, Bergfried und die 400 Meter lange Ringmauer mit fünf Türmen.*

Unsere Wanderung setzen wir nach Durchschreiten des Haupteingangs links auf dem **Pfälzer Weinsteig** (rot-weiße Welle) fort. Hinter dem Parkplatz, am Rastplatz unter dem Mandelbaum, steigen wir die Steinstufen hinauf **Richtung Heidenlöcher** (3,5 Kilometer) und lassen uns von der rot-weißen **Markierung Pfälzer Weinsteig** leiten. Nachdem wir die letzten Stufen erklommen haben, bietet sich nach rückwärts noch einmal ein schöner Blick auf die Burg und in die Rheinebene.

In leichtem Anstieg gehen wir einen schmalen Fußweg an einer Sandsteinmauer entlang, der in einen breiten Schotterweg übergeht. Nach Osten schauen wir über das Rebenmeer der Wachenheimer Weinlagen. Lediglich 200 Meter laufen wir auf Schotter, dann wird der Weg wieder schmaler und wird letztendlich zum Waldweg. Rechts am Weg entdecken wir auf einer Lichtung unter einem Kastanienbaum eine einzelne **Ruhebank ❸.** Ein geeignetes Plätzchen, um einen Moment der Ruhe zu genießen.

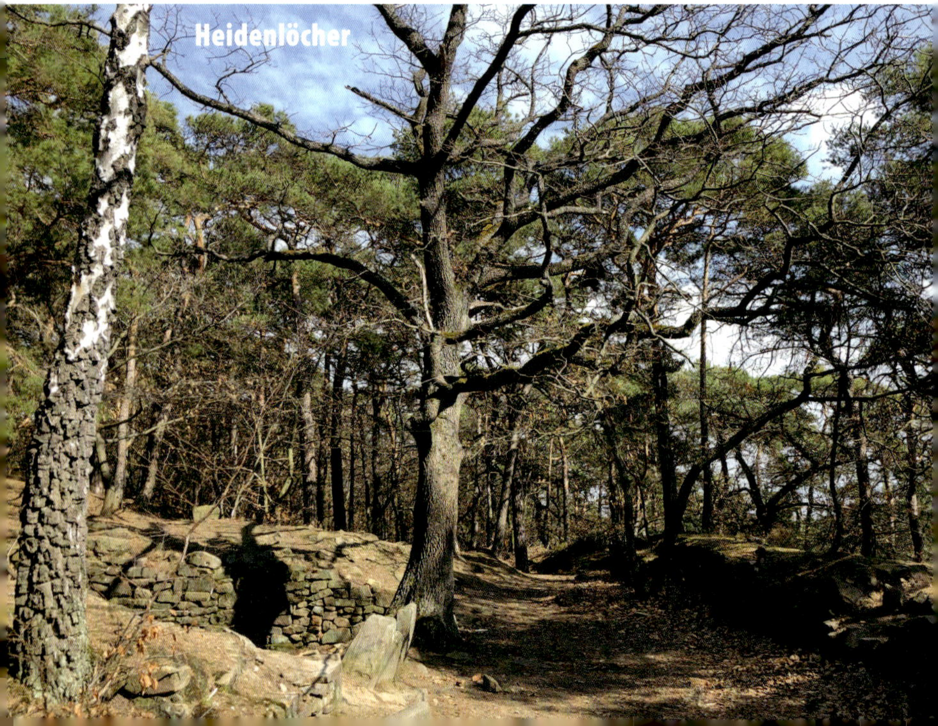

An einer Schranke biegen wir rechts ab und folgen weiter unserer Markierung. Nun befinden wir uns auf einem schmaleren Pfad, der charakteristisch für den Pfälzer Weinsteig ist. Bedächtig setzen wir unsere Schritte und spüren, wie wir eintauchen in die Natur. In völliger Stille wandern wir leicht ansteigend auf dem Bergrücken durch lichtoffenen Mischwald. An einer Weggabelung wenden wir uns nach rechts **Richtung Eckopf** und erreichen nach etwa 15 Wanderminuten den **Rastplatz Grüne Bank** ④. Hier verweilen wir und breiten unsere Rucksack-Schlemmereien für ein Picknick aus.

Mit neuer Energie begeben wir uns zurück auf den Pfälzer Weinsteig, der am Schilderbaum erst nach links und wenige Meter später wieder nach rechts führt. Zu den Heidenlöchern sind es noch etwa 1,5 Kilometer auf wunderschönen Pfadpassagen. An einer Kreuzung gehen wir geradeaus zu einem Schilderbaum und finden eine Informationstafel zu besonderen Sehenswürdigkeiten der Region. Laut Beschilderung sind es noch 400 Meter zu den Heidelöchern. Wir gehen nach rechts und durchqueren auf weichem Waldboden einen etwas dichter gewachsenen Mischwald. Über ein Bergplateau gelangen wir auf den Kirchberg (344 m hoch) und entdecken die ersten Steinmauern der **Heidenlöcher** ⑤.

Auf dem in Teilen erhaltenen Ringwall laufen wir fasziniert um die Heidenlöcher herum und inspizieren die Mauerreste. Ein traumhaft schöner Ort ist

Für die Seele

Entlang der Weinberge wandern wir von einer schönen Aussicht zur nächsten und nehmen uns Zeit für kleine Ruhepausen.

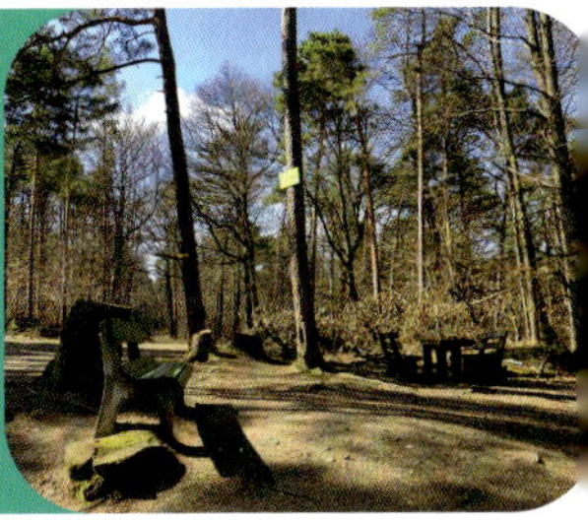

*Auf dem Kirchberg wurde im 9. und 10. Jahrhundert eine Fliehburg als Rückzugsort vor drohenden Angriffen erbaut. Zahlreiche Mauerreste auf der gesamten Bergkuppe zeugen von ehemaligen Steingebäuden, die den Flüchtenden damals Schutz bieten sollten. Erst viel später wurde dieser Ort „**Heidenlöcher**" genannt.*

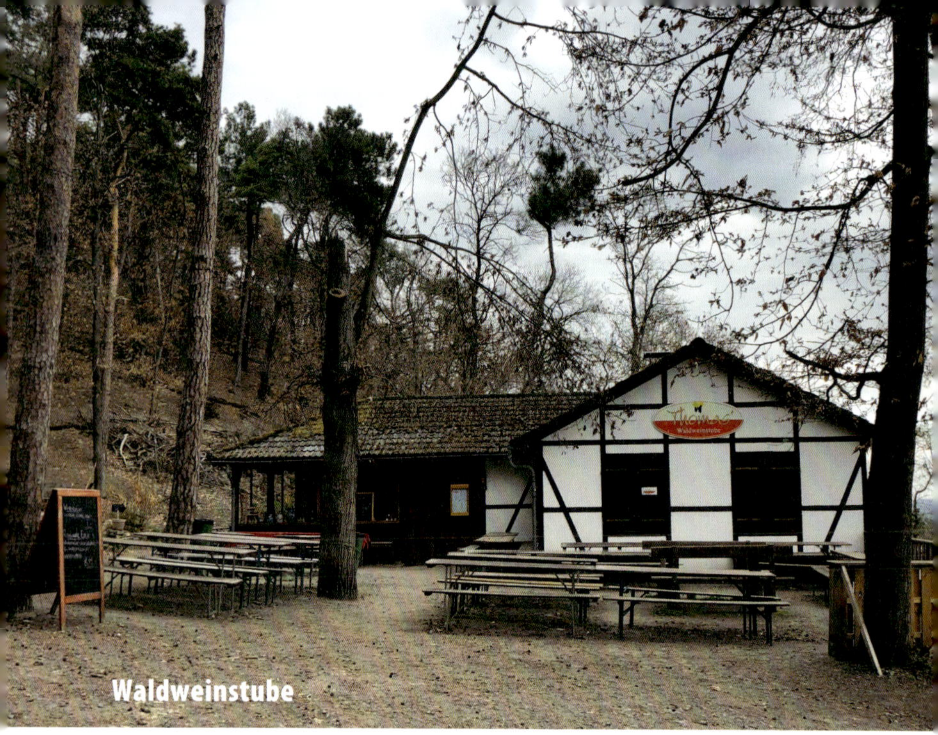

*Der **Wanderweg Deutsche Weinstraße** ist ein fast 100 Kilometer langer Genussweg durch Deutschlands größte zusammenhängende Weinbauregion. Beeindruckende Sehenswürdigkeiten, bekannte Weinlagen, romantische Weindörfer und unzählige Einkehrmöglichkeiten liegen auf dem Weg von Bockenheim nach Schweigen-Rechtenbach zum Deutschen Weintor.*

das, der eine magische Atmosphäre ausstrahlt. Der Weinsteig führt wenige Meter vor dem **Ritterstein Heidenlöcher** durch eine Maueröffnung, rechts den Berg hinunter. Durch Kiefernwald wandern wir auf einem traumhaften Abschnitt des Pfälzer Weinsteigs Richtung Michaelskapelle.

Unser Pfad nimmt Steigcharakter an, und wir folgen konsequent der rot-weißen Markierung hinunter zur **Michaelskapelle** ⑥. Auf einer Tafel lesen wir etwas zur bewegten Geschichte der Wallfahrtskapelle und sind überwältigt von der Aussicht hier oben.

Links von der Kapelle geht unsere Wanderung auf dem Weinsteig weiter, und wir laufen talwärts eine Schleife um den Berg herum. Kurz vor dem **Moosbach** knickt der Weg nach links ab, und wir erreichen den **Wanderparkplatz** am Eingang zum **Sensental.** Ab hier lassen wir den Wald hinter uns und folgen nun nach links dem **Wanderweg Deutsche Weinstraße** (Grüne Traubenrispe auf weißem Grund) entlang der Deidesheimer Weinlagen. Ersatzweise dient uns auch die rosafarbene Wegmarkierung Pfälzer Mandelpfad als Orientierung.

Wenige Meter später biegen wir links ab auf den **Kirchenbergweg** und wandern an den Trockenmauern der Weinbau-Terrassen entlang. Unser Streifzug durch die Deidesheimer Weinberge ist mehr ein Lustwandeln als Wandern. Sitzbänke und Rastplätze entlang des Wegs verführen uns immer wieder zu einem kurzen Halt, um unsere Blicke über die Weinberge schweifen zu lassen.

Eine Weggabelung nach ca. 800 Metern zwingt uns dazu, einmal wieder auf den Weg zu achten. Wir müssen nun etwas aufpassen, da wir zweimal rechts-links abbiegen müssen. Auf dem Madonnenweg passieren wir einen **Rastplatz** ❼, der wunderschön am Hang liegt. Kurz genießen wir die Aussicht, bevor wir in leichtem Anstieg unseren Weg auf Kopfsteinpflaster fortsetzen.

Schon nach wenigen Minuten verändert sich der Untergrund, und wir laufen auf einem Sand-Schotter-Gemisch bis zu einer Weggabelung. Unser Weg geht links weiter, doch zuerst gehen wir nach rechts und gelangen über einen Fußweg zur **Madonna im Mariengarten** ❽. Dort erwartet uns ein romantisches Plätzchen mit wunderschönem Talblick.

Zurück an der Weggabelung folgen wir wieder der grünen Traubenrispe und werden an den **„Forster Weinlagen"** entlanggelotst. Wir passieren den **Wanderparkplatz am Eingang zum Margareten-Tal** und sehen wenige Minuten später einen schmalen Fußpfad, der mit ein paar Steinstufen befestigt links den Berg hoch führt. Hier geht es zur **Bismarckhöhle** ❾, einem weiteren Rastplatz unter einem Felsüberhang. Durch Kastanienwald wandern wir anschließend in weniger als fünf Minuten zur Waldgaststätte **Thomas' Waldweinstube** ❿, wo wir gemütlich einkehren.

Zum Abschluss unserer Genusswanderung schlendern wir an unzähligen Mandelbäumen vorbei, und erinnern uns, dass wir hier ja auch auf dem **Pfälzer**

Mandelpfad unterwegs sind. Im März zur Mandelblütenzeit wird hier unter der hübschen rosa Blütenpracht flaniert.

Nun sind wir auf der Straße **Am Hauenstein** auf dem Weg zurück ins beschauliche Städtchen Wachenheim. An der Kreuzung zur **Burgstraße** haben wir die Möglichkeit, entweder noch einmal zur Wachtenburg aufzusteigen (links ab), um dort oben den Tag ausklingen zu lassen, oder auf Schlemmertour in die Stadt zu gehen. Wir möchten gerne den Weg zurück zum Bahnhof zu einem Stadtbummel nutzen und gehen daher rechts in die Burgstraße. Im antiken **Café Schellack** ⓫ in der Weinstraße lassen wir den Tag dann gemütlich ausklingen, bevor wir zurück zum Bahnhof marschieren.

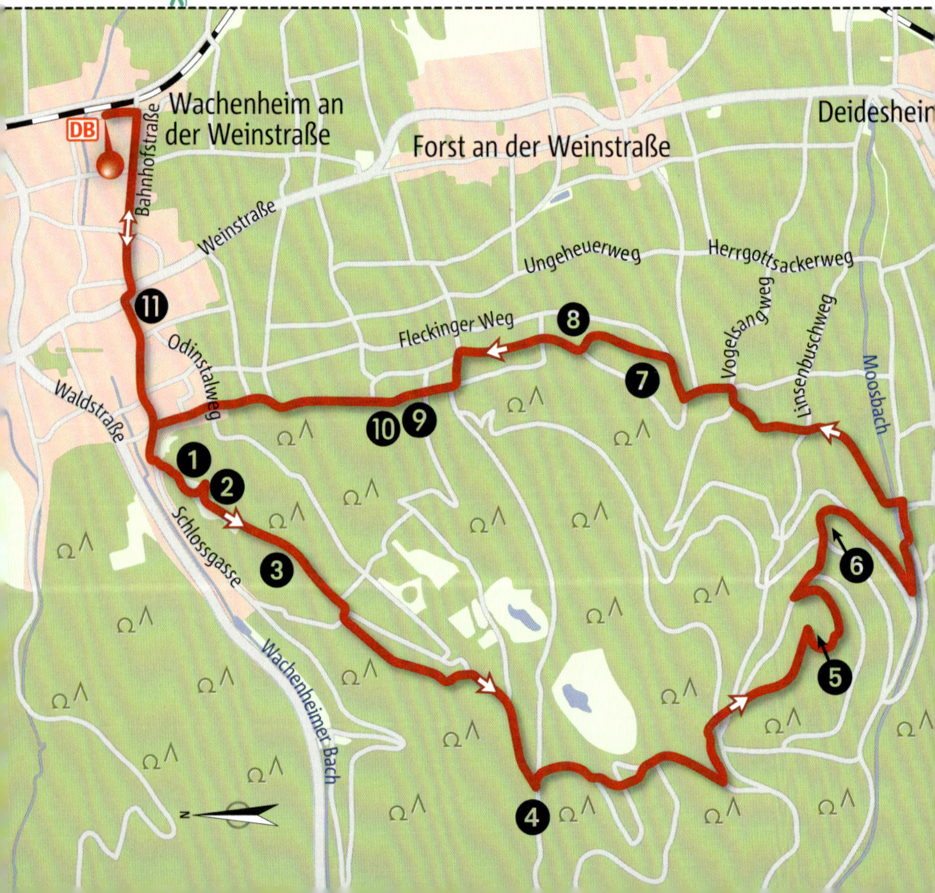

Alles auf einen Blick

WIE & WANN:
Breite Wald- und Naturwege, weiche Waldpfade, Landwirtschaftswege entlang der Weinberge, geringer Forstweganteil, asphaltierte Wegabschnitte in Wachenheim; beste Wanderzeit von März (Mandelblütenzeit) bis Ende Oktober

HIN & WEG:
Auto: A 65 Ausfahrt Deidesheim, weiter auf B 271 und L 525 bis Wachenheim, oder A 650 bis Ausfahrt Friedelsheim, dann L 527 bis Friedelsheim und L 525 bis Wachenheim, Parken am Bahnhof (Am Alten Galgen) (GPS: 49.438915, 8.191404)
ÖPNV: Mit dem Zug nach Neustadt (Hbf.), weiter mit Regionalbahn nach Wachenheim

ESSEN & ENTSPANNEN:
Burgschänke Wachtenburg ❷ Ruine Wachtenburg, 67157 Wachenheim, Tel. (0 63 22) 6 46 56, www.wachtenburg.de
Thomas' Waldweinstube ❿ Im kleinen Tal, 67147 Forst an der Weinstraße, Tel. (0 15 15) 4 68 69 76

Entspannung ★★★☆☆
Genuss ★★★★★
Romantik ★★★☆☆

Café Schellack ⓫ Weinstraße 21, 67157 Wachenheim, Tel. (0 63 22) 9 88 40 66

ENTDECKEN & ERLEBEN:
Wachtenburg ❶ www.wachtenburg.de
Ruhebank ❸
Rastplatz Grüne Bank ❹
Heidenlöcher ❺
Michaelskapelle ❻
Rastplatz ❼
Madonna im Mariengarten ❽
Bismarckhöhle ❾

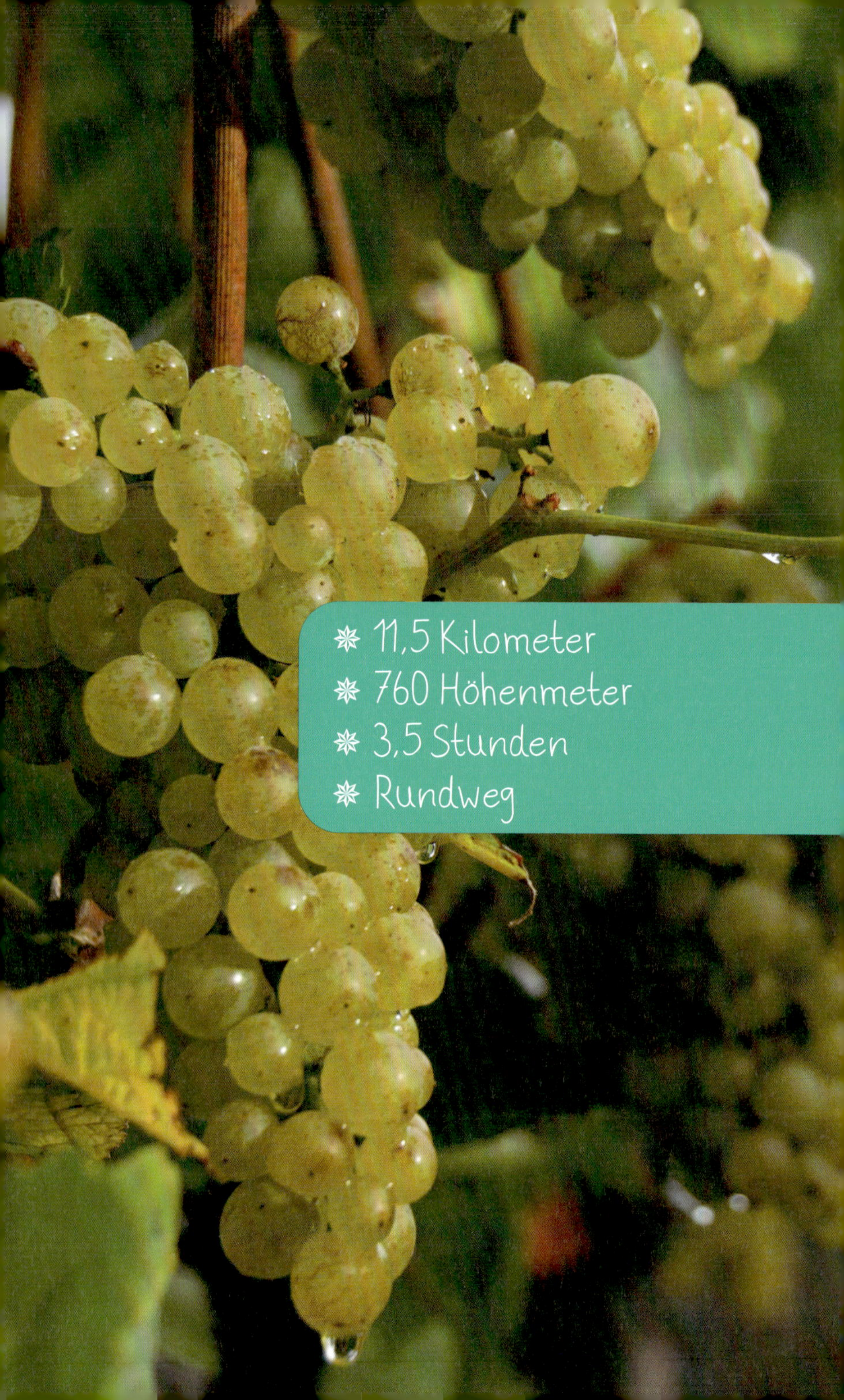

- 11,5 Kilometer
- 760 Höhenmeter
- 3,5 Stunden
- Rundweg

Am südlichsten Zipfel der Pfalz wandern wir durch meditative Waldzonen und kommen anschließend in den Genuss bester Pfälzer Weine. Unsere Wanderung beginnt an der Tourist-Information am **Deutschen Weintor** ① in Schweigen-Rechtenbach.

Nach Durchschreiten des großen Torbogens biegen wir rechts in die **Längelsstraße** und folgen der rot-weißen **Markierung Pfälzer Weinsteig Richtung Rechtenbach** (1,2 Kilometer). Geradeaus geht es weiter in die **Bergstraße,** die uns in die malerische Weinlandschaft am Sonnenberg führt. Hier verläuft auch Deutschlands erster **Weinlehrpfad ②,** der vor 40 Jahren bei Schweigen-Rechtenbach eingerichtet wurde. An verschiedenen Stationen erfahren wir Wissenswertes zu Wein

Wald & Wein

Bei Schweigen-Rechtenbach

und seinem Anbau. In leichter Steigung laufen wir auf einem Wirtschaftsweg durch die Weinberge und gelangen zum Aussichtspunkt **Alfred-Wasner-Platz ③.** Unser Blick gleitet über die sanft geschwungenen Hügel der Weinregion, bei klarer Sicht zeichnen sich die Erhebungen des nördlichen Schwarzwalds am Horizont ab.

Der Wirtschaftsweg, auf dem wir laufen, knickt nach rechts ab. Wir folgen ihm ca. 100 Meter und biegen dann links auf einen Wiesenweg, der am Friedhof endet. Am Schilderbaum finden wir unseren Wegweiser, der uns in die Straße **Am Weiher** leitet. Auf ihr wandern wir leicht bergab, bis wir die Häuser des Dorfs hinter uns gelassen haben. Zuverlässig führt uns die **Wegmarkierung Pfälzer Weinsteig** in den Wald hinein. Rechter Hand schauen wir auf den Landschaftsweiher und hören leises Wassergeplätscher. Entspannt genießen wir die Ungestörtheit in der Natur und lassen unsere Gedanken kommen und gehen.

In leichtem Anstieg wandern wir unserem nächsten Ziel entgegen, der **Hütte An der Wegscheid** **4**. Abwechselnd durchschreiten wir lichtoffenen Mischwald und mystischen Nadelwald. Wir lauschen den Vogelstimmen und wüssten zu gerne, was sie sich mitzuteilen haben. Nach etwa 1,7 Kilometern folgen wir links einem kurzen, steilen Pfad hinauf zur Schutzhütte. Über dem Weg liegt ein gefallener Baumriese, wir müssen unter ihm durchschlüpfen. An der Picknickgruppe vor der Hütte machen wir unsere erste Rast.

Vollgetankt mit Waldenergie nehmen wir unsere Wanderung auf dem Pfälzer Weinsteig wieder auf, **Richtung Ruine Guttenberg** (2 Kilometer). Zunächst befinden wir uns noch auf einem breiten Waldweg, biegen aber schon nach wenigen Gehminuten nach links auf einen gut zu laufenden Pfad ab. Es geht stetig bergauf, daher lassen wir uns Zeit und genießen die Waldesstille. Wir berühren zarte Blätter junger Bäu-

Die Ursprünge der staufischen ***Reichsburg Guttenberg*** *liegen vermutlich im 12. Jahrhundert. Im Bauernkrieg wurde die Burg zerstört und nicht wieder aufgebaut. Heute sind noch Teile der Umfassungsmauer und Gebäudefundamente zu sehen, sowie Reste des Bergfrieds im oberen Burgteil und eine in den Fels gehauene Treppe hinunter zur Unterburg.*

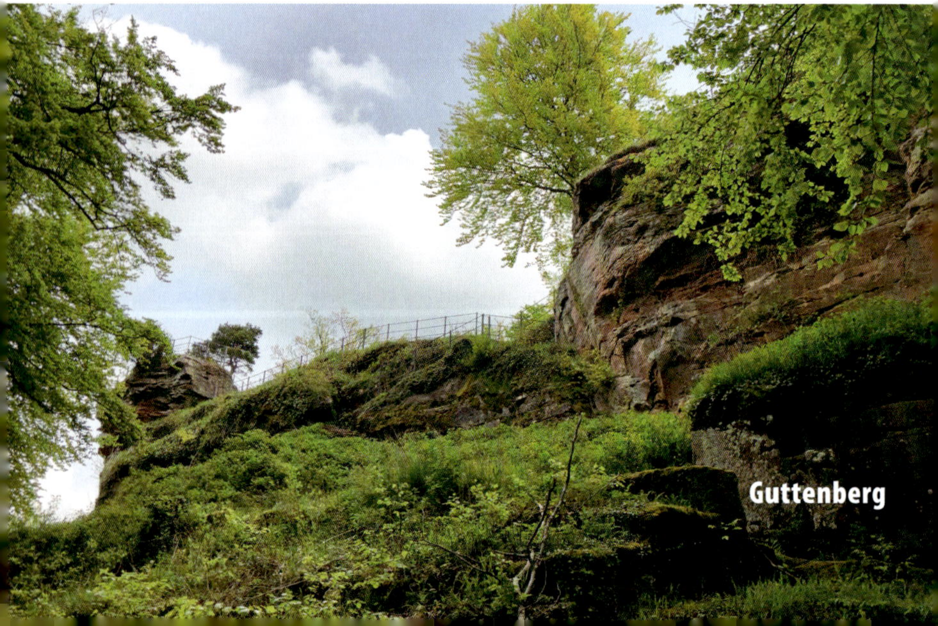
Guttenberg

me am Wegesrand, nehmen verschiedene Düfte wahr und spüren Leichtigkeit und Lebensfreude in uns erwachen.

Am Wegekreuz wenden wir uns nach rechts und folgen der Markierung auf einem leicht ansteigenden, breiten Forstweg. Immer dem Hauptweg nach, die Wegmarkierung im Blick, wandern wir entspannt durch hellen Mischwald. An einer Sitzgruppe werden wir vom Wegweiser am **Schilderbaum Drei Buchen** rechts auf einen Waldpfad geleitet. Nun geht es steil nach oben zur Burgruine. Zwischen den Bäumen zeichnen sich bereits schemenhaft die Burgmauern ab. Die letzten Meter sind steinig, und schon wenige Minuten später laufen wir auf den Torbogen der **Ruine Guttenberg** ⑤ zu.

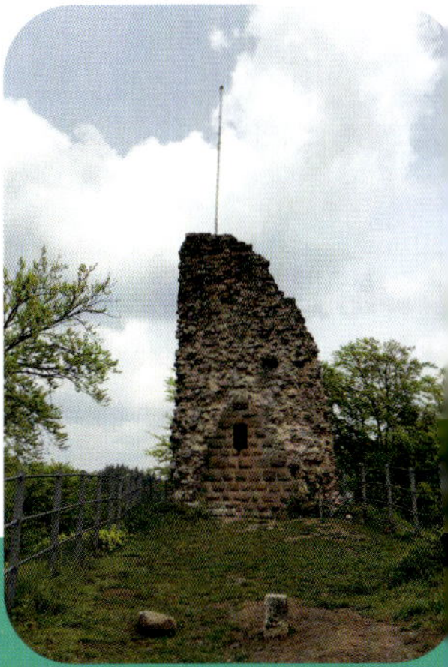

Für die Seele

Im hohen Buchenwald wandern wir uns frei, indem wir unsere Sinne bewusst wahrnehmen lassen und die Stille um uns herum dankbar annehmen.

Auf dem langgezogenen Gemäuer sitzen wir auf dem warmen Sandstein und lassen uns von den Sonnenstrahlen streicheln. In völliger Abgeschiedenheit nehmen wir eine unglaubliche Stille wahr. Eidechsen huschen über die Steine und verschwinden in den Mauerritzen. Die beste Aussicht haben wir vom Felsen der Oberburg aus. Unser Blick schweift über den Mundatwald in die Weite der Rheinebene.

Von der Ruine laufen wir wieder das Stück zurück zum Schilderbaum Drei Buchen. Ab hier folgen wir der Wegmarkierung **Kappellen-Pilgerweg** (violettes Kreuz in weißer Raute) in **Richtung Steinbühl** (1,4 Kilometer). Ein breiter und weicher Waldweg führt uns leicht absteigend um den Querenberg herum. Wir

*Der **Kapellen-Pilgerweg** ist ein Weg der Achtsamkeit für Pilger und alle, die es werden möchten. Dieser Weg soll dabei helfen, sich von seelischem Ballast zu befreien, indem man wieder lernt, stehen zu bleiben, bewusst wahrzunehmen und tief einzuatmen. In Bad Bergzabern beginnt und endet der etwa 80 Kilometer lange Rundweg.*

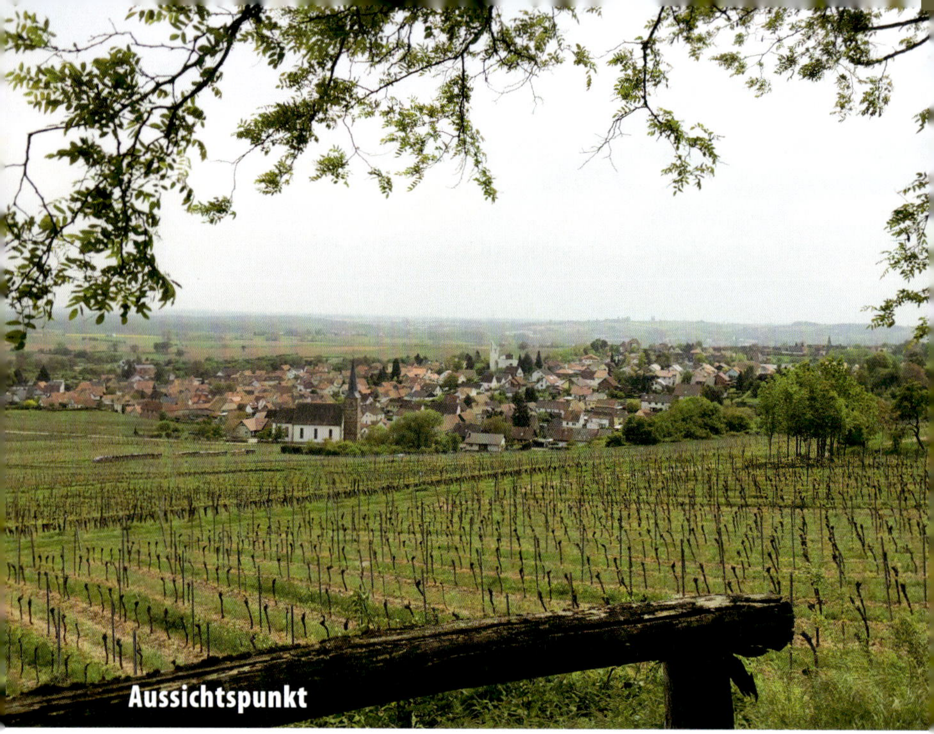

Aussichtspunkt

folgen dem violetten Kreuz bis zur Weggabelung „Querenberg Ost“. Dort zweigt der Kapellen-Pilgerweg links ab auf einen Waldpfad. Etwa 100 Meter weiter unten gelangen wir an eine Wegkreuzung, die wir geradeaus überqueren. Nun geht es auf einem sehr schmalen Gratweg weiter. Links und rechts von uns sind tiefe Gräben im Boden, die wir uns zunächst nicht erklären können. Da durch diese Region auch der Westwall verlief, vermuten wir, dass dies ehemalige Schützengräben sind.

Am Ende des Grates laufen wir links im Graben weiter und folgen der Wegmarkierung bis zum nächsten Schilderbaum. Der Wegweiser lotst uns links hinauf (Richtung Steinbühl), und wir wandern auf einem weichen Bett aus Kiefernnadeln durch einen herrlich lichtoffenen Waldabschnitt. Am Ende des schmalen Pfads biegen wir links ab auf einen breiten Grasweg, der nach einer Kurve um den Berg in einen Waldweg übergeht.

Der helle Kiefernwald wird mehr und mehr zum

Mischwald. Fasziniert bleiben wir in einem Buchenwald mit altem Baumbestand stehen. Hoch über uns bilden die Bäume ein schützendes Blätterdach, das nur vereinzelt ein paar Sonnenstrahlen durchlässt. Durch dieses Lichtspiel entsteht eine fast spirituelle Atmosphäre, und wir stellen uns vor, wir wären Pilger auf unserem Weg zur Besinnung. In völliger Ruhe und Entspanntheit setzen wir unsere Wanderung fort und fühlen uns kurzzeitig wie Pilger.

Ungefähr eine halbe Stunde lustwandeln wir um den Steinbühl herum, bis wir an einer Wegspinne mit Sitzgelegenheit ankommen. Links ab geht es von dort weiter auf dem **Kapellen-Pilgerweg Richtung Weintor.** An den folgenden Weggabelungen halten wir uns links, wie es uns die Markierung vorgibt, und folgen dem breiten Wanderweg. Kurz bevor wir wieder die Weinberge erreichen, werden wir nach rechts geleitet und erreichen über einen Pfad einen traumhaften **Aussichtspunkt 6.** Vor uns öffnet sich der Blick auf das Rebenmeer der Weinbaugemeinde und bis weit in die Rheinebene. Ein paar Meter laufen wir die Straße hinunter und nehmen rechts den schmalen Pfad in den Wald. Das violette Kreuz führt uns talwärts durch eine reizende Wiesen-Waldlandschaft, hinunter zum Parkplatz am Weiher. Bevor wir uns wieder in den

*Das **Deutsche Weintor** im südpfälzischen Schweigen-Rechtenbach symbolisiert die „Eingangspforte" zur Deutschen Weinstraße und ist eines der Wahrzeichen der Pfalz. Im Juli 1935 wurde in einer Gaststätte des Doppeldorfs die Idee zur Deutschen Weinstraße und zum Weintor geboren.*

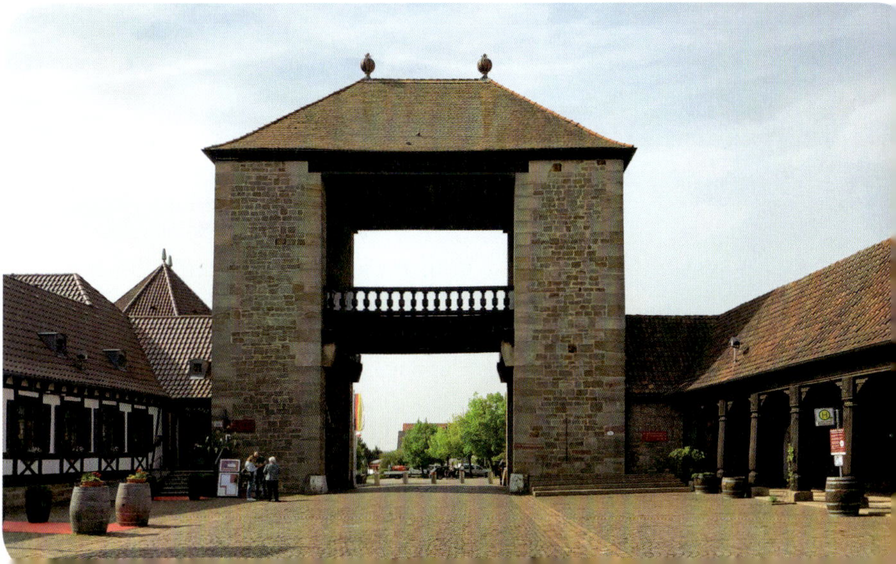

Verwöhntour 13

*In **Schweigen-Rechtenbach** scheint die Zeit stehen geblieben zu sein. Malerische Fachwerkhäuser und enge Winzergassen laden zu einem historischen Rundgang durch das am südlichsten gelegene Dorf der Pfalz ein.*

Trubel am Deutschen Weintor begeben, gönnen wir uns eine kurze Atempause auf einer der Bänke am **Weiher am Rußbach (7)**.

Jetzt folgt ein Wegstück, das wir bereits kennen, es führt uns durch die Straße **Am Weiher** zum Friedhof. Dort verlassen wir den Kapellen-Pilgerweg und folgen der Markierung **Wanderweg Dt. Weinstraße** (grüne Traubenrispe auf weißem Grund) durch die Guttenbergstraße und Kirchstraße, am Kreisel vorbei zurück zum Deutschen Weintor. In Schweigen-Rechtenbach haben wir eine große Auswahl an Einkehrmöglichkeiten. Eine Übersicht der Weingüter erhalten wir in der Tourist-Information. In der **Vinothek am Deutschen Weintor (8)** probieren wir köstliche Pfälzer Weine und lassen den Tag kulinarisch ausklingen.

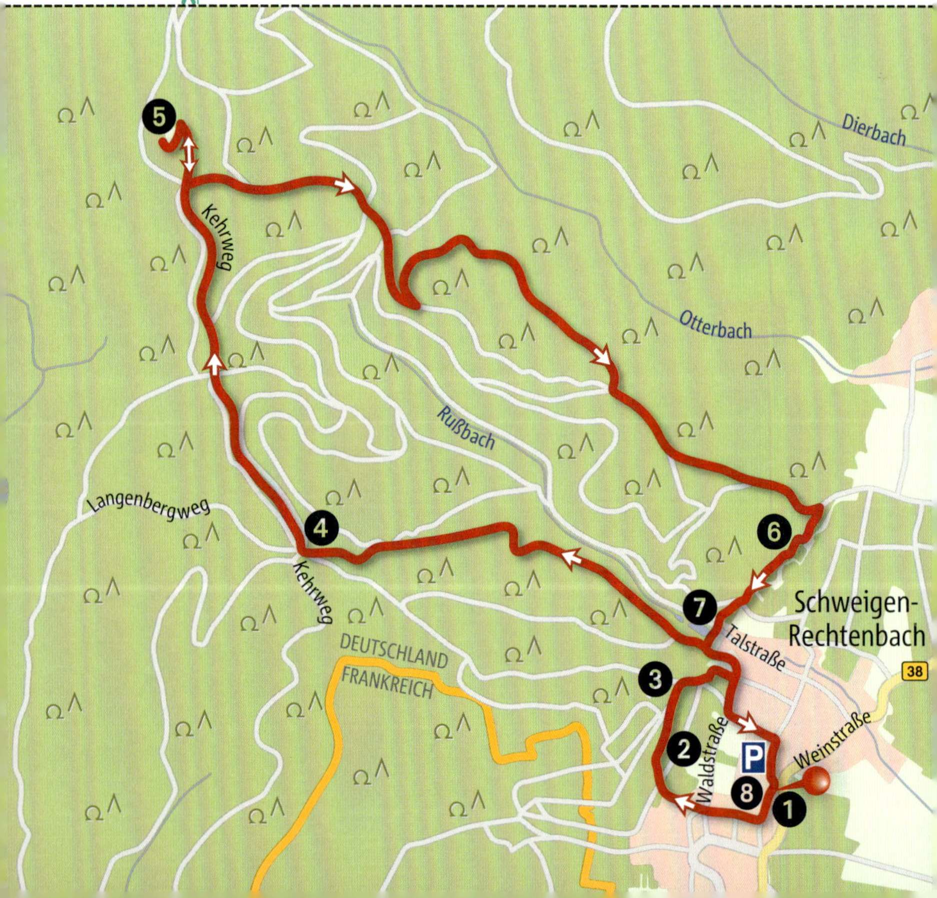

Alles auf einen Blick

WIE & WANN:

Breite Waldwege, schmale Pfade, Landwirtschaftswege entlang der Weinberge, geringer Forstweganteil, asphaltierte Straßen lediglich im Ort; schönste Wanderzeit im Herbst, wenn die Weinlese beginnt

HIN & WEG:

Auto: Über B 38 nach Schweigen-Rechtenbach, Parkplatz am Tourismusbüro, Weinstraße 5, 76889 Schweigen-Rechtenbach (GPS: 49.0525900, 7.9564009)
ÖPNV: mit der Bahn nach Bad Bergzabern, weiter mit Bus 543 (Landau – Wissembourg) nach Schweigen-Rechtenbach bis Haltestelle „Weintor"

ESSEN & ENTSPANNEN:

Rucksackverpflegung für unterwegs
Vinothek am Deutschen Weintor ❽ Weinstraße 5, 76889 Schweigen-Rechtenbach, Tel. (0 63 42) 2 24
Vielzahl an Weingütern und Gastronomie in Schweigen-Rechtenbach

Entspannung ✱✱✱✱✱
Genuss ✱✱✱✱✱
Romantik ✱✱✱✱✱

ENTDECKEN & ERLEBEN:

Deutsches Weintor ❶ Weinstraße, 76889 Schweigen-Rechtenbach
Weinlehrpfad ❷
Alfred-Wasner-Platz ❸
Hütte An der Wegscheid ❹
Ruine Guttenberg ❺
Aussichtspunkt ❻
Weiher am Rußbach ❼

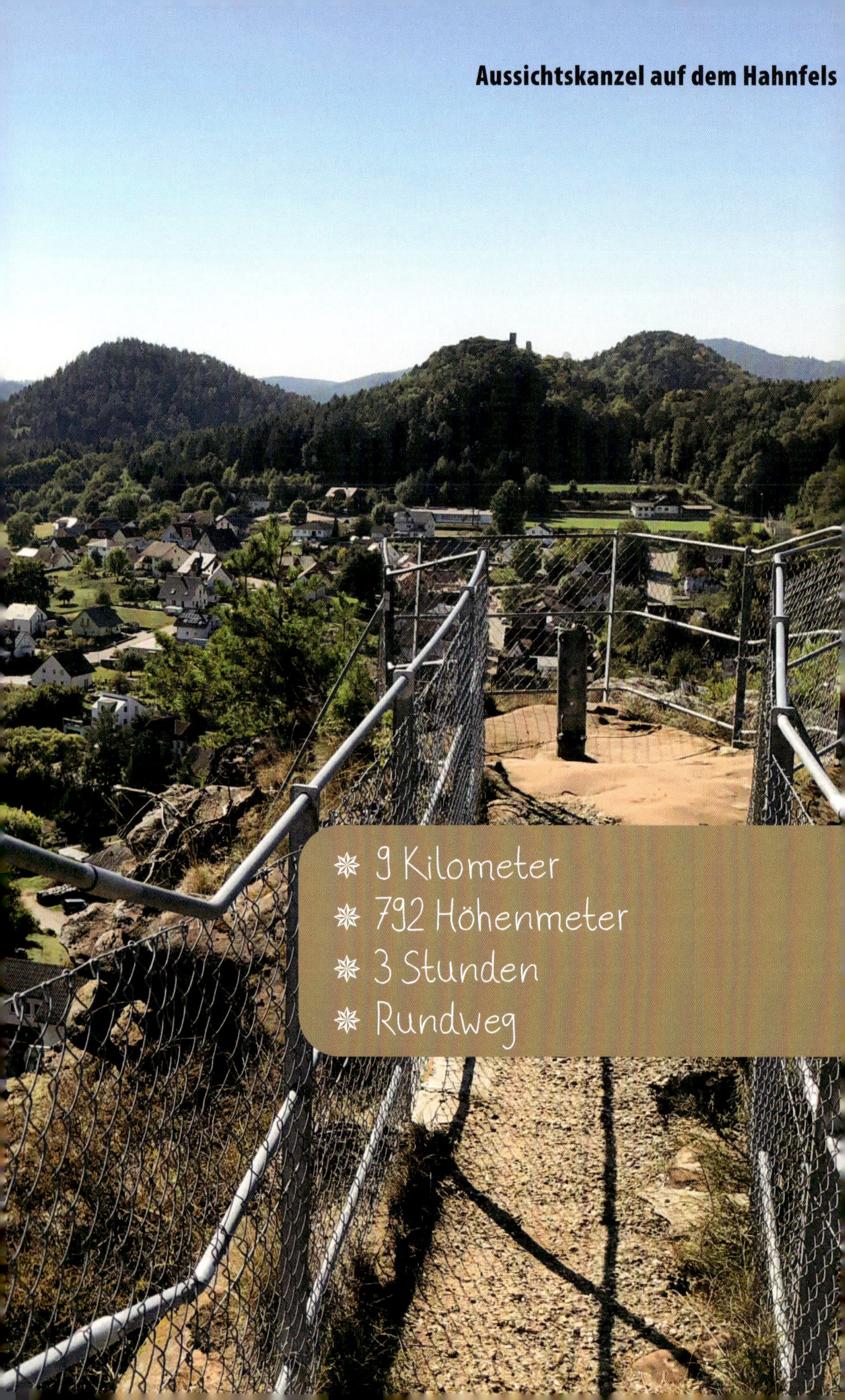

Aussichtskanzel auf dem Hahnfels

- 9 Kilometer
- 792 Höhenmeter
- 3 Stunden
- Rundweg

Zu einer der schönsten und eindrucksvollsten Sehenswürdigkeiten im Pfälzerwald führt die Hahnfels-Tour rund um Erfweiler: zur Dahner Burgengruppe Alt-Dahn. Außerdem erwarten uns traumhafte Ausblicke auf den Wasgau mit lauschigen Picknickplätzen. Am **Belmontplatz** direkt neben der **Schulstraße** in Erfweiler beginnen wir unsere Rundwanderung. Das **Wanderzeichen der Hahnfels-Tour** ist ein weißer Hahnenkopf auf blauem Grund. Vom Parkplatz aus gehen wir auf der Schulstraße bis zur Kirche. Ein Wegweiser zeigt uns die Richtung zum **Hahnfels** (0,5 Kilometer). Neben der Kirche steigen wir den Treppenaufgang hinauf und wenden uns am Hinweisschild nach links auf die Straße **Hohlweg.** Sogleich geht es wieder nach rechts auf einen schmalen, ansteigenden Sandweg, der uns in den Wald führt. Der Weg ist mit Wurzeln durchzogen und es besteht Stolpergefahr. In spitzen Kehren windet sich der Pfad den Berg hinauf, teilweise mit recht steilen Anstiegen.

Oben angekommen, laufen wir an der Weggabelung nach rechts auf den **Hahnfels** ❶ und werden für

Wasgaublick

Dahner Burgen bei Erfweiler

den anstrengenden Aufstieg mit dem schönen **Felslandblick** belohnt. Über einen Metallsteg gelangen wir vor zur Aussichtskanzel, die mit einem Geländer gesichert ist. Wir sind begeistert von dem Panorama.

Zurück an der Weggabelung wenden wir uns nach rechts und folgen der Wegmarkierung auf einem weichen Waldpfad. Die folgenden Abzweige beachten wir nicht weiter, und wir wandern ohne nennenswerte Höhenunterschiede immer geradeaus. Rund 600 Meter legen wir zurück, bis wir an einen Abzweig gelangen, an dem wir uns nach links wenden. An einem Baum ist ein Holzpfeil befestigt, der uns die Richtung zum **Dorfblick** (0,1 Kilometer) weist.

In leichtem Anstieg kommen wir auf dem Felsen an und sind völlig überrascht von dem sagenhaft schönen Picknickplatz **Dorfblick** ②. Dahn liegt uns zu Füßen, und wir erkennen die Burgengruppe Alt-Dahn auf der gegenüberliegenden Talseite. Im Schatten der Bäume befindet sich ein Picknickplatz, der uns zu einer ungeplanten Pause verleitet. Obwohl wir aus der Ferne leise Verkehrsgeräusche hören, empfinden wir hier oben eine angenehme Ruhe.

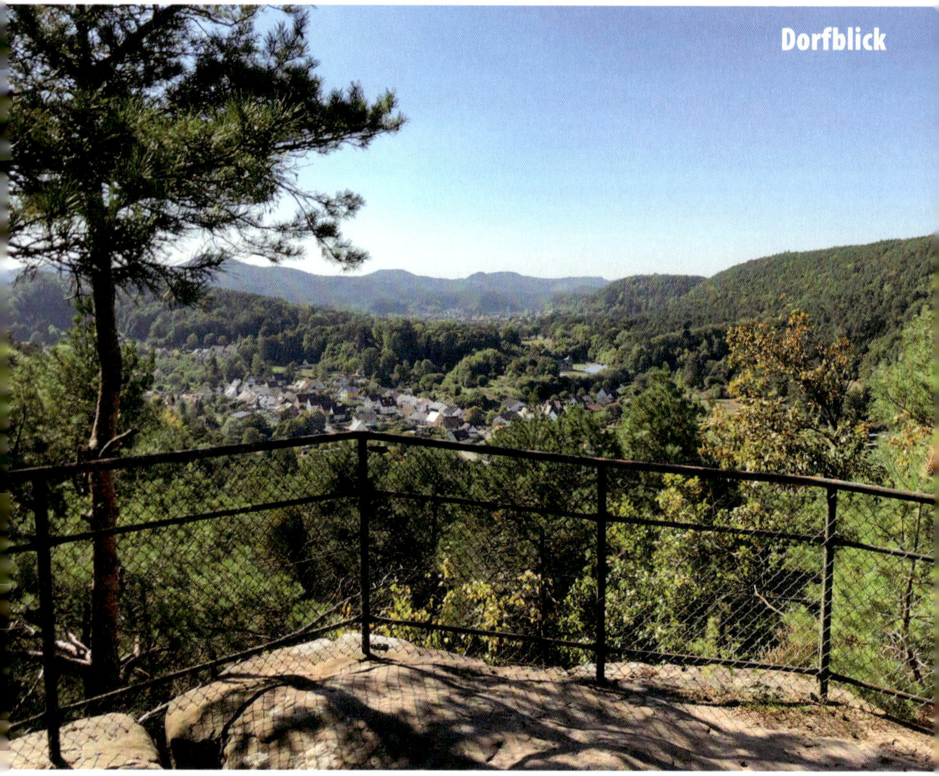
Dorfblick

Vom Dorfblick gehen wir nun geradeaus hinunter auf ein Felsengebilde zu. Da müssen wir hinaufkraxeln, denn der Weg wird dort oben fortgesetzt. Rechts am Baum befindet sich zur Bestätigung die blaue Wegmarkierung der Hahnfels-Tour. Hier geben wir acht, dass wir nicht aus Versehen wieder nach rechts in die Richtung laufen, aus der wir gekommen sind. Nachdem wir die paar Felsenstufen nach oben geklettert sind, wandern wir auf einem verschlungenen Waldpfad über den Kamm des **Hahnbergs.** Unser Pfad geht nun sanft bergab. An einem kleinen Ruheplatz nehmen wir den rechten Abzweig und wandern auf einem schmalen Pfad durch Eichen- und Kiefernwald talwärts. Auch der **Felsenland Sagenweg** verläuft auf unserer Strecke.

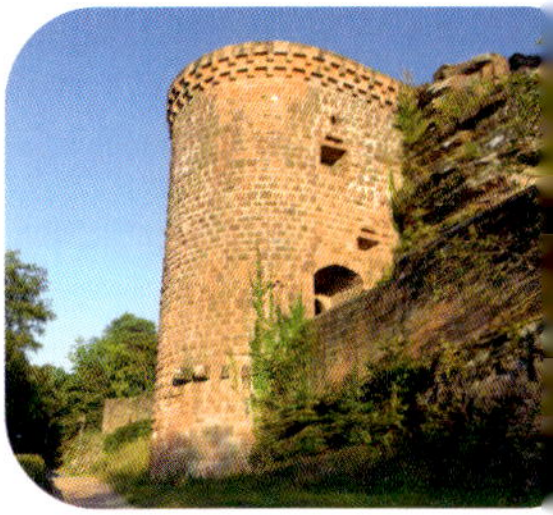

Der Pfad führt uns immer weiter den Berg hinunter und geht in einen breiten Waldweg über. Einem querenden Waldweg folgen wir etwa 50 Meter nach rechts, bis zum nächsten Wegweiser, der an einem Pfosten befestigt ist. Wir wenden uns erneut nach rechts und folgen weiter der Hahnfels-Tour. Die Route ist sehr gut ausgewiesen, und wir können uns

Für die Seele

Entspannt sitzen wir am Wasgaublick auf den Holzbänken, lauschen den Waldgeräuschen und lassen unsere Gedanken schweifen, während wir auf die sanften Erhebungen blicken.

entspannt vom Wegzeichen leiten lassen. Wir gelangen an eine kleine Lichtung und schreiten über einen weichen Grasweg, bis wir auf einen Schotterweg stoßen. Vor uns liegt eine idyllische Wiesenlandschaft. Nach links folgen wir dem Schotterweg und erreichen ein Wegekreuz mit Ruhebank. Ein asphaltierter Talweg führt hier vorbei. Auf einem schmalen Pfad wandern wir halblinks und in leichtem Anstieg wieder in den Wald hinein.

Am Abzweig zum Heegerturm (50 m) machen wir einen kurzen Abstecher nach links und gelangen in leichtem Bergaufmarsch über den **Felsenland Sagenweg** zum **Heegerturm ③.** Nach seiner Umrundung sind wir zurück an der Weggabelung und kommen links abbiegend wieder auf den Wanderweg **Hahnfels-Tour.** Erneut stoßen wir auf den Asphaltweg und folgen ihm jetzt nach links. An der **Breitenbachquelle ④** mit dazugehörigem Rastplatz führt dieser Weg vorbei und geht in einen breiten Forstweg über.

*An der **Breitenbachquelle** am Heegerturm liegen zwei Quelltypen nebeneinander: eine Sturz- und eine Tümpelquelle. Beide vereinen sich zum Breitenbach. In früherer Zeit dienten die Quellen Mensch und Tier zur Erfrischung bei der Feldarbeit.*

Wir durchwandern den Talgrund und kommen auf der anderen Seite wieder in den Wald. Nach rund 300 Metern erreichen wir einen Schilderbaum, der uns nach links **Richtung Schafstein** lenkt. Wenige Gehminuten später werden wir auf einen schmalen Weg geleitet, der anfangs grob geschottert ist und dann in einen Naturpfad übergeht. Nun beginnt der steile und anstrengende Aufstieg zum Schafstein. Schon bald sehen wir die hohen, roten Felstürme zwischen den Bäumen herausragen. Am rechten der beiden Türme laufen wir ganz dicht entlang. Nach etwa 300 Metern haben wir es dann geschafft und stehen vor dem Felsenkoloss **Schafstein ⑤.**

Es geht weiter aufwärts, denn der Gipfel des **Kahlenbergs** ist unser nächstes Ziel. Geradeaus wandern wir auf einem Waldweg, der zwischendurch auch wieder etwas flacher wird. Ein Wegweiser lenkt uns in einer spitzen Kehre nach links auf einen Serpentinenpfad. Die letzten steilen Höhenmeter dieser Tour stehen uns bevor. Am Ende des Zickzack-Pfads werden wir nach rechts gelotst und steigen hinauf zum **Bergpanorama Kahlenberg ⑥.** Über eine kurze Eisentreppe und dann weiter über den Felsgrat gelangen wir nach oben zu einer Aussichtsbank. Jetzt erst mal ausruhen und die Aussicht wirken lassen.

Ausgeruht folgen wir der Wegmarkierung weiter und wandern nun auf einem idyllischen, schmalen

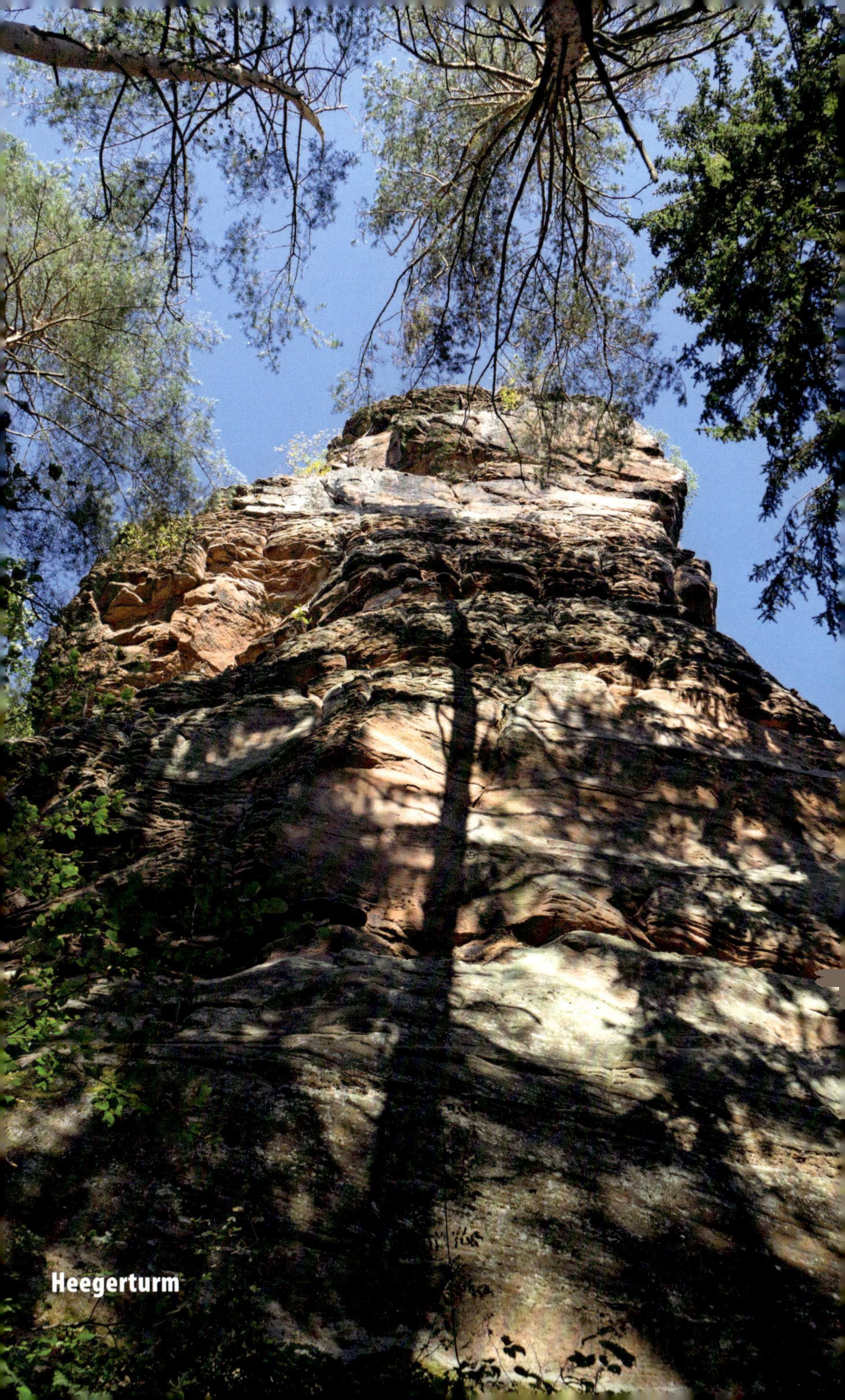

Heegerturm

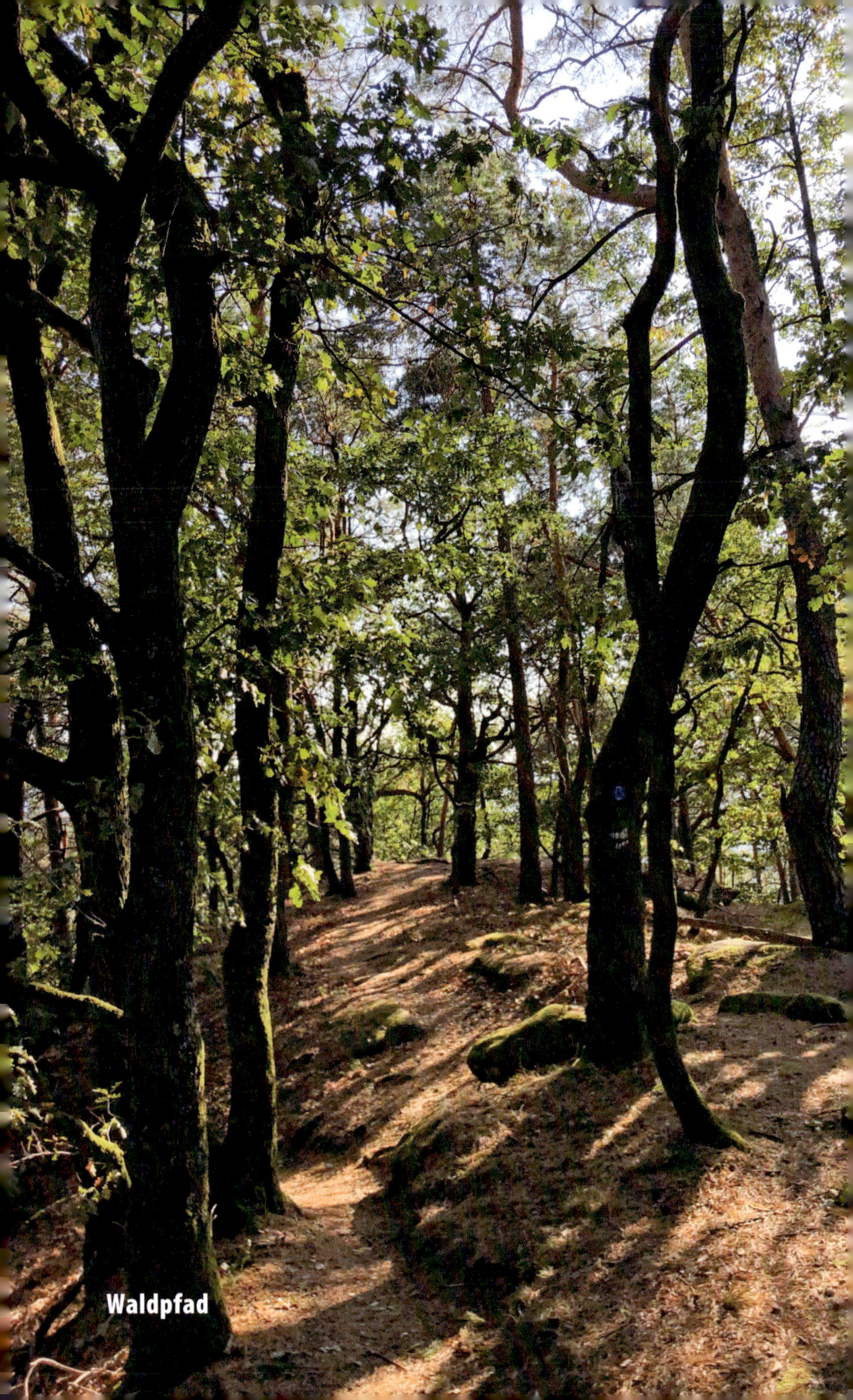
Waldpfad

Waldpfad über den Bergrücken. Bevor wir das Ende des Pfads erreichen, zweigt unser Weg nach links ab, den Berg hinunter. So steil es bergauf ging, so steil geht es teilweise bergab. Gerade bei feuchtem Wetter sind hier Vorsicht und Trittsicherheit geboten. Schon nach 500 Wandermetern erreichen wir den Felsensporn des **Wasgaublicks** ⑦.

Wir verlassen unser Seelenplätzchen und folgen nun dem Wegzeichen **Richtung Schindhard** und **Burgenmassiv Alt-Dahn.** Ein schmaler, sandiger Pfad windet sich in Serpentinen den Berg hinab und führt uns recht schnell an den Ortsrand von Schindhard. Linker Hand schauen wir auf den Kapellenfels mit seinem

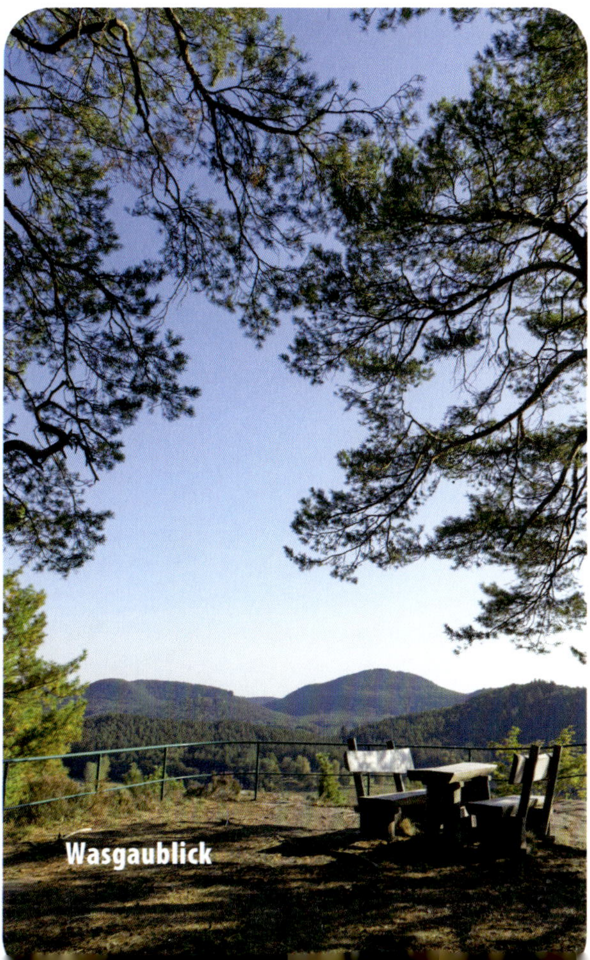

Wasgaublick

Gipfelkreuz. Auf einem befestigten Weg laufen wir nach rechts zum **Sportplatz** und lassen diesen links liegen. Nun geht es nochmals durch ein Waldgebiet.

Unterwegs passieren wir die **Fischwoogmühle,** bevor wir ins Langenbachtal kommen und den **Eibach** überqueren. Am **Brennofen Ziegelhütte** überqueren wir die K 39 und wandern auf einem teilweise geschotterten Weg durch dichten Mischwald bergauf **Richtung Burgenmassiv Alt-Dahn.** Für einen Moment sehen wir über den Baumspitzen die mächtigen Burgmauern hervorragen. Ungefähr nach 10 Minuten Wanderzeit sind wir an der Zufahrtsstraße zur größten Burgenanlage der Pfalz und biegen vor dem Parkplatz rechts ab auf den offiziellen Zuweg zu den Burgen. In der **Burgschänke** **8** machen wir kurz Rast, bevor wir hinaufsteigen zum beeindruckenden **Burgenmassiv Alt-Dahn** **9.**

*Auf den steil emporragenden Felsen des Schlossbergs thronten die mittelalterlichen Burgen Altdahn, Grafenstein und Tanstein. Zusammen bilden sie die **Burgengruppe Alt-Dahn**. Ein kleines Burgenmuseum befindet sich im ehemaligen Stall von Burg Grafenstein. Alljährlich findet am zweiten Wochenende im August das „Mittelalterliche Spektakulum" am Fuße des Burgentrios satt.*

Beim Besichtigen der Burgen lassen wir uns genügend Zeit, um die Tunnel und Gänge, die Felsenkammern und Brunnenschächte zu erkunden.

Berauscht von den vielen Eindrücken machen wir uns eine Stunde später auf den Weg und steigen wieder hinab zur Burgschänke. Unser **Wanderweg Hahnfels-Tour** führt nun an der Burgmauer entlang, auf einem breiten Weg geradeaus in den Wald. Der Wegmarkierung folgend, gelangen wir am Ende des breiten Waldwegs links auf einen schmalen Pfad, der am **Löchelfels** **10** entlangführt.

Es geht nun in einem kurzen steilen Abstieg die Felsenkuppe hinunter, ein Metallgeländer dient uns als Handlauf. Die Wegbeschaffenheit ist steinig und erfordert unsere Achtsamkeit. Nachdem wir diese felsige Passage gemeistert haben, führt uns der schmale Sandpfad weiterhin steil bergab zum **Sportplatz Erfweiler.** Allerdings biegen wir vor dem Sportplatz an einer Weggabelung links ab. Unterhalb des Zimmerfelsens laufen wir nun zur nächsten Gabelung und wenden uns dort nach rechts. Schon nach wenigen Gehminuten macht unser Weg eine Rechtskurve, und wir haben einen schönen **Dorfblick** **11.**

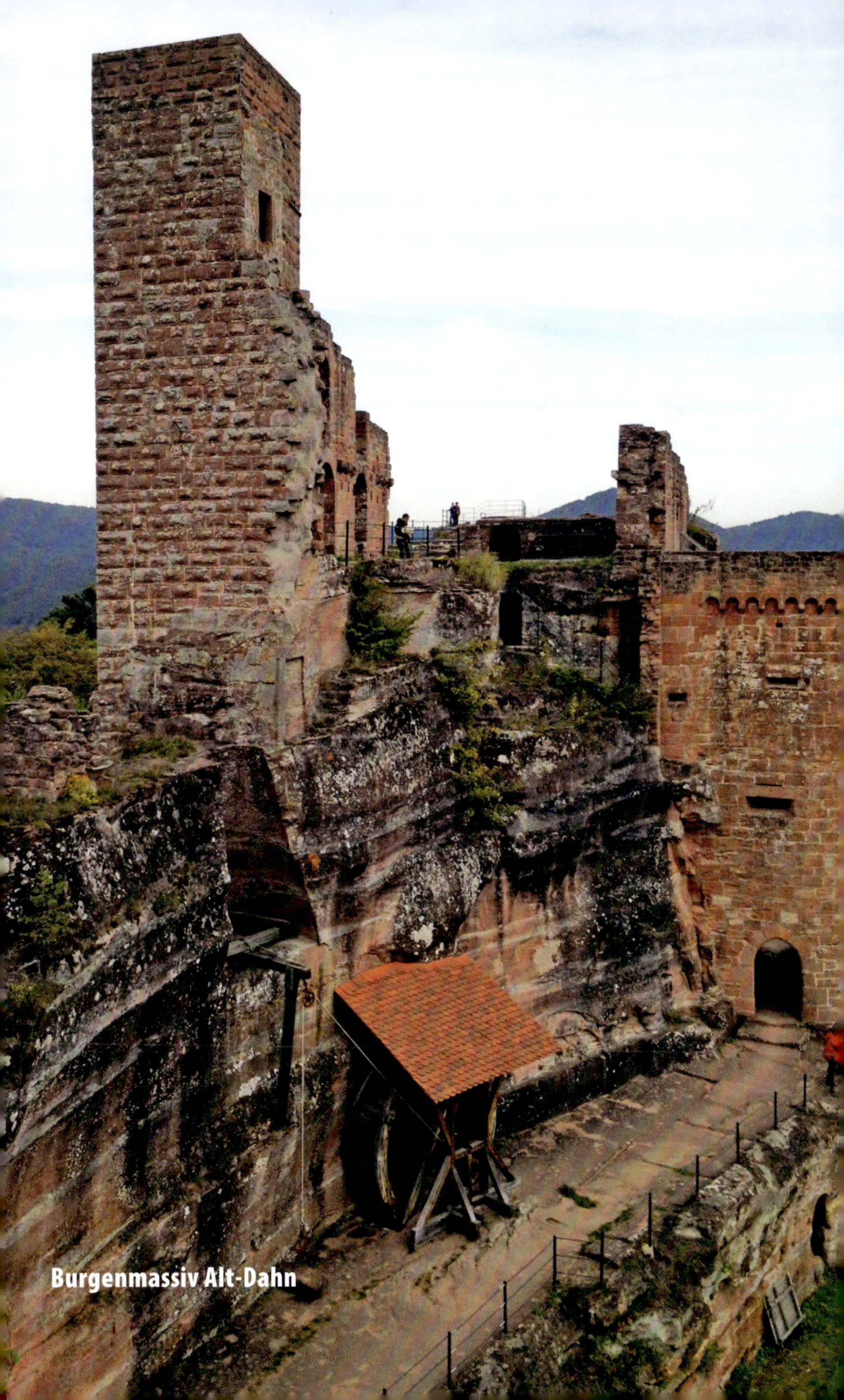

Burgenmassiv Alt-Dahn

Wir überqueren die **Winterbergstraße** und laufen rechter Hand an ihr entlang. Nach etwa 100 Metern biegen wir am Schilderbaum rechts ab, verlassen die Hahnfels-Tour und folgen nun der **Wegmarkierung Felsenland Sagenweg.** Links sehen wir den **Hebelfelsen** und laufen kurz danach in die **Friedhofstraße.** Ihr folgen wir bis zur **Kreuzung Winterbergstraße** und kehren im **Landgasthaus „Zum Jägerhof"** ⑫ ein. Dort erwartet uns eine traditionell pfälzische Küche mit preisgekröntem Saumagen.

Über die Winterbergstraße gelangen wir am Ende eines erlebnisreichen Wandertags zurück in die Schulstraße und weiter zum Parkplatz auf dem Belmontplatz, wo unsere Tour ihren Anfang nahm.

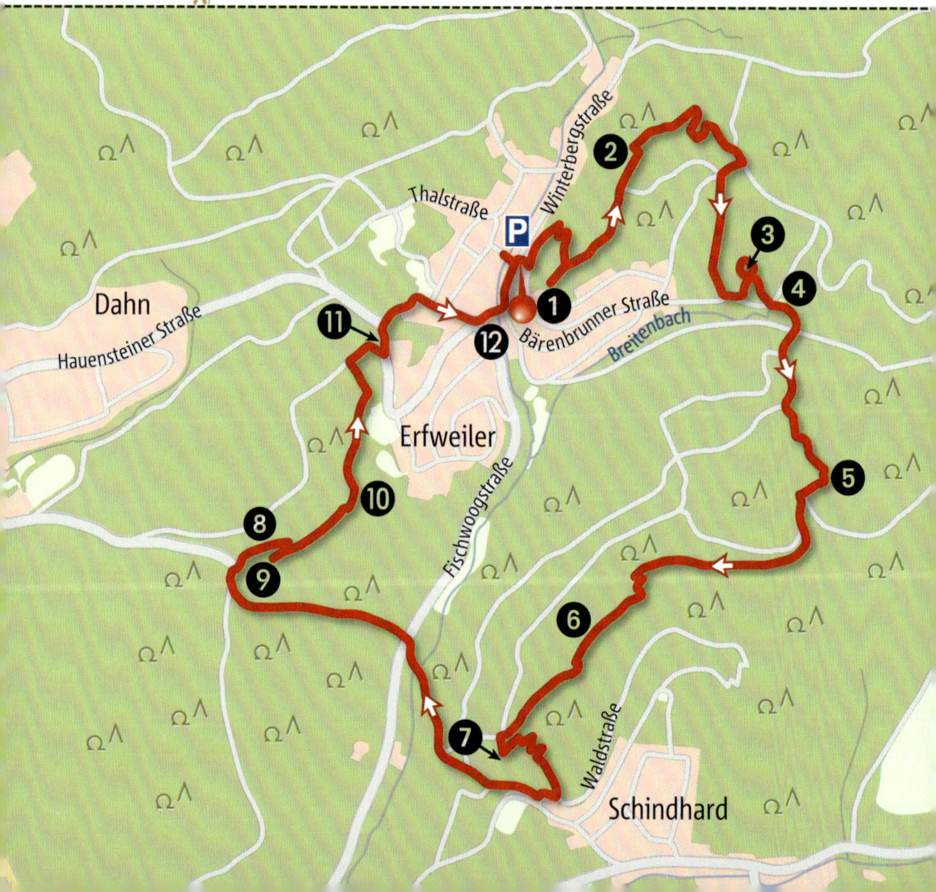

Alles auf einen Blick

WIE & WANN:
Breite und schmale Waldwege, schmale Pfade mit steinigen Abschnitten, geringer Forstweganteil, asphaltierte Straßen lediglich in Erfweiler; ganzjährig schön, bei Nässe und Schneeglätte Felsenpfade nur schwer begehbar

HIN & WEG:
Auto: B10 bis Ausfahrt Hinterweidenthal, weiter auf B427 nach Dahn, über Schulstraße, Hauensteiner Straße und K 39 nach Erfweiler. Parken auf Belmontplatz, Schulstraße, 66996 Erfweiler (GPS: 49.158817, 7.812148)
ÖPNV: Mit dem Zug bis Hinterweidenthal oder Bad Bergzabern und dann weiter mit dem Bus nach Dahn und weiter nach Erfweiler.

ESSEN & ENTSPANNEN:
Burgschänke ❽ Burg Alt-Dahn, 66994 Dahn, Tel. (0 63 91) 36 50 oder (0 63 91) 99 35 43
Landgasthaus „Zum Jägerhof" ⓬ Winterbergstr. 34, 66996 Erfweiler, Tel. (0 63 91) 17 54, www.jaegerhof-erfweiler.de

ENTDECKEN & ERLEBEN:
Hahnfels ❶
Dorfblick ❷
Heegerturm ❸
Breitenbachquelle ❹

Entspannung ✱✱✱✱✱ (4 von 5)
Genuss ✱✱✱✱✱ (3 von 5)
Romantik ✱✱✱✱✱ (4 von 5)

Schafstein ❺
Bergpanorama Kahlenberg ❻
Wasgaublick ❼
Burgenmassiv Alt-Dahn ❾
Löchelfels ❿ **Dorfblick** ⓫

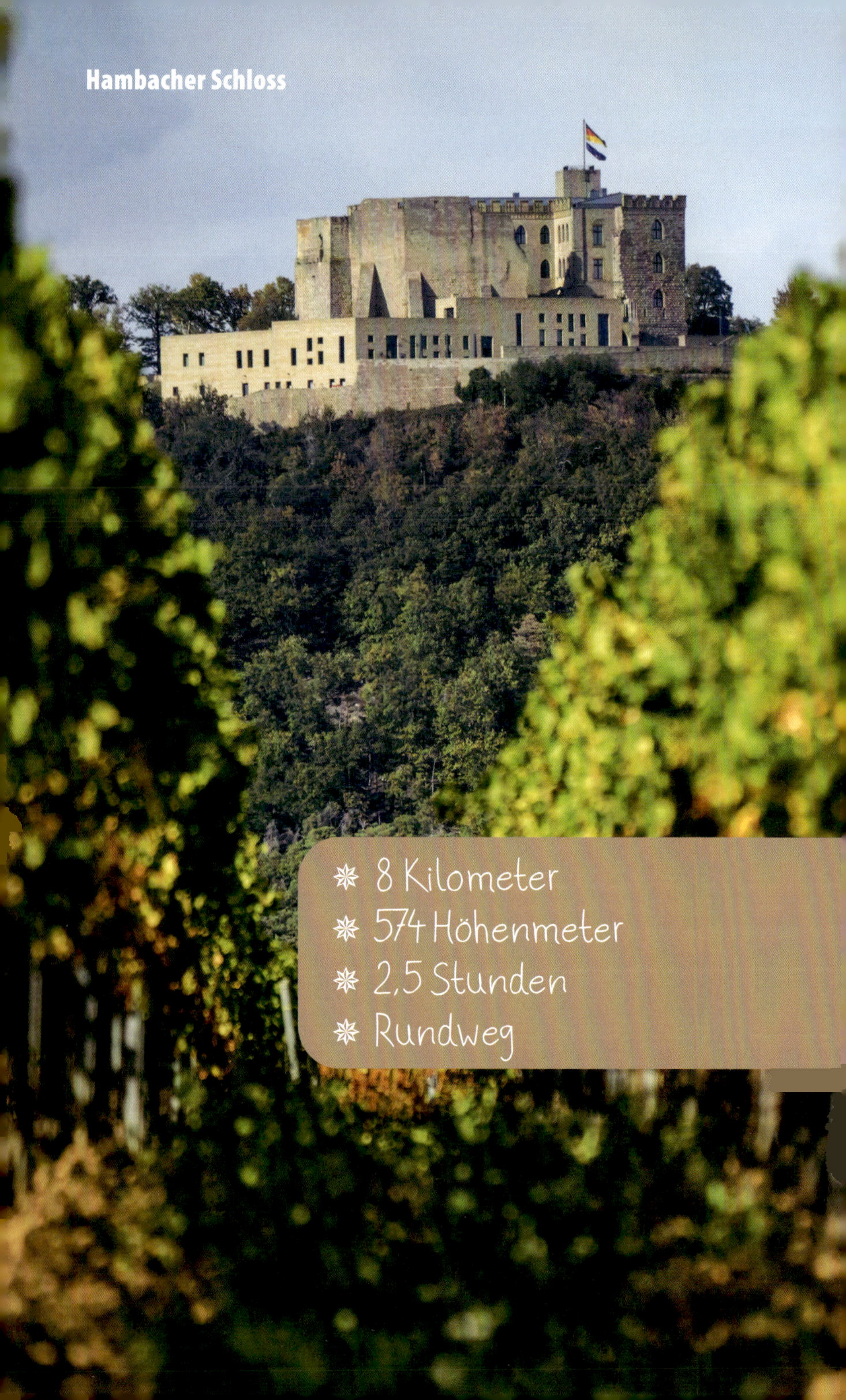

Hambacher Schloss

- 8 Kilometer
- 574 Höhenmeter
- 2,5 Stunden
- Rundweg

Auf den Hambacher Höhen wandern wir vom Hambacher Schloss durch den Naturpark Pfälzerwald zur Hohen Loog und werden unterwegs mit wundervollen Ausblicken verwöhnt. Am Ende unserer Rundwanderung tauchen wir in die Geschichte der deutschen Demokratie ein.

Vom **Parkplatz Hambacher Schloss** laufen wir an der Burgschänke Rittersberg rechts vorbei und folgen dem **Quellenwanderweg Richtung Bergstein/Speierheld** (Markierung blaues „Q" auf gelbem Grund) leicht bergauf. Gleich zu Beginn eröffnet sich uns eine herrliche Aussicht in die Rheinebene und auf die Ortschaften am Haardtrand. Schon bald umgibt uns der Pfälzerwald mit seinen typischen Baumarten: Edelkastanien, Eichen, Buchen und Kiefern.

Ein gut begehbarer, breiter Waldweg bringt uns in sanftem Anstieg zur **Michelsquelle 1**, einem schönen Rastplatz, umringt von hohen Buchen und Eichen. In Perioden mit geringen Niederschlagsmengen führt die Quelle kein Wasser. Besonders die Buche mit den Wegmarkierungen fällt uns ins Auge; ihre

Wie den Wein brachten einst die Römer auch die ***Edelkastanie (Esskastanie)*** *in die Pfalz. Wegen der vielen Kastanienbäume nannte Kaiser Heinrich II. seine damalige Burg (das heutige Hambacher Schloss) „Kästenburg". Fest verwurzelt mit der Pfälzer Lebensart, sind die „Keschde" im Herbst auf vielen Speisekarten zu finden.*

Sinnesrausch

Hambacher Schloss & Hohe Loog

Wurzeln halten sich wie Tentakel in der Erde fest, und sie wirkt irgendwie lebendig.

Immer noch geht es leicht bergauf, und je höher wir kommen, desto wildwüchsiger sind die Kiefern. Wundervoll ist der Blick, den wir ab und zu durch die Bäume hindurch in die Südpfalz haben. Schätzungsweise einen Kilometer haben wir ab der Quelle

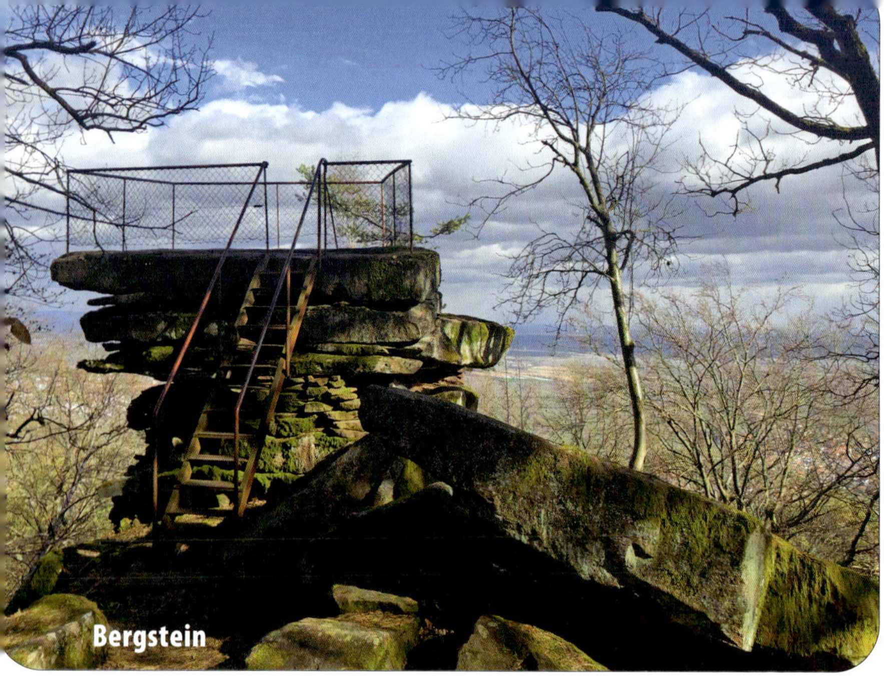

zurückgelegt und stoßen nun auf den **Pfälzer Weinsteig,** dem wir nach links folgen **Richtung Hambacher Bergstein.** Ein schmaler Waldpfad führt uns hinauf zu der Felsformation mit seiner Aussichtskanzel. Der Weg ist mit Wurzeln durchzogen und übersät mit Tannen- und Kiefernnadeln. Über die Baumwipfel hinweg haben wir traumhafte Aussichten in die Rheinebene. Ab und zu spitzelt die Sonne durch die Baumkronen und verzaubert diesen Wegabschnitt in ein wundervolles Naturkino. Wie Korkenzieher haben sich hier die Kiefern in die Höhe geschraubt.

Angekommen am **Hambacher Bergstein** ❷ sind wir sofort von der Atmosphäre angetan. Von der Aussichtsplattform können wir endlos weit nach Osten blicken. Dieser Ort hat eine mystische Atmosphäre. Mit Moos bewachsene Felsbrocken leuchten in der Sonne, verschnörkelt gewachsene Kiefern verströmen einen süßlichen Duft, und mittendrin sitzen wir entspannt auf einer Sitzbank, die Ruhe genießend. Unsere Augen gehen auf Entdeckungsreise in den Bäumen. Figuren, Gesichter und andere Fantasiewesen erkennen wir, jeder für sich seine eigenen. Der

Alltag ist weit weg von uns, die Natur ist in diesem Augenblick unser Zuhause.

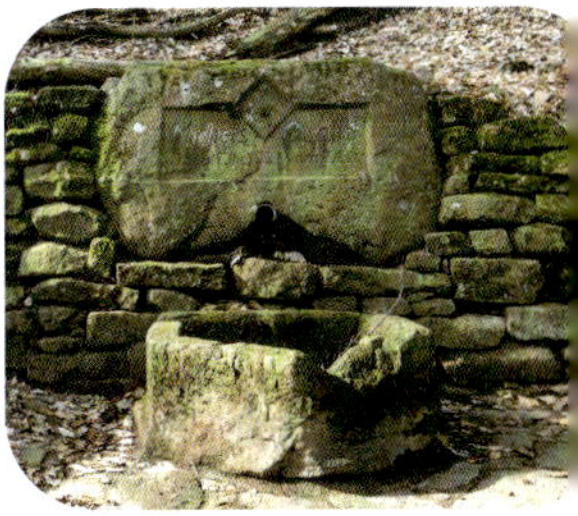

Vom Bergstein aus lassen wir uns von der **Markierung Roter Punkt** zur **Hohen Loog** leiten. Der Pfad dorthin ist ein Fest für die Sinne. Über den Bergrücken wandern wir durch einen märchenhaften Buchen- und Kiefernwald, der in einen reinen Kiefernwald übergeht. Schmal und weich wird der Pfad unter unseren Füßen, und Blaubeersträucher bilden einen großen, grünen Teppich auf dem Waldboden. Unterwegs setzen wir uns für einen Moment auf eine Holzank am Wegesrand und lauschen dem Wind, der die Bäume zum Rauschen bringt. Es hört sich an wie Meeresrauschen. Die Kronen der Kiefern bilden ein Dach über uns, und wir fühlen uns beschützt. Wir beobachten die Baumkronen, wie sie gemeinsam im Wind wiegen und sich gegenseitig Halt geben. Das Gefühl von Gemeinschaft und Zusammenhalt ist auch für uns spürbar, es beruhigt und erdet uns.

Im Weitergehen stellen wir eine erneute Veränderung in der Vegetation fest. Etwas dichter und viel höher ist nun der Nadelwald. Junge Bäumchen wach-

Für die Seele

Auf dem Weg zum Gipfel der Hohen Loog wandern wir auf weichen Pfaden durch ursprünglich anmutenden Nadelwald und fühlen uns in der Natur geborgen.

sen auf lichten Stellen heran und sorgen für frisches Grün zwischen den dunkelbraunen Stämmen. Der Markierung „roter Punkt“ weiter folgend, kommen wir zum Gipfel **Hohe Loog** **3**.

Es gibt zwar einen Stichweg direkt hoch zum Felsengipfel, doch der ist nicht sonderlich schön. Deswegen laufen wir links um den Berg und folgen dem

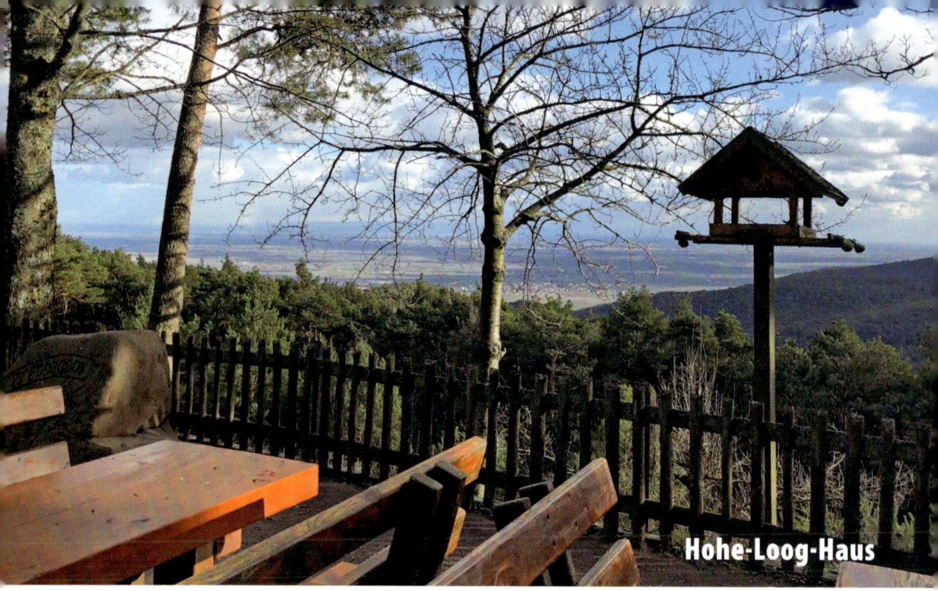

roten Punkt. Hier begegnen uns auch wieder die Zeichen des Quellenwegs und Pfälzer Weinsteigs. Nach wenigen Minuten sind wir auch schon oben angelangt. Die **Hohe Loog** gehört zu den höchsten Berggipfeln über der 600-Meter-Marke im Naturpark Pfälzerwald. Schichten von 251 bis 243 Millionen Jahre altem Buntsandstein bilden ihre Oberfläche. Bevor wir Rast machen, laufen wir geschwind rechts über den Felsengrat bis vor zu einem großen Felsbrocken. Von dort können wir durch die Baumkronen in die Rheinebene schauen.

Hungrig geworden laufen wir die wenigen Meter wieder zurück und kehren im **Hohe-Loog-Haus** ❹ des Pfälzerwaldvereins ein. Leckere Pfälzer Hausmannskost schmeckt mit einer großartigen Aussicht noch viel besser. Nach der ganzen Stille im Wald ist das gesellige Treiben auf der Hütte ein munterer Kontrast.

Vom Biergarten aus führt ein etwa 500 Meter langer Naturweg hinunter zum **Bildbaum.** Zur Orientierung dient uns die rot-weiße **Markierung Pfälzer Weinsteig.** Dass die Hohe Loog ein beliebtes Ziel ist, erkennen wir daran, dass der Weg richtiggehend glatt gelaufen ist. Bei Eis- und Schneeglätte ist dieser Pfad kaum begehbar.

Am **Rastplatz Bildbaum** 5 lädt ein großer Buntsandsteintisch mit Holzbänken zur Pause ein. Uns zieht es jedoch weiter, und wir folgen nun der **Weinspange** mit der **Wegmarkierung „Schwarzes W auf weißem Grund"** nach Osten, Richtung Hambacher Schloss. Wenn wir vom Bildbaum aus hinauf zur Hohen Loog schauen, ist es der zweite Weg rechts ab. Es ist ein geschotterter Forstweg, der wenige Meter später in einen Waldweg übergeht. Auf diesem wandern wir circa 400 Meter, bis wir zu einer Gabelung kommen. Der rechte Abzweig ist unser Weg, und wir wandern auf weichem Waldboden immer geradeaus, durch einen Laubengang aus Laub- und Kiefernbäumen. Wenn Sonnenstrahlen durch das dichte Baumkronengewirr dringen und kleine Schattenflecken auf den Boden malen, verwandelt sich dieser Wegabschnitt in eine Natur-Kunstgalerie. Unsere Sinne tanzen.

Rechts entdecken wir eine Rastmöglichkeit, die ein paar Meter unterhalb des Wegs liegt. Neugierig geworden steigen wir hinab und befinden uns auf dem **Rastplatz Sommerberg** 6. In der Sonne sitzend lassen wir unsere Blicke in die Ferne schweifen und vergessen die Zeit.

Es fällt uns fast schwer, diesen wundervollen Seelenplatz wieder zu verlassen. An der Wegspinne **Sommerberghütte** 7 biegen wir rechts ab auf den **Pfälzer**

Aussicht vom Sommerberg

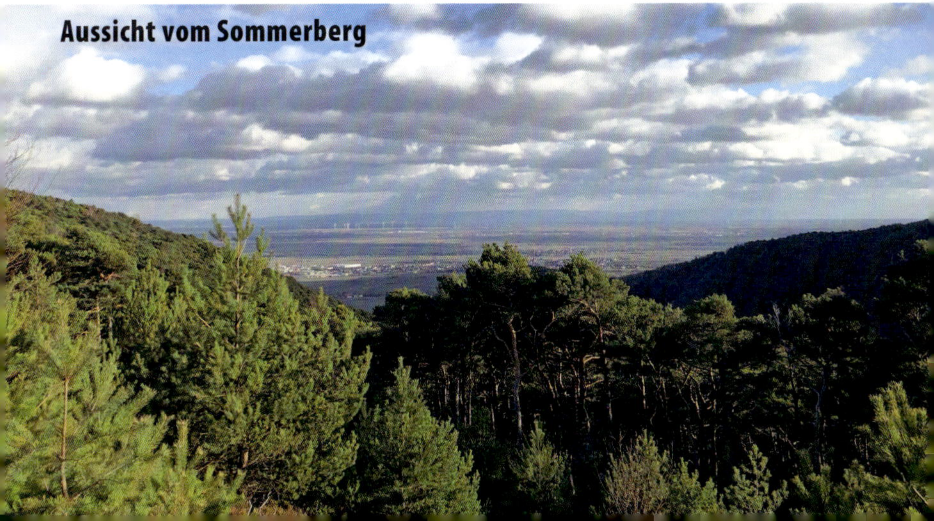

*Das Hambacher Fest, das am 27. Mai 1832 am **Hambacher Schloss** gefeiert wurde, gilt als eines der bedeutendsten Ereignisse der deutschen Demokratiegeschichte. Die Teilnehmer forderten u. a. Presse- und Meinungsfreiheit sowie die Gleichberechtigung der Frauen.*

Weinsteig (rot-weiße Markierung) und laufen einmal um den Sommerberg herum. Hin und wieder haben wir Aussicht nach Südosten. Einen besonders schönen **Aussichtspunkt** 8 können wir nicht unbeachtet lassen. Für einen kurzen Ruhemoment setzen wir uns dort auf die Holzbank. Traumhaft schön ist dieser Abschnitt um den Sommerberg, mit seinem weichen Waldboden und den vielen Ausblicken in die Rheinebene – ein Weg für alle Sinne.

Dem Pfälzer Weinsteig folgen wir weiter bis zum **Hambacher Schloss** 9, wo wir uns Zeit für eine Besichtigung nehmen, um in die Geschichte der deutschen Demokratie einzutauchen. Zum Abschluss kehren wir im **Restaurant 1832** 10 ein, das sich auf dem Gelände des Schlosses befindet.

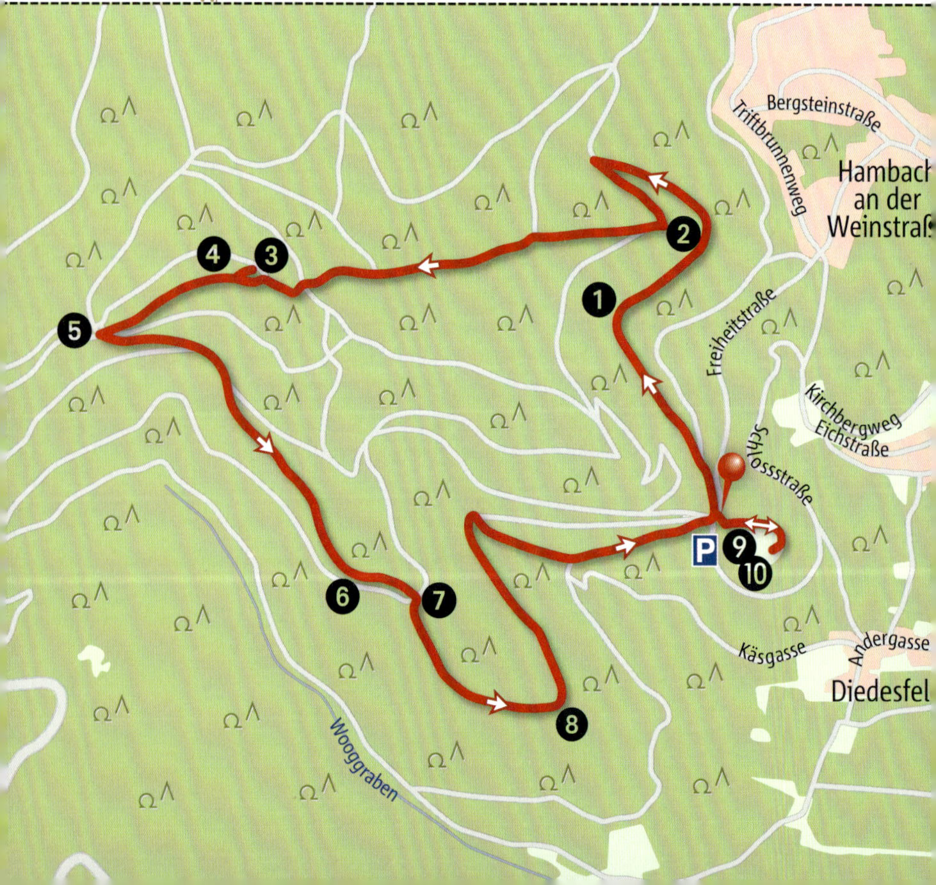

Alles auf einen Blick

WIE & WANN:

Breite, weiche Waldwege, schmale Pfade mit steigähnlichen Abschnitten; ganzjährig schön, bei Schnee- und Eisglätte Pfade zur Hohen Loog eventuell nicht begehbar

HIN & WEG:

Auto: Über A 65 oder B 37 bis Ausfahrt Neustadt/Weinstr. Süd, weiter über B 39 (Lachener Straße) und die K 9 bis nach Hambach, Parkplätze befinden sich in unmittelbarer Schlossnähe (Einbahnverkehr), (GPS: 49.325950, 8.116170)

ÖPNV: Mit dem Zug nach Neustadt an der Weinstraße (Hbf.), weiter mit Buslinie 502 bis Haltestelle „Hambacher Schloss"

ESSEN & ENTSPANNEN:

Hohe-Loog-Haus ❹ 67434 Neustadt an der Weinstraße,
Hüttentel. (0 63 21) 48 00 92, www.pwv-hambach.de

Restaurant 1832 ❿ Hambacher Schloss 1832, 67434 Neustadt an der Weinstraße,
Tel. (0 63 21) 9 59 78 80, www.hambacherschloss.eu/restaurant

ENTDECKEN & ERLEBEN:

Michelsquelle ❶
Hambacher Bergstein ❷
Hohe Loog ❸ (619 m über NN)
Rastplatz Bildbaum ❺
Rastplatz Sommerberg ❻

Entspannung ★★★☆☆
Genuss ★★★★☆
Romantik ★★★☆☆

Sommerberghütte ❼
Aussichtspunkt ❽
Hambacher Schloss ❾ Schlossstraße, 67434 Neustadt an der Weinstraße

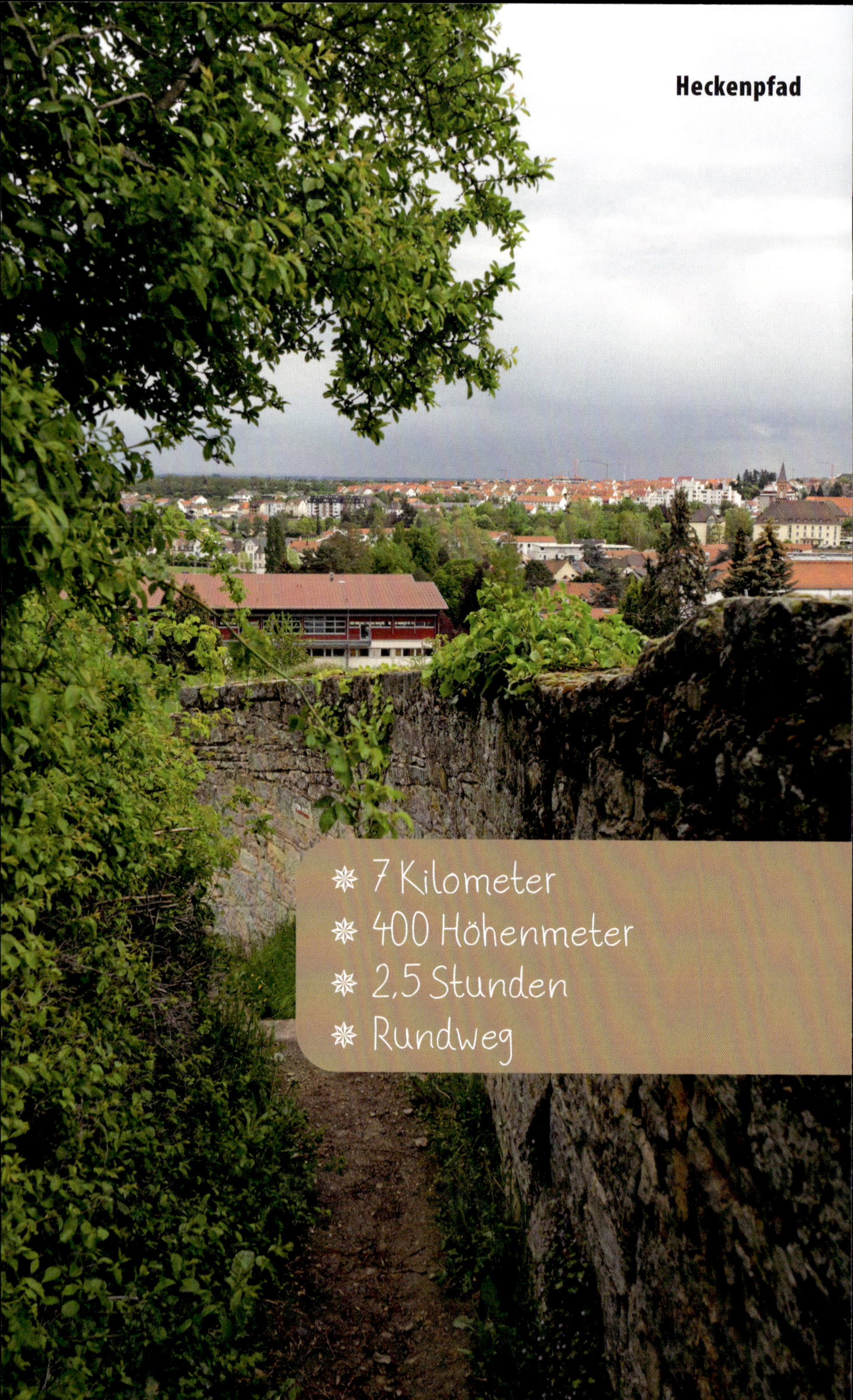

- 7 Kilometer
- 400 Höhenmeter
- 2,5 Stunden
- Rundweg

Eine kleine Runde mit großer Geschichte wandern wir oberhalb von Bad Dürkheim. Dabei finden wir sowohl Spuren der Kelten als auch der Römer. Zum Abschluss haben wir genügend Zeit, in der schönen Kurstadt zu flanieren und uns an der gastronomischen Vielfalt zu erfreuen. Unsere Wanderung beginnt in der **St.-Michaels-Allee** am **Dürkheimer Riesenfass** (1), dem größten Weinfass der Welt.

Nach Überqueren der **Kaiserslauterer Straße** folgen wir dem **Wegzeichen roter Balken.** Am Weingut Ritter laufen wir vorbei in die **Leistadter Straße** bis zur nächsten Kreuzung. Hier biegen wir in den **Heckenpfad** ab, der in einen ansteigenden Wanderweg übergeht. Entlang einer alten Sandsteinmauer führt uns der Pfad in großzügigem Zickzackkurs an den Waldrand.

Dem breiten Querweg folgen wir nach rechts und dann immer geradeaus. Nach dem kleinen Waldabschnitt geht unser Weg kurzzeitig auf Kopfsteinpflaster weiter und führt dann als Feldweg die Wingert entlang. Über die geschwungenen Weinberge schauen wir in die Rheinebene und bei klarer Sicht bis zum

*Seit 600 Jahren findet der **Dürkheimer Wurstmarkt** auf den Brühlwiesen statt. Über 680.000 Besucher strömen jährlich im September auf das größte Weinfest der Welt, das mit einer Auswahl von rund 300 Weinen die Herzen aller Weinfreunde höher schlagen lässt.*

Kelten & Römer

Zeitreise bei Bad Dürkheim

Odenwald. An der Weggabelung geht es steil aufwärts nach links in die Straße **Am Schlamberg.** Nachdem wir die letzten Häuser hinter uns gelassen haben, wandern wir wieder in den Wald und freuen uns über den Waldboden unter unseren Füßen. Auf Höhe des Schützenhauses zweigt der Weg mit der Markierung roter Balken nach rechts ab. Wir aber biegen hier links ab und befinden uns kurzzeitig auf einem unmarkierten Waldpfad. Es befindet sich ein Gemarkungsstein direkt am Abzweig links. Etwa 100 Meter nach dem Abzweig gelangen wir an eine Wegkreuzung, an der wir erneut nach links abbiegen. Nach 300 Metern zweigt in einer Kurve ein Pfad nach rechts ab, der zu ein paar Stufen im Wald hinaufführt. Diesem Pfad folgen wir in leichtem Anstieg geradeaus, bis wir zur **Trimm-dich-Station Nummer 13** gelangen. An der Station wenden wir uns nach links und laufen den steilen Weg hinauf zum **Teufelsstein** ❷, dessen Spitze wir bereits erkennen können.

*Der **Teufelsstein** ist ein Berg, auf dessen Kuppe sich der gleichnamige Findling befindet. Den Bearbeitungsspuren zufolge diente der Stein in früherer Zeit als kultisches Objekt. Fünf in den Stein gehauene Stufen führen nach oben zu einer Mulde, die als Opferschale für religiöse Riten gedeutet wird.*

Hier oben befinden sich Picknickplätze, die wir sofort in Beschlag nehmen. Neugierig klettern wir auf den Teufelsstein, und entdecken eine Opfermulde. Fasziniert erkunden wir den Stein von allen Seiten und finden Zeichen und Symbole aus verschiedenen Epochen.

Ein Schilderbaum in der Nähe der Sitzgruppe gibt uns die **Richtung Kaiser-Wilhelm-Höhe** an (1,3 Kilometer). Die rot-weiße **Wegmarkierung Pfälzer Weinsteig** wird uns dorthin führen. Auf einem herrlichen Waldpfad wan-

Kaiser-Wilhelm-Höhe

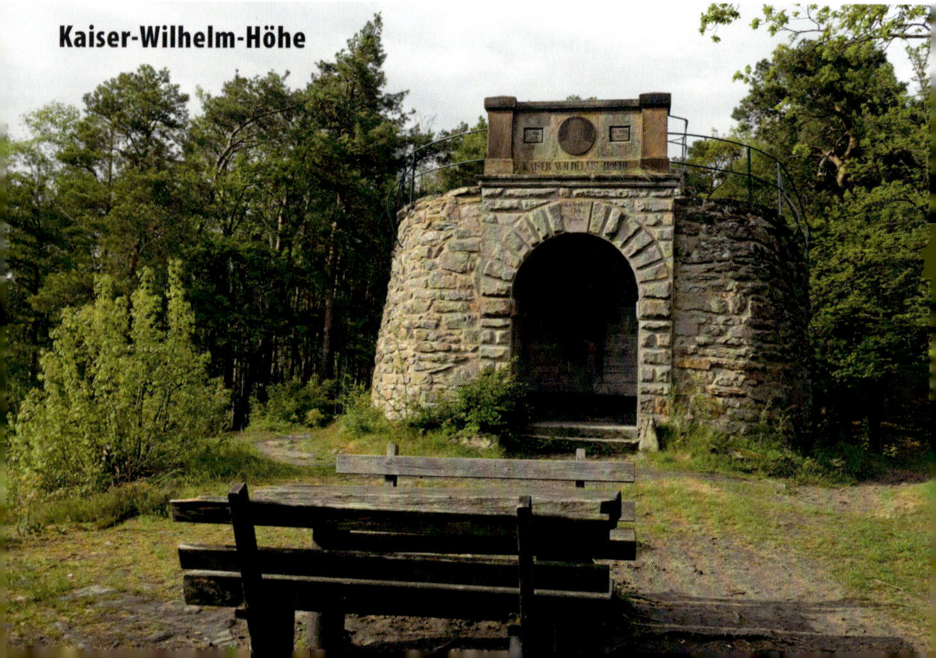

dern wir um den Berg herum und folgen dem Wegzeichen sanft bergab. Kiefernwald und Mischwald wechseln sich ab, und wir genießen die Waldruhe. An einer weißen Bank orientieren wir uns nach links und sehen auch schon unser Zeichen am Baum. Wenige Gehminuten später können wir links einen Teil des Ringwalls erkennen. An der Wegkreuzung vor dem Wall zweigt nach links ein schmaler Pfad ab. Diesen kurzen Abstecher machen wir, um zum **Ritterstein Heidenmauer** ③ zu gelangen. Wieder zurück auf dem Weinsteig laufen wir am **Keltischen Ringwall Heidenmauer** ④ entlang, dessen Höhe wir auf 10 Meter schätzen. Während wir an dem Wall entlanggehen, stellen wir nach ein paar Minuten fest, dass wir uns völlig entspannt fühlen.

*Die **Heidenmauer** oberhalb von Bad Dürkheim ist ein 2,5 Kilometer langer keltischer Ringwall, der um das Jahr 500 v. Chr. errichtet wurde. Vermutlich schützte er die älteste Stadt der Pfalz. Der Grundriss der Anlage ähnelt einem gespannten Bogen.*

Am südlichsten Punkt der Ringwallanlage angekommen, machen wir einen kurzen Abstecher zum Aussichtspunkt **Kaiser-Wilhelm-Höhe** ⑤. Über ein paar Stufen gelangen wir auf die Plattform des Denkmals, die uns einen tollen Blick auf die gegenüberliegende Klosterruine Limburg ermöglicht. Es lohnt sich, einmal um den turmartigen Bau herumzulaufen, denn

Für die Seele

Im Steinbruch lassen wir das Kind in uns auf Entdeckungstour gehen und finden kleine Tier- und Pflanzenwelten zwischen dem Gestein.

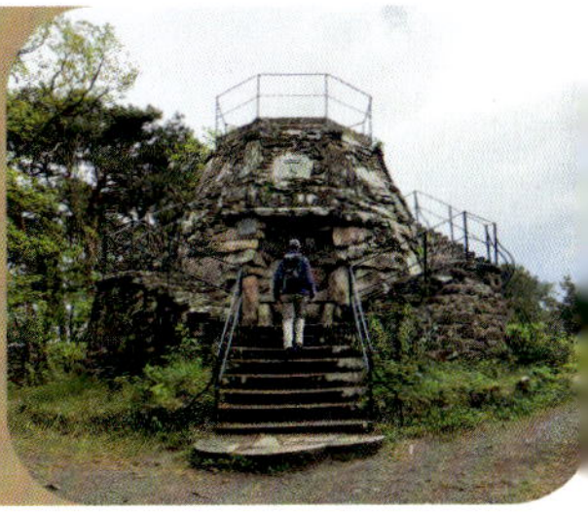

auf dessen Südseite ist eine Schutzhöhle im Gemäuer eingelassen.

Zurück auf dem Pfälzer Weinsteig setzen wir unsere historische Wanderung fort. Ein herrlicher Waldpfad bringt uns zum nächsten kulturellen Höhepunkt, dem Römischen Steinbruch Kriemhildenstuhl. Knapp 10 Minuten sind wir unterwegs, bis wir

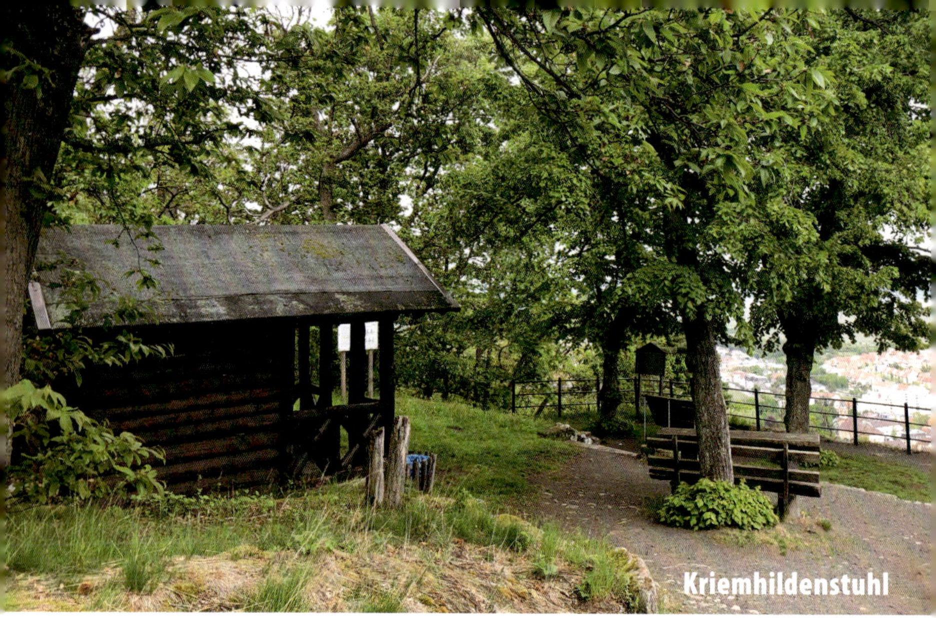
Kriemhildenstuhl

*Der **Kriemhildenstuhl** war ein römischer Steinbruch, einer der größten nördlich der Alpen. An seinen Felswänden sind Zeichen zu sehen, die von römischen Legionären und Steinbrucharbeitern stammen. Im 2. und 3. Jahrhundert bauten die Römer hier große Buntsandsteinquader ab, die für Bauten in Worms und Mainz genutzt wurden.*

einen ersten Blick auf den Steinbruch unter uns werfen können. An der **Schutzhütte auf dem Kriemhildenstuhl** 6 machen wir kurz Rast und lassen das Panorama in die Rheinebene auf uns wirken. Sogar die Erhebungen des Odenwalds zeichnen sich deutlich am Horizont ab. Zum Entschleunigen und Abschalten ist dies hier ein geeigneter Platz. Hinunter zum Steinbruch gelangen wir, wenn wir dem Weinsteig weiter folgen, zuerst ein paar Steinstufen hinab, dann leicht bergab auf einem schmalen Pfad. Weitere Stufen führen uns an den Fuß des **Römischen Steinbruchs Kriemhildenstuhl** 7.

Einige gefährdete Tierarten haben hier im Steinbruch ihren Lebensraum gefunden. Interessiert informieren wir uns an den Tafeln und erkunden das Gelände. Auf einer der Holzbänke bleiben wir noch eine Weile sitzen und genießen die Aussicht.

In welche Richtung wir nun weiterlaufen, zeigt uns der Wegweiser am Steinbruch. Es geht auf dem **Pfälzer Weinsteig** nach links **Richtung Schaeferwarte** (500 m). Bergab wandern wir gemütlich auf einem malerischen Waldpfad. Der Weg macht eine spitze Kehre nach rechts, dann wieder eine nach links, und wir laufen direkt auf die **Schaeferwarte** 8 zu. Zum letzten Mal auf unserer Wanderung haben wir einen Weitblick auf die Südpfalz, bevor es auf dem Weinsteig Richtung Stadt geht.

Über Steinstufen steigen wir hinab und wandern auf einem schmalen Pfad eine Sandsteinmauer entlang. Der Pfad ist steil und wird immer wieder von Stufen unterbrochen. Weiter der Wegmarkierung Pfälzer Weinsteig folgend, gelangen wir auf die Sonnenwendstraße und biegen rechts in die **Vigilienstraße** ab. Am Hinweisschild zur **Pfälzer Weinstube zur Keschdedell** gehen wir links die Steinstufen hinunter Richtung Stadtmitte. An der querenden Hinterbergstraße biegen wir links und nach wenigen Metern rechts ab in die **Gartenstraße.** Hier laufen wir einen Schlenker, bevor wir durch die **Unterführung der Kaiserslauterer Straße** gehen. Unsere Wegmarkierung führt uns durch ein Tor und geradeaus steil aufwärts bis zur T-Kreuzung **Kaiserslauterer Straße.** Nun geht es nach links bis zum **Römerplatz 9,** wo wir uns ein nettes Plätzchen zur Einkehr in einem der Gastronomiebetriebe suchen.

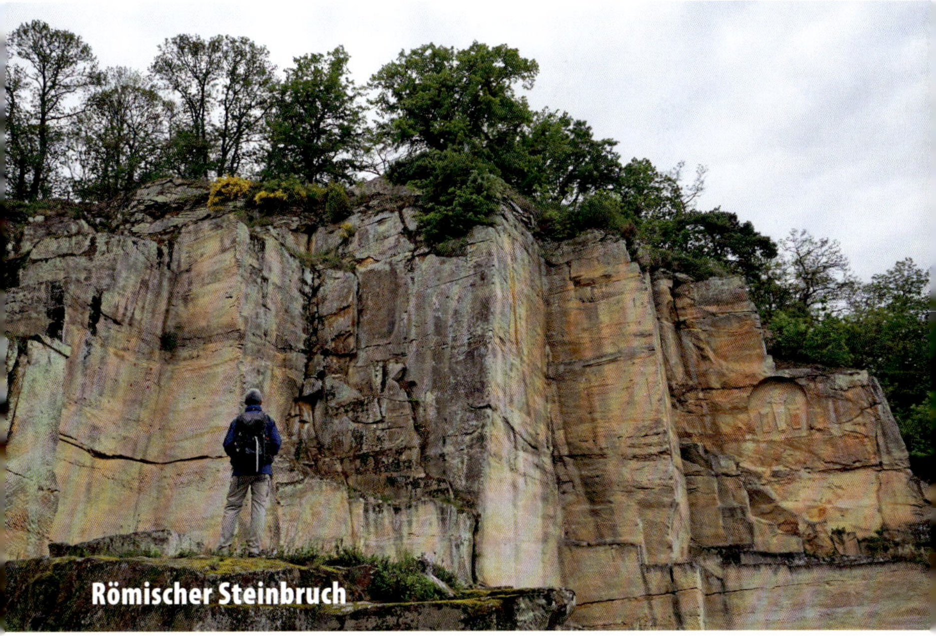

Römischer Steinbruch

Vom Römerplatz sind es nur wenige Gehminuten die Mannheimer Straße entlang bis zum Bahnhof. Am Bahnhof gehen wir links in die **Kurgartenstraße** und folgen ihr bis zum **Kurgarten ⑩.** Direkt zum Parkplatz gelangen wir, indem wir an der Kirche **St. Ludwig (Ludwigsplatz)** nach rechts in den Kurpark laufen und dem **Wanderweg Deutsche Weinstraße** (grüne Traubenrispe auf weißem Grund) durch den Park in die **St.-Michaels-Allee** folgen.

Als Abschluss der Wanderung ist zielloses Lustwandeln in der schönen Parkanlage ein richtiger Seelenschmeichler und herrlich entspannend. Als Orientierungspunkt merken wir uns die **Brunnenhalle,** von dort gelangen wir dann über die **Schlossgartenstraße** zurück zum Parkplatz.

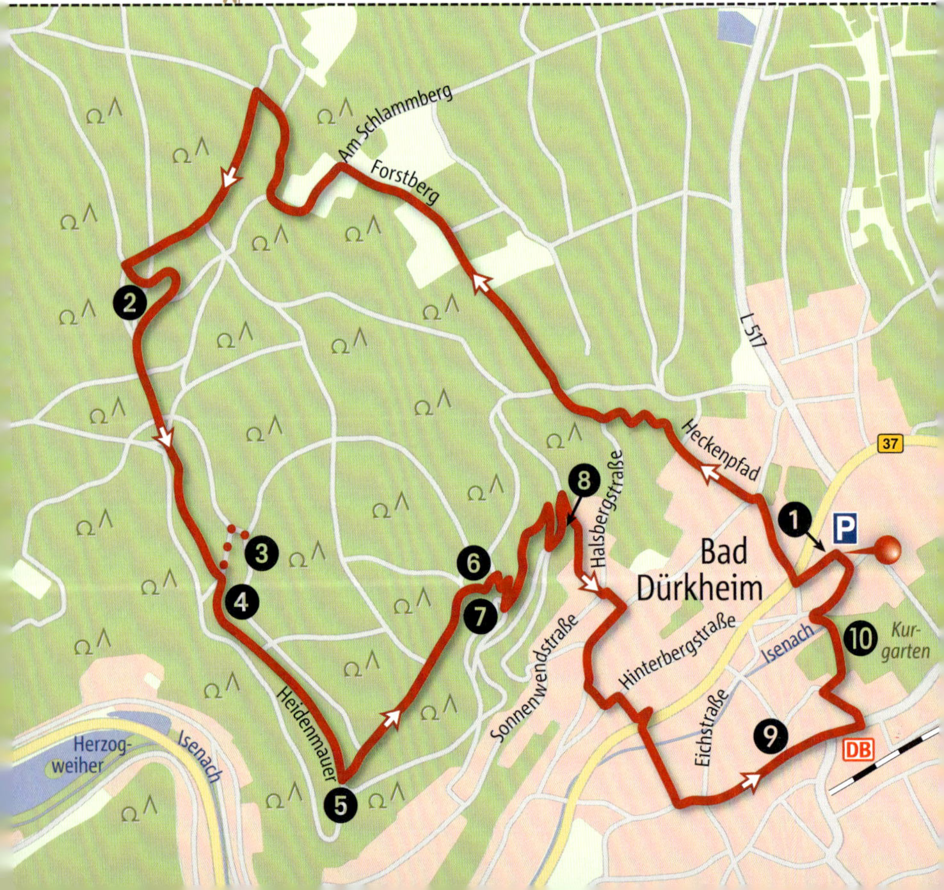

Alles auf einen Blick

WIE & WANN:
Breite Waldwege und Pfade, Landwirtschaftswege entlang der Weinberge, asphaltierte Straßen in der Stadt; ganzjährig schön

HIN & WEG:
Auto: Parken am Wurstmarkt, St.-Michaels-Allee, 67098 Bad Dürkheim.
(GPS: 49.466018, 8.171886)
ÖPNV: Von Neustadt/Weinstraße oder Freinsheim/Grünstadt mit dem Zug nach Bad Dürkheim; von Mannheim/Ludwigshafen mit der Straßenbahnlinie 4 und 9 nach Bad Dürkheim

ESSEN & ENTSPANNEN:
Dürkheimer Fass ❶ St.-Michaels-Allee 1, 67098 Bad Dürkheim, Tel. (0 63 22) 21 43
Diverse Cafés und Gastronomie am Römerplatz ❾

ENTDECKEN & ERLEBEN:
Teufelsstein ❷
Ritterstein Heidenmauer ❸
Keltischer Ringwall Heidenmauer ❹
Kaiser Wilhelm Höhe ❺
Schutzhütte auf dem Kriemhildenstuhl ❻
Römischer Steinbruch Kriemhildenstuhl ❼
Schaeferwarte ❽ **Kurgarten** ❿

Entspannung ★★★★☆
Genuss ★★★★☆
Romantik ★★★☆☆

Burg Bergwartstein

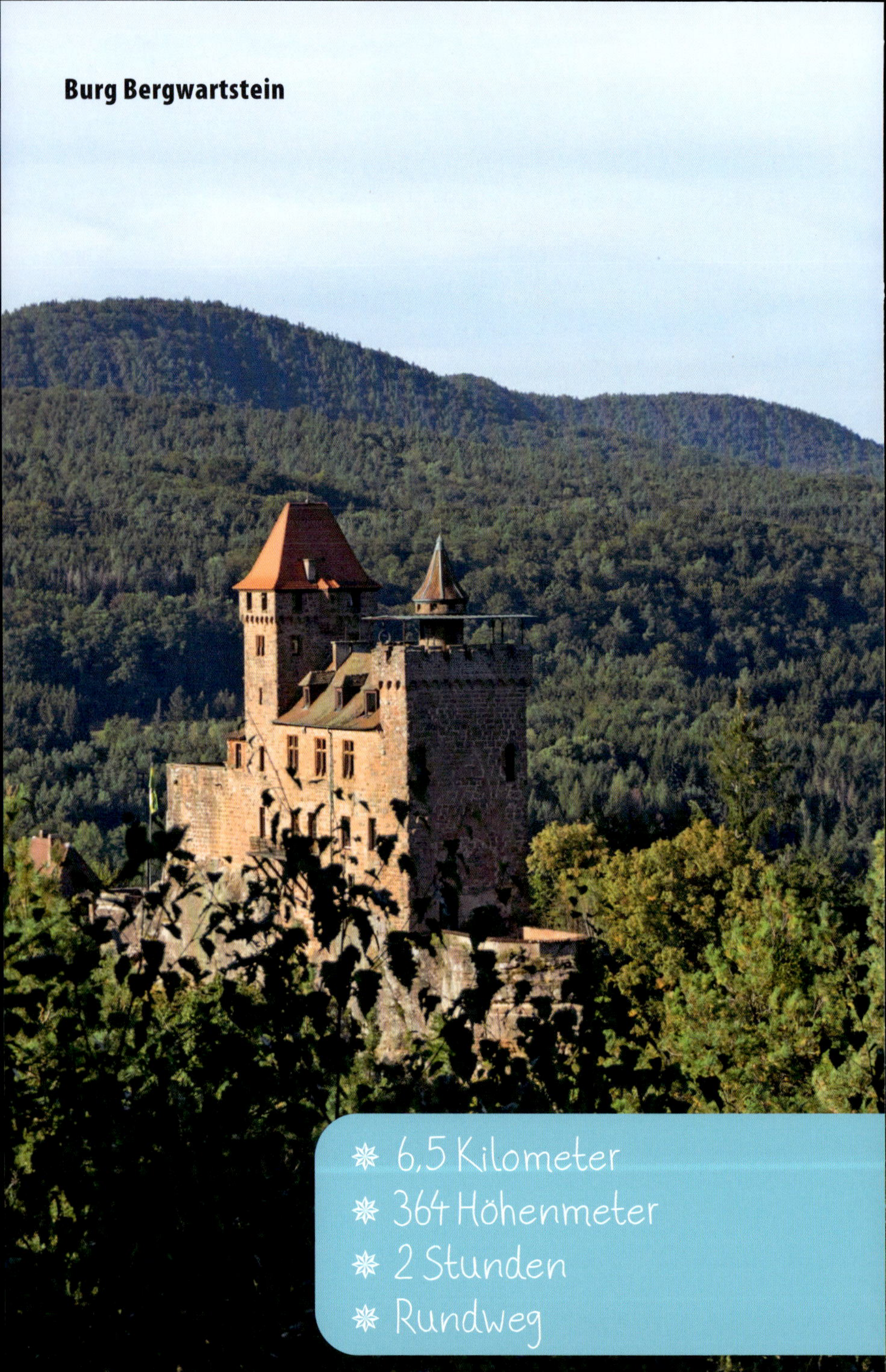

- 6,5 Kilometer
- 364 Höhenmeter
- 2 Stunden
- Rundweg

Auf Ritters Pfaden

Rund um die Burg Berwartstein

Eine der schönsten Burgen im Pfälzerwald werden wir auf dieser Wandertour kennenlernen. Bei sommerlichen Temperaturen können wir uns anschließend im Seehofweiher erfrischen.

Unsere Wanderung beginnt am Parkplatz unterhalb der **Burg Berwartstein.** Wir laufen zwischen Wiesen die Straße hinunter und folgen der **Wegmarkierung Hans-Trapp-Tour** (schwarzer Ritterhelm auf weißem Grund). An der Weggabelung laufen wir nach rechts und biegen bereits nach wenigen Metern an der Wegkreuzung scharf links ab. Auf einem breiten Forstweg laufen wir in den Wald hinein. Ohne nennenswerte Steigung wandern wir geradeaus durch Mischwald. Schon nach wenigen Minuten Gehzeit wird der Weg weicher und sandiger.

Am Wegesrand sehen wir einen Holzpfosten mit unserer Wegmarkierung, die uns nach rechts auf einen sehr schmalen, sandigen Pfad leitet. Steil geht es die ersten Meter aufwärts. Rechts und links des Weges wachsen Farne, Heidekraut, Blaubeersträucher und junge Bäumchen. Hintereinander wandern wir in leichtem Anstieg den Berg hinauf und gewinnen schnell an Höhe. Links unter uns schauen wir auf das Dorf **Erlenbach,** hinter uns zur **Burg Berwartstein.**

Die letzten paar Meter des Pfads werden wieder etwas steiler, bevor wir auf einen Querweg stoßen. Unser Wegzeichen leitet uns nach rechts, und wir laufen nun auf einem breiten Waldweg. Um uns herum wachsen hohe Kiefern und Buchen. Auch ein paar Eichen haben sich ins Waldbild gesellt. Unser Weg beginnt leicht anzusteigen. Bevor wir der Wegmarkierung nach links den Berg hoch folgen, haben wir nach rechts eine herrliche Aussicht auf die Burg. Nun führt ein schmaler Pfad links hinauf zu einer Sitzbank. In den Sandboden eingearbeitete Steinstufen helfen uns beim Aufstieg. Auf der Bank ruhen wir uns kurz aus und haben freie Sicht auf die Burg.

Auf einem schönen Waldpfad geht es weiter bergauf. Wie ein weicher Nadelteppich fühlt sich der Boden unter unseren Füßen an. Steile und flache Passagen wechseln sich ab. Mehrmals haben wir schöne Aussichten zur Burg Berwartstein. Die letzte Aufwärtskurve, bevor wir erneut auf einen querenden Weg stoßen, ist links und rechts mit Farnen überwuchert. Wir müssen aufpassen, dass wir uns nicht darin verheddern. Auch hier erleichtern Steinstufen den Aufstieg. Auf dem Querweg sehen wir einen Wegpfosten, der uns nach links leitet. Wenige Meter weiter gelangen wir an einen Schilderbaum, der uns einen Abstecher zum Schmiedelfelsen vorschlägt. Über einen schmalen, weichen Pfad gelangen wir in großzügigen Kehren hinauf zum **Schmiedelfelsen** 1,

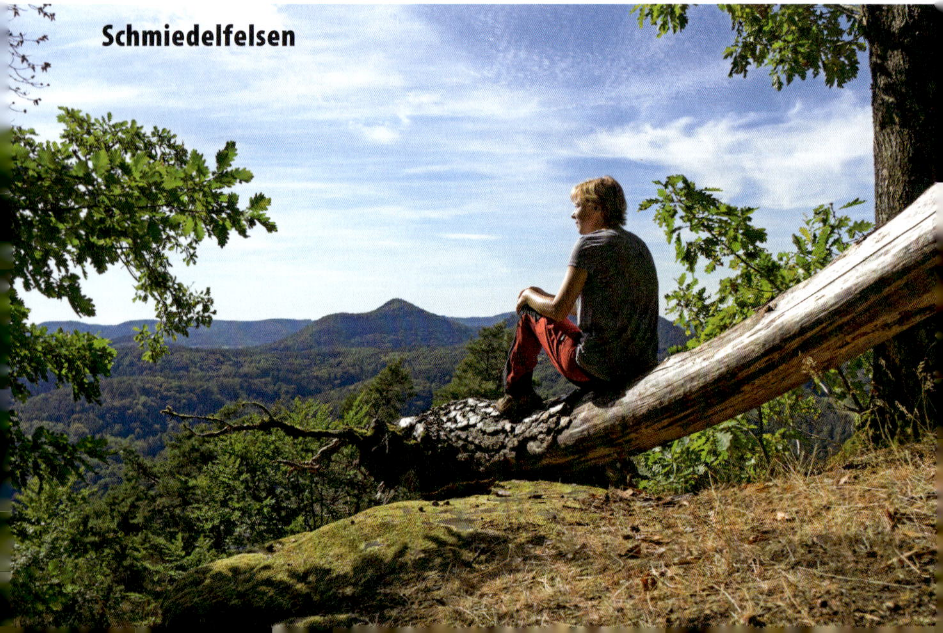
Schmiedelfelsen

mit 400 Metern der höchste Punkt unserer Rundwanderung. Ein tolles Panorama liegt vor uns, wir können weit über die Erhebungen des Wasgaus schauen.

Wir steigen wieder hinunter und biegen rechts auf den Waldweg ab. In einem Bogen laufen wir um den Berg herum. Hier wachsen die Bäume etwas dichter, auch Ginster hat sich dazwischen angesiedelt und sorgt im Mai für gelbe Farbtupfer. Auf dieser Bergseite ist es deutlich stiller, und in der Luft liegt ein angenehm süßlicher Duft, der von den Douglasien stammt, die nun das Waldbild bestimmen. Mit mächtigen Stämmen ragen sie in die Höhe, es sind die **höchsten Douglasien Süddeutschlands.** Wir laufen weiter geradeaus und folgen der Wegmarkierung stetig bergab. Es wechseln sich Abschnitte mit Mischwald und Nadelwald ab. An ihrem süßlichen Duft merken wir es sofort, wenn sich Douglasien in der Nähe befinden.

Nach einer Kurve finden wir uns in einer Waldzone mit altem Baumbestand wieder. Kräftige Baumriesen ragen um uns herum in den Himmel. Angezogen vom betörenden Duft der Nadelbäume, schnuppern wir neugierig an der Rinde einer Douglasie. Mit all unseren Sinnen nehmen wir die Atmosphäre in diesem Waldabschnitt wahr.

Weiter geht es auf dem breiten Waldweg talwärts. Wir passieren eine Schranke und hören Autogeräusche, die Landstraße ist nicht mehr weit. An einer Weggabelung biegen wir scharf nach rechts ab. Erneut nehmen wir den Duft von Douglasien wahr. Ihre Na-

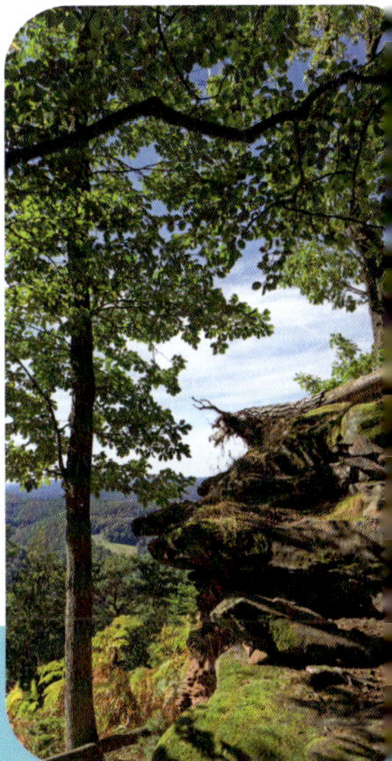

Für die Seele

Wir sitzen am Ufer des Weihers, beobachten die Wasseroberfläche und genießen die regenerative Stille.

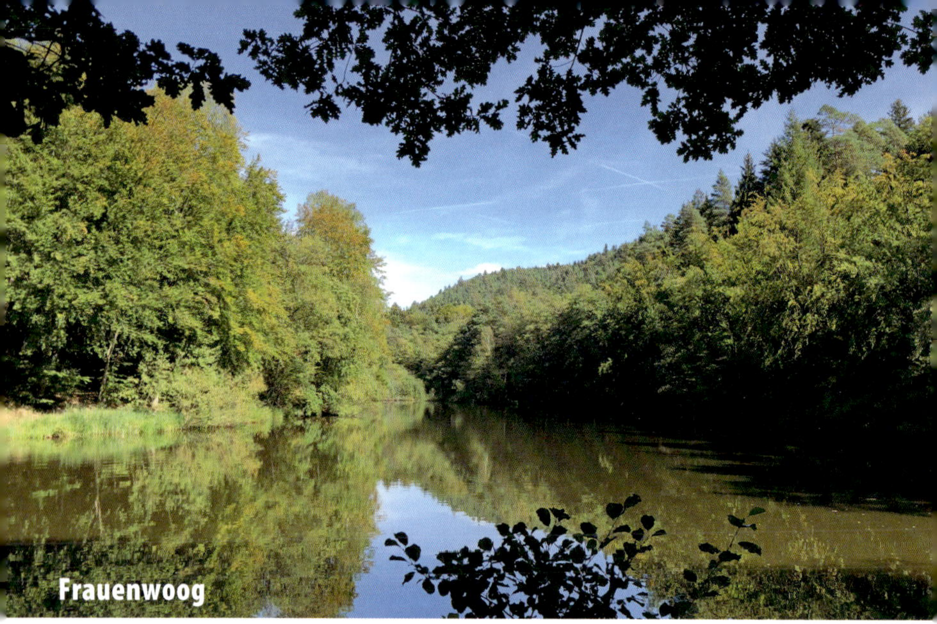

deln polstern den Weg, auf dem wir laufen. Nach einer Linkskurve wandern wir talwärts, auf einem weichen Waldweg, durch herrlichen Buchenwald mit altem Baumbestand. Nach einer Rechtskurve kommen wir auf einen asphaltierten Fahrweg. Direkt nach der Kurve zweigt die Hans-Trapp-Tour nach links ab. Wir aber folgen der unmarkierten Straße weiter, die an den **Niederungen des Portzbachs** ② entlangführt.

Von der Straße aus schauen wir hinunter in eine völlig andere Welt. Sumpfgras und Lilien können wir im schlammigen Morast erkennen. Sonnenstrahlen geben dem sumpfigen Feuchtbiotop eine faszinierende Lichtstimmung. Das Feuchtgebiet wird gespeist vom **Frauenwoog** ③, an dem wir nach wenigen Gehminuten vorbeilaufen. Am nördlichen Frauenwoog stoßen wir auf den von links kommenden **Kapellen-Pilgerweg**, dem wir von nun an folgen werden. Die dazugehörige Wegmarkierung ist das „violette Kreuz auf weißer Raute", sie leitet uns weiter geradeaus. An einer Wegspinne wenden wir uns nach links Richtung Hirzeckhaus. Linker Hand entdecken wir am Ufer eines kleinen Weihers einen nett gestalteten Unterstand, ein **Rastplatz** ④, an dem wir eine Pause einlegen.

Am Wasser zu sitzen und der Natur zu lauschen wirkt auf uns ausgesprochen regenerativ. Ab und zu blubbert ein Fisch an die Wasseroberfläche. Wie ein Wasserfall rauscht der Zulauf des Portzbachs in den Weiher.

Ausgeruht und entspannt setzen wir unseren Weg fort und wandern geradeaus an weiteren Weihern entlang. Auffällig ist die Stille dieses Wegabschnitts. Einsam liegt ein Boot am Ufer eines Fischweihers – was für eine idyllische Szenerie.

Nach kurzer Wanderzeit erreichen wir den **Seehofweiher 5**. Im Weiher ist Baden erlaubt, entsprechend ist in den Sommermonaten hier reger Betrieb.

Auf dem Kapellen-Pilgerweg laufen wir oberhalb der Liegewiese und des Badestrands hinter dem **Kiosk am Seehof 6** vorbei, passieren eine Schranke und gelangen zum Parkplatz. Ab hier folgen wir dem **Wegzeichen des Pfälzer Waldpfads** (grünes Blatt auf weißem Grund) und wenden uns am grünen Strommast nach links. Der Waldpfad führt vom Parkplatz links in den Wald hinein. Der Pfad beginnt zwischen zwei weißen Hinweisschildern, die auf Sicht an zwei Bäumen be-

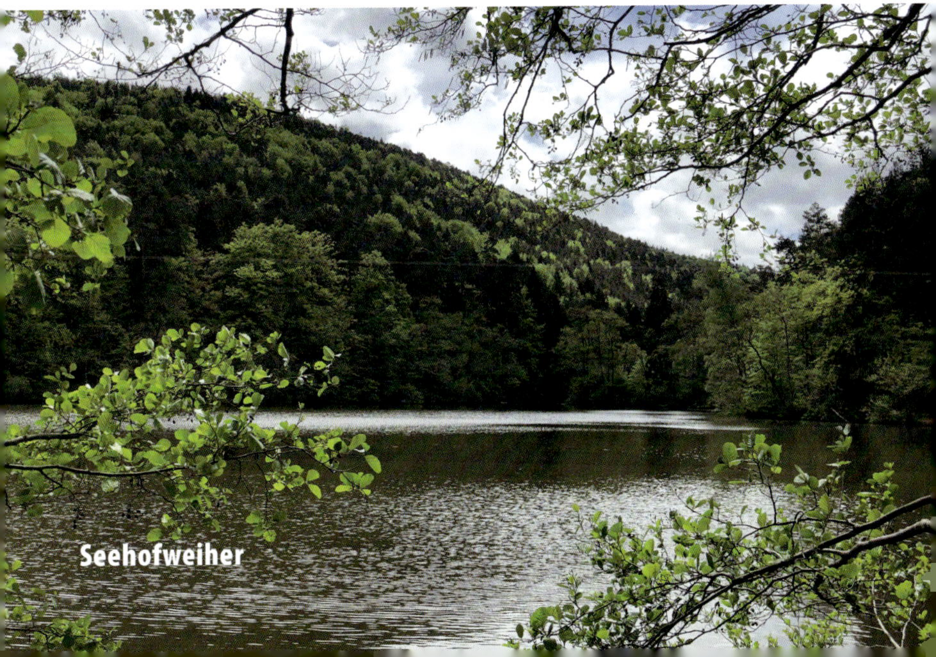

Seehofweiher

Erfrischungstour 17

***Berwartstein** ist die einzige bewohnte Burg im Pfälzerwald und gehört zu den interessantesten Wehrbauten des Mittelalters. Während der Führung dürfen Besucher die Folter- und Waffenkammer sowie die geheimnisvollen unterirdischen Gänge besichtigen.*

festigt sind. Auf weichem Waldboden wandern wir etwa 400 Meter durch mystisch anmutenden Mischwald. Nach dieser Passage folgt ein kurzer, steiler Sandweg, der uns bergan zur Straße führt. Oben angelangt erkennen wir die Wegspinne wieder, an der wir zu Beginn unserer Wanderung auf die Hans-Trapp-Tour abgebogen sind.

Wir wenden uns nach links und gehen geradeaus über den Parkplatz hoch zur **Burg Berwartstein** 7. Die mittelalterliche Burg, die einst von Hans Trapp – dem Namensgeber der Wandertour – bewohnt wurde, bietet täglich Besichtigungen der Burganlage an. Zum Abschluss unserer entspannenden Wandertour kehren wir im historischen Rittersaal der **Burgschänke** 8 ein.

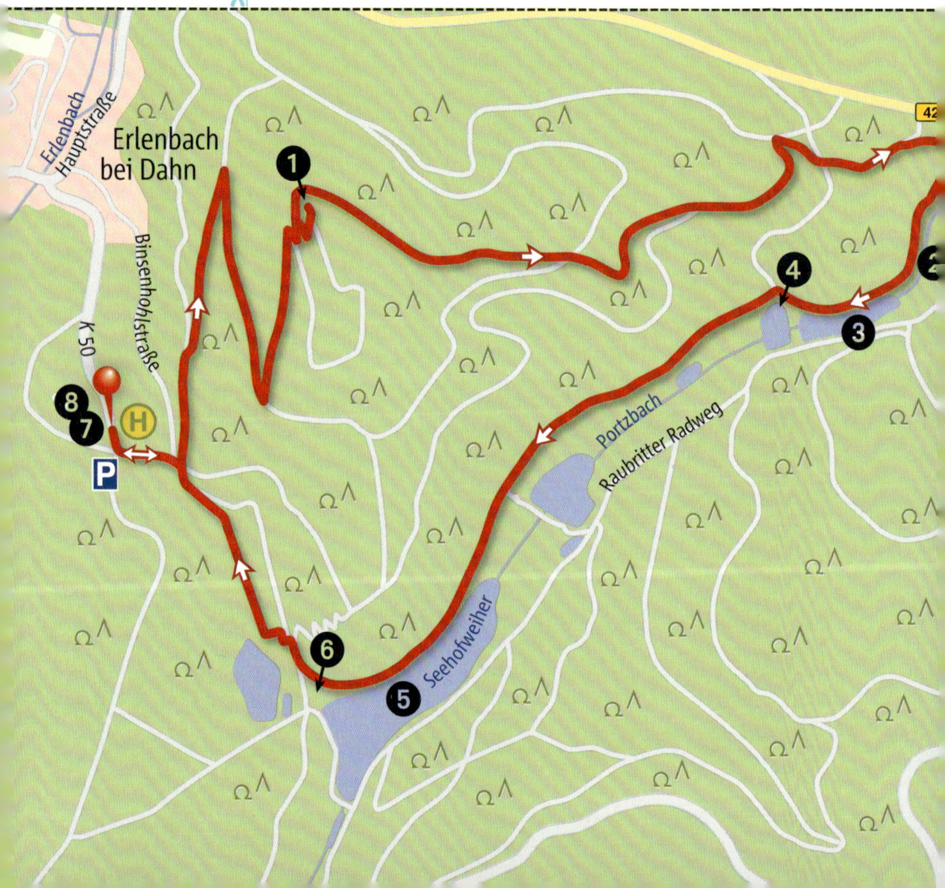

Alles auf einen Blick

WIE & WANN:
Breite Wald- und Sandwege, teilweise geschotterte Natur- und Forstwege, schmale Pfade, Asphaltweg entlang des Frauenwoogs; ganzjährig schön, in den Sommermonaten Badegelegenheit im Seehofweiher

HIN & WEG:
Auto: Beschilderung ab Erlenbach bei Dahn, Parkplatz unterhalb der Burg Berwartstein, (GPS: 49.107371, 7.864220)
ÖPNV: Mit dem Zug bis Bad Bergzabern, weiter mit Buslinie 545 (Richtung Dahn) zur Haltestelle „Erlenbach Seehof/Berwartstein" (sonntags), Haltestelle „Berwartstein" (wochentags)

ESSEN & ENTSPANNEN:
Kiosk am Seehof 6 Tel. (0 63 98) 9 93 21 21
Burgschänke 8 Burg Berwartstein 1, 76891 Erlenbach, Tel. (0 63 98) 2 10, www.burgberwartstein.de

ENTDECKEN & ERLEBEN:
Schmiedelfelsen (auch Schniddelfelsen) 1
Niederungen des Portzbachs 2
Frauenwoog 3
Rastplatz 4
Seehofweiher 5
Burg Berwartstein 7 Burg Berwartstein 1, 76891 Erlenbach, Tel. (0 63 98) 2 10, www.burgberwartstein.de, tägliche Burgführungen

Entspannung ✱✱✱✱✱
Genuss ✱✱✱✱✱
Romantik ✱✱✱✱✱

Sondernheimer Altrhein

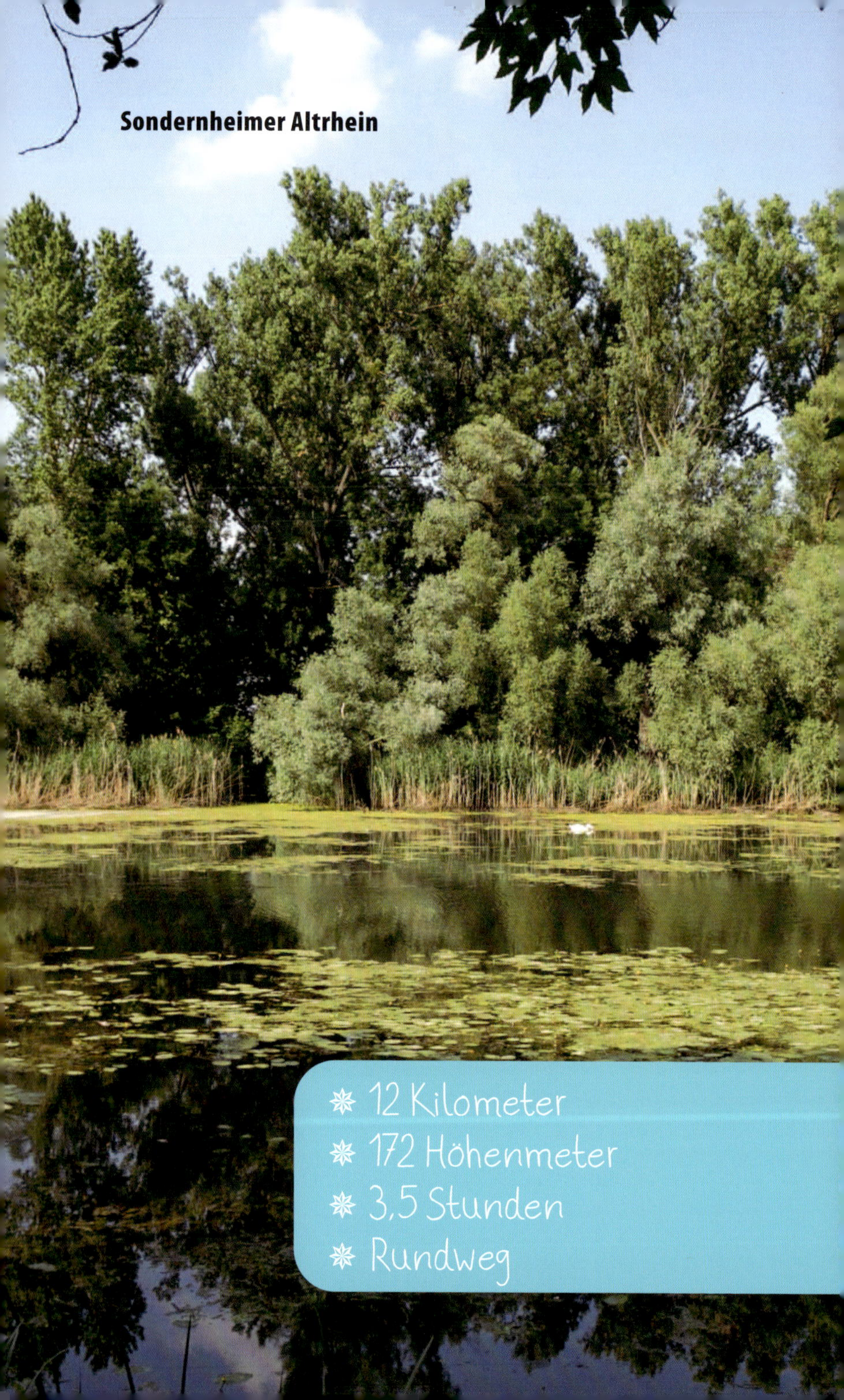

- 12 Kilometer
- 172 Höhenmeter
- 3,5 Stunden
- Rundweg

Durch die unberührte Schönheit der urwüchsigen Rheinauen wandern wir auf dem **Treidlerweg** an blühenden Wiesen und Mangrovenwäldern vorbei bis zum Rhein. Der Premiumwanderweg führt durch eine der wenigen international geschützten und noch ökologisch intakten Auenlandschaften.

Am Wanderparkplatz in Hördt beginnen wir unsere Rundwanderung und folgen der blau-weiß-grünen **Wegmarkierung Treidlerweg.** Gleich zu Beginn unserer Tour bekommen wir auf der **Brücke über den Michelsbach** ① einen ersten Einblick in die atemberaubende Wasserwildnis der Hördter Rheinauen. Direkt hinter der Brücke gabelt sich der Weg, und wir nehmen den linken Abzweig. Geradeaus wandern wir auf einem Feldweg am Michelsbach entlang und bewundern unzählige **Tulpenbäume,** die links am Weg wachsen.

Ab und zu erhaschen wir einen Blick in die Wildnis auf der linken Seite. An einer Wegkreuzung gehen wir direkt weiter auf einen erdigen Waldweg und nehmen zunehmend eine landschaftliche Veränderung wahr: Wilde, ungezähmte Natur umgibt uns, Totholz liegt kreuz und quer, dazwischen sumpfige Areale. Wir stoßen auf einen geschotterten Fahrweg und biegen links ab, der Wegmarkierung weiter folgend. Einen Parkplatz lassen wir rechts liegen und gehen geradeaus weiter in einen Mischwald hinein. Es ist unglaublich, was die Natur hier für ein Paradies geschaffen hat.

*In den Rheinauen hat der aus Nordamerika stammende **Tulpenbaum** einen guten Nährboden gefunden. Während seiner Blütezeit von Mai bis Juni trägt er tulpenartige, grüngelbe Blüten mit orangefarbenen Flecken. Tulpenbäume können bis zu 300 Jahre alt werden.*

Rheinauenromantik

Die „Hördter Rheinauen“

Erfrischungstour 18

*In den **Auwäldern** finden zwischen Überschwemmungen und Trockenzeiten außergewöhnliche Pflanzen und Tiere einen natürlichen Lebensraum. Eine Vielfalt an seltenen Vogel-, Schmetterlings- und Käferarten sowie seltene Fisch- und Amphibienarten existieren hier in einer intakten Umgebung. Eine der kulturhistorisch wertvollsten Pflanzenarten der Rheinaue ist die Wilde Weinrebe.*

Schlüsselblumen, Hahnenfuß, Anemonen, Vogelmiere, Gundelrebe, riesiger Schachtelhalm, Veilchen und wilde Orchideen – völlig berauscht von der Pflanzenvielfalt setzen wir unsere Wanderung fort und gelangen nach etwa 15 Wanderminuten in einer Kurve an einen **Wander-Pavillion** ②. Hier überqueren wir den Weg und gehen geradeaus weiter, bis wir auf einen breiten Waldweg stoßen. Wie es uns die Markierung vorgibt, biegen wir erst rechts, dann wenige Meter später an einer Kreuzung wieder links ab. Wir durchwandern herrlichen Buchenwald mit uralten Bäumen und halten uns an Weggabelungen links. Riesige Eichen, überwuchert mit Efeu, wirken wie Gestalten, recken ihre Arme in alle Richtungen.

Links von uns entdecken wir eine Wasserfläche: den **Sondernheimer Altrhein** ③. Unser Weg verläuft etwas oberhalb des Altrheins, der durch einen Erdwall unseren Blicken weitgehend verborgen bleibt. Wäh-

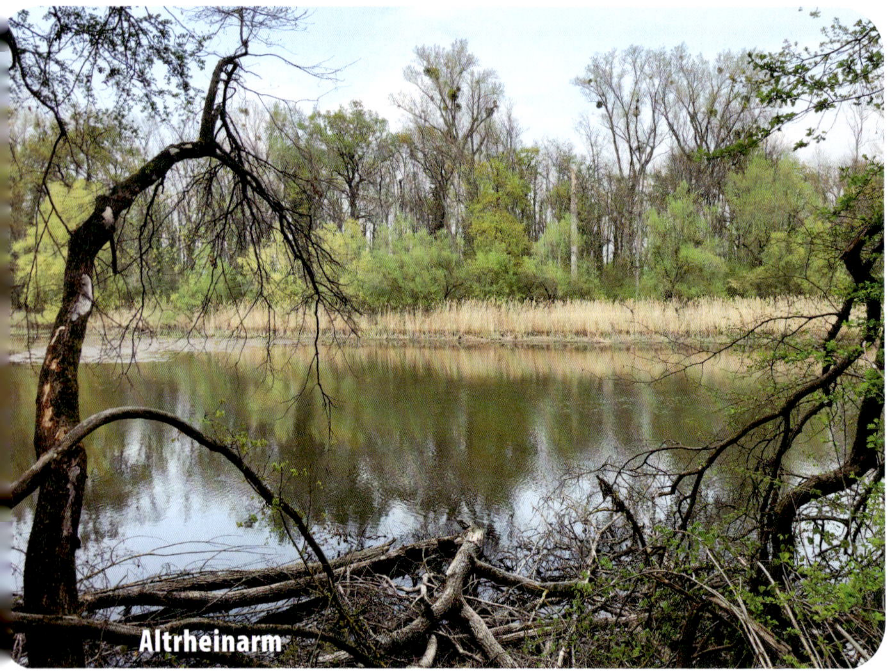

Altrheinarm

rend wir durch den Auwald an dem lang gezogenen Gewässer entlangwandern, passieren wir rechter Hand mehrere **Fischteiche** ❹. Schwäne und Enten schwimmen gemütlich auf der glatten Wasseroberfläche, es herrscht eine friedvolle Atmosphäre.

Mit lautem Geflatter und Gezwitscher hören wir Vögel auffliegen und die kräftigen Flügelschläge der Schwäne. Auch wenn wir sie nicht sehen können, alleine sie zu hören, regt unsere Fantasie an, und wir stellen uns die Wasserwelt vor, die sich hinter dem Wall versteckt. Dann endlich erreichen wir einen kleinen **Aussichtspunkt** ❺, von dem aus wir auf den Altrhein schauen können. Ein traumhaftes Naturparadies liegt vor uns. Jetzt können wir die Schwäne sehen, die anmutig durch das ruhige Wasser gleiten.

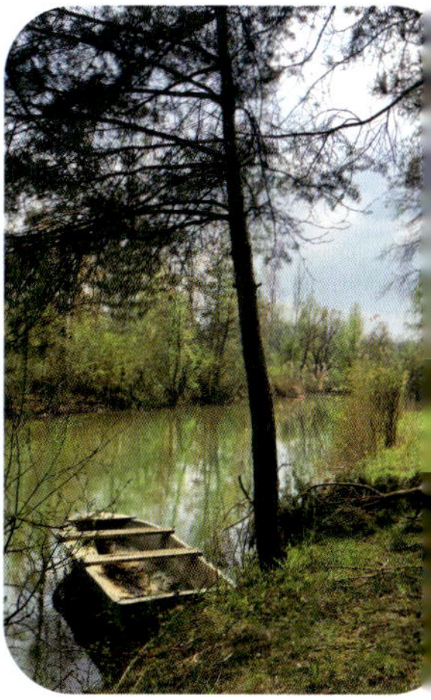

Am letzten Teich auf der rechten Seite bleiben wir noch einmal stehen, da uns der Anblick einfach überwältigt. Ein Gemälde könnte nicht schöner sein. Nun sind wir nur noch etwa 500 Meter vom Rheindamm entfernt, und schon nach wenigen Minuten erreichen wir den Damm und das **Schöpfwerk am Schleusenhaus** ❻. Hinter dem Gebäude befindet sich die Gaststätte **Schleusenhaus** ❼, in der wir Rast machen.

Nach unserer ausgiebigen Pause müssen wir zum Schöpfwerk zurück, um unsere Wanderung auf dem Damm in Richtung Süden fortzusetzen. Da hier auch ein Radweg verläuft, ist dieser Streckenabschnitt geteert. An Wochenenden herrscht reges Treiben, und Wanderer sind die Ausnahme, denn in dieser Region wird geradelt. Neben dem Radweg ist reichlich Platz,

Für die Seele

Gemütlich schlendern wir zwischen den Fischteichen umher, lauschen den Stimmen des Waldes und lassen uns von der wildromantischen Auenlandschaft verzaubern.

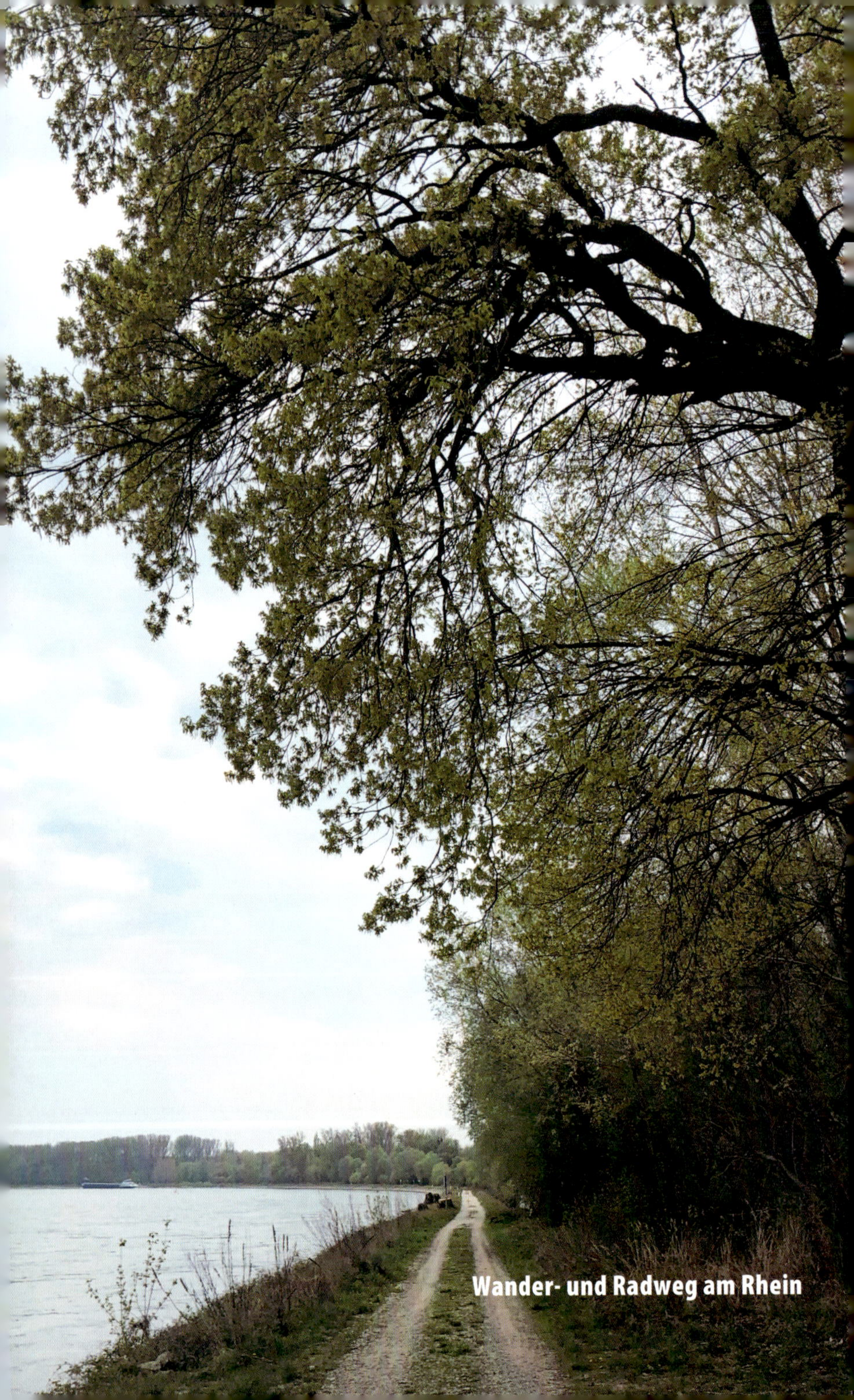

Wander- und Radweg am Rhein

sodass wir auf dem Gras laufen können. Ungefähr nach 400 Metern werden wir an einer Kreuzung nach links geleitet und folgen dem Weg in den sumpfigen Auwald zurück. Bereits nach wenigen Gehminuten erreichen wir den **Rhein 8**.

Knapp drei Kilometer wandern wir nun stromaufwärts am Rheinufer entlang. Da der Weg geschottert ist, laufen wir auf dem Grünstreifen links am Wegesrand. Wir beobachten den Schiffsverkehr und spüren die beruhigende Energie des fließenden Wassers. Interessant ist der Kontrast zwischen dem Rhein als Verkehrsweg (links von uns) und dem fast märchenhaften Altrhein in seiner ursprünglichen Form (rechts von uns).

An einem breiten Abzweig verlassen wir den Uferweg und wandern nach rechts zurück in den Auwald, bis wir zum Deich kommen. Oben auf dem Deich laufen wir auf einem weichen Grasweg. So wandern wir vergnüglich in einem Meer von Löwenzahngelb, bevor uns die Wegmarkierung nach links zurück in den Wald lotst. Es folgt ein gemütlicher Abschnitt durch Eichen-Ulmen-Wald. An einer gro-

Seit der Antike ist der Rhein eine bedeutende Wasser- und Handelsstraße. Vor Erfindung der Dampfschifffahrt haben einst die ***„Treidler"*** *mit ihren Zugtieren die Schiffe an einer langen Leine flussaufwärts gezogen.*

Rhein

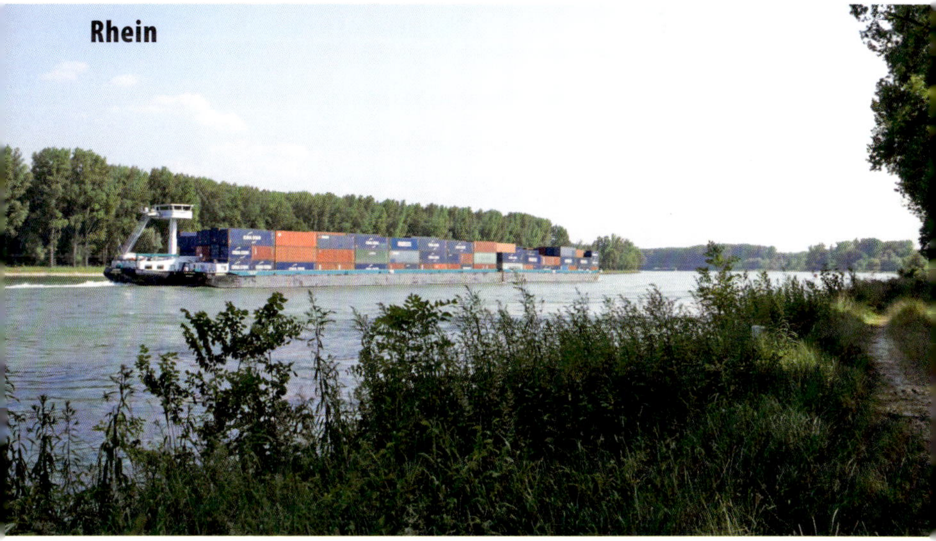

ßen Wegkreuzung biegen wir rechts ab und überqueren kurze Zeit später den Michelsbach.

Die Markierung des Treidlerwegs lotst uns durch großzügige Felderlandschaften. Erneut an einer Kreuzung angekommen, gehen wir rechts ab und sind erstaunt, als wir plötzlich einen **Baggersee** ⑨ entdecken. Still und friedlich ruht der See, umrahmt von Schilf und Gebüsch.

Noch ein letztes Mal geht es in ein kleines Wäldchen hinein. Dann wandern wir zwischen Wiesen und Feldern an **Streuobstwiesen** ⑩ entlang Richtung Dorf. Die Markierung führt uns zuverlässig nach rechts, dann wieder nach links, am Ufer des versteckten Michelsbachs entlang und schließlich nach links zurück zum Parkplatz.

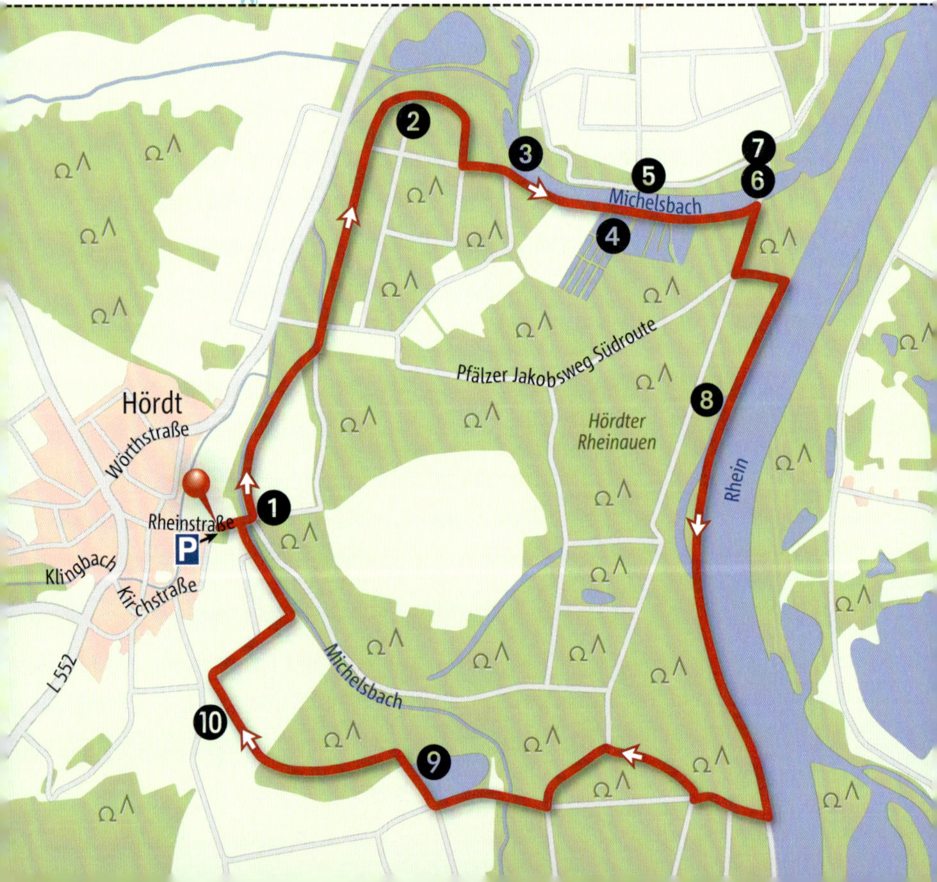

Alles auf einen Blick

WIE & WANN:

Breite und flache Naturwege, befestigte Wirtschaftswege, geringer Anteil betonierter Abschnitte, sumpfige Bereiche; beste Wanderzeit April bis Anfang Mai und August bis Oktober, Mai bis Juli ist Stechmückenzeit, unbedingt auf Mückenschutz achten! Bei Rheinhochwasser Weg gesperrt.

HIN & WEG:

Auto: Von A 8 Karlsruhe, Abfahrt Wörth, auf B 9 bis Ausfahrt Hördt; von A 65 Landau, Abfahrt Herxheim, weiter über Rülzheim Richtung Hördt, Beschilderung Sportlatz, Wanderparkplatz, Ecke Rheinstraße/Kirchstraße, 76771 Hördt (GPS: 49.180835, 8.353572)
ÖPNV: Mit der Bahn bis Rülzheim, weiter mit Buslinie 589 bis Bushaltestelle „Hördt Rathaus" oder zu Fuß auf dem „Pfälzer Jakobsweg" (Markierung weiße Muschel) nach Hördt (ca. 2 km).

ESSEN & ENTSPANNEN:

Rucksackverpflegung für unterwegs; falls das Schleusenhaus geschlossen ist, kann man dort auf dem Picknickplatz rasten.
Schleusenhaus ❼ Schleusenhaus des Pfälzerwald-Vereins, Ortsgruppe Sondernheim e. V., 76726 Germersheim

ENTDECKEN & ERLEBEN:

Brücke über den Michelsbach ❶
Wander-Pavillion ❷
Sondernheimer Altrhein ❸
Fischteiche ❹
Aussichtspunkt ❺
Schöpfwerk am Schleusenhaus ❻
Rhein ❽
Baggersee ❾
Streuobstwiesen ❿

Entspannung ✱✱✱✱✱
Genuss ✱✱✱✱✱
Romantik ✱✱✱✱✱

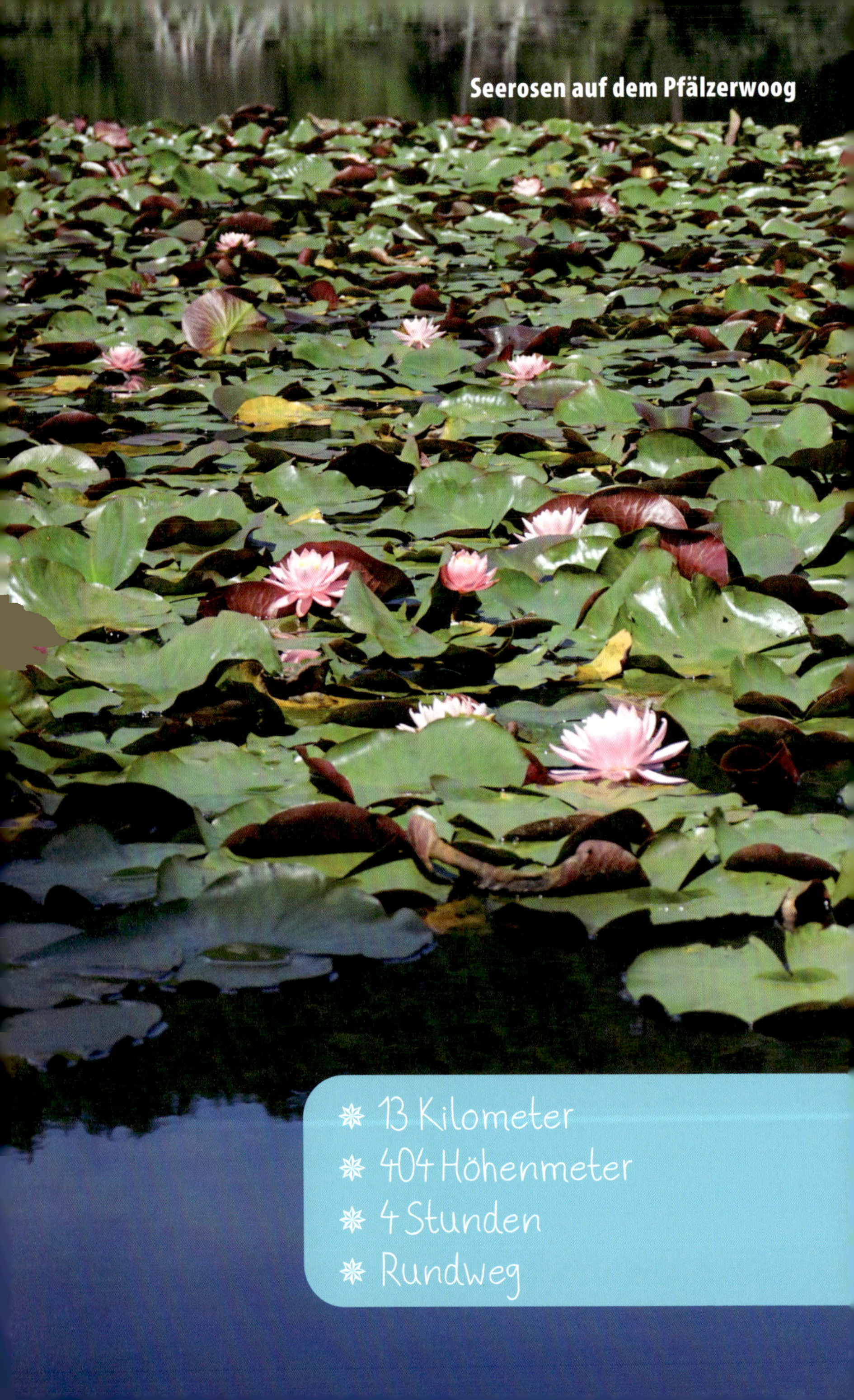

Seerosen auf dem Pfälzerwoog

- 13 Kilometer
- 404 Höhenmeter
- 4 Stunden
- Rundweg

An Idylle kaum zu übertreffen ist diese Rundwanderung um Fischbach. Zahlreiche Weiher und Wooge liegen auf unserem Weg und offenbaren uns ihre artenreichen Natur- und Lebensräume. Auf dem Wanderparkplatz am **Biosphärenhaus Fischbach** ❶ beginnen wir unsere etwa 13 Kilometer lange Wandertour und gehen als Erstes zum Haupteingang des Biosphärenhauses. Linker Hand befindet sich der **Biosphärengarten,** ein schöner Platz zum Entspannen, dem wir uns am Ende unserer Wanderung widmen werden. Am Schilderbaum finden wir Wegweiser mit der orangefarbenen **Markierung Wasgau-Seen-Tour,** der wir größtenteils folgen werden. Jetzt gehen wir erst einmal links bergauf, am Biosphärenhaus vorbei, und folgen dem gepflasterten Weg am Kinderspielplatz entlang. Leicht bergab gelangen wir dann auf einen weiteren Parkplatz. Unsere Markierung leitet uns nach links **Richtung Ludwigswinkel** in den Wald hinein, und wir laufen auf einem breiten Forstweg unterhalb des **Baumwipfelpfads** ❷.

Unterwegs passieren wir Übungsstationen eines Erlebniswegs, während wir gemütlich zwischen Waldrand und der idyllischen Wiesenlandschaft **Spießwoog** entlangwandern. Bereits jetzt nehmen wir die Ruhe der Natur wahr und fühlen, wie sie unseren Geist beruhigt. An einer Weggabelung folgen wir unserer Wegmarkierung nach rechts und hören nach der Kurve das Wasser des Roßbachs plätschern. Wir sind an der Station **Element Wasser** ❸ des **Wasser-Erlebnis-**

!

*Der 270 Meter lange **Baumwipfelpfad** ermöglicht einen Zugang in die Welt der Baumkronen. Als fester Holzsteg ist dieser Lehr- und Spielpfad angelegt, niemand muss auf seinem Weg durch die Baumwipfel geführt oder angeseilt werden. Zu den Attraktionen gehören der 40 Meter hohe Aussichtsturm, die Riesen-Wendelrutsche und mehrere Wackelbrücken.*

Seerosenglück

Weiher & Wooge

wegs angelangt. Wenn man Glück hat, kann man an dieser Station einen der großen einheimischen Edelkrebse im kristallklaren Wasser beobachten.

Unsere Wanderung auf der Wasgau-Seen-Tour geht weiter, wir passieren ein Ziegengehege und erreichen eine Station des **Biosphären-Erlebniswegs,** den **Schneckenturm mit Vogelstation 4.** In dem hellen Holzpavillon gibt es Sitzbänke und reichlich Informationen zu heimischen Vögeln und ihrer Umbebung. Wenige Meter entfernt erblicken wir den **Klosterweiher 5,** zu dem wir einen Abstecher machen.

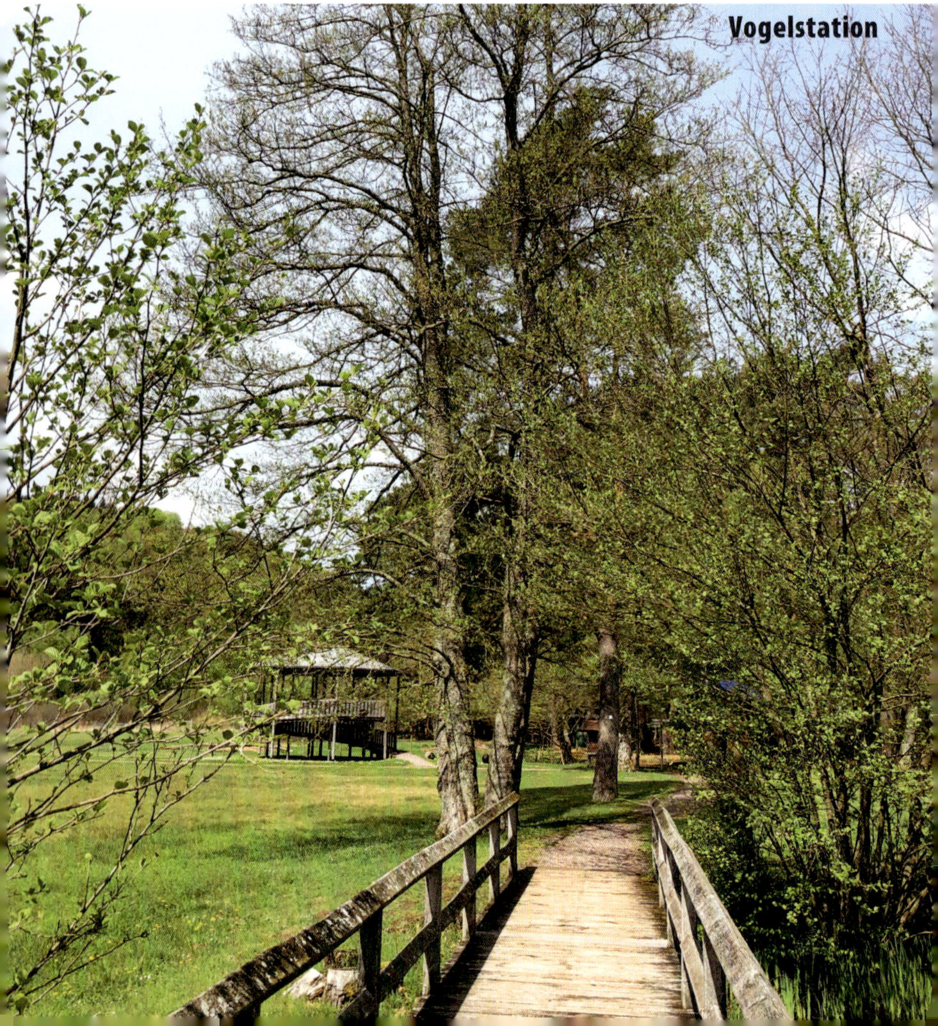

Vogelstation

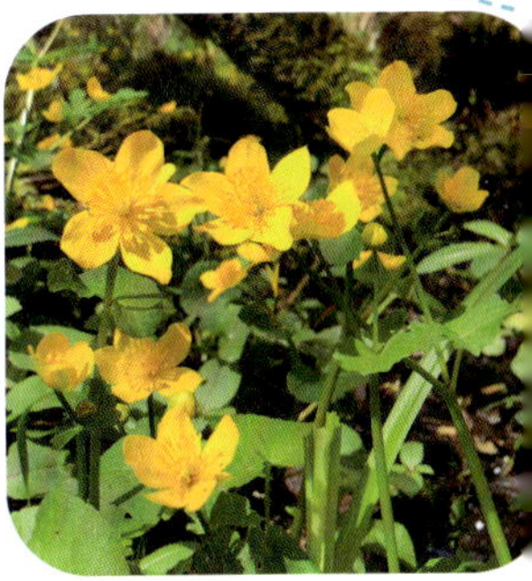

Zurück am Schneckenturm folgen wir dem Wegweiser nach links. Durch herrlichen Mischwald wandern wir auf einem halb geschotterten Naturweg am **Roßbach** 6 entlang. Herumliegendes Totholz und wildes Gebüsch verleihen der Bachzone einen ursprünglichen Charakter. Hinter dem **Hainbacher Teich** 7 setzen wir uns für einen Moment auf die Holzback und schauen auf einen kleinen Teich, der nahezu komplett mit Seerosen bedeckt ist. Nun reihen sich Weiher an Weiher am Roßbach entlang wie an einer großen Perlenkette.

Der Wegmarkierung folgen wir bis zum **Schnoogeweiher** 8, laufen dort nach links am Holzsteg vorbei und biegen am Rastplatz rechts ab, der Wasgau-Seen-Tour weiter folgend. Vorerst verlassen wir das Wasser und begeben uns nun in den Schutz des Waldes. Auf Naturwegen wandern wir etwa einen Kilometer, zunächst in sanftem Aufstieg, dann wieder leicht bergab. Einzig der Wald mit seinen Bewohnern ist zu hören. An einer Gabelung biegt unser Weg nach links ab. In etwa 50 Metern Entfernung sehen wir rechts am Wegesrand einen Holzpfosten mit der Markierung unseres Weges. Davor liegen ein paar Holzstäbe am Boden, um uns den Gang über einen niedrigen Wassergraben zu erleichtern. Hier biegen wir also nach rechts, auf einen zunächst schwer erkennbaren schmalen Pfad ab. Samtweich ist der Waldboden, auf dem wir nun durch märchenhaften Nadelwald laufen.

Wir folgen dem Weg weiter geradeaus, bis wir auf einen betonierten Fahrweg stoßen. Hier wenden

Für die Seele

Am Ufer des Pfälzerwoogs sitzen wir auf einer Bank und beobachten die Bewegungen auf dem See. Die Stille des Wassers überträgt sich auf uns, und wir fühlen uns völlig entspannt.

Hainbacher Teich

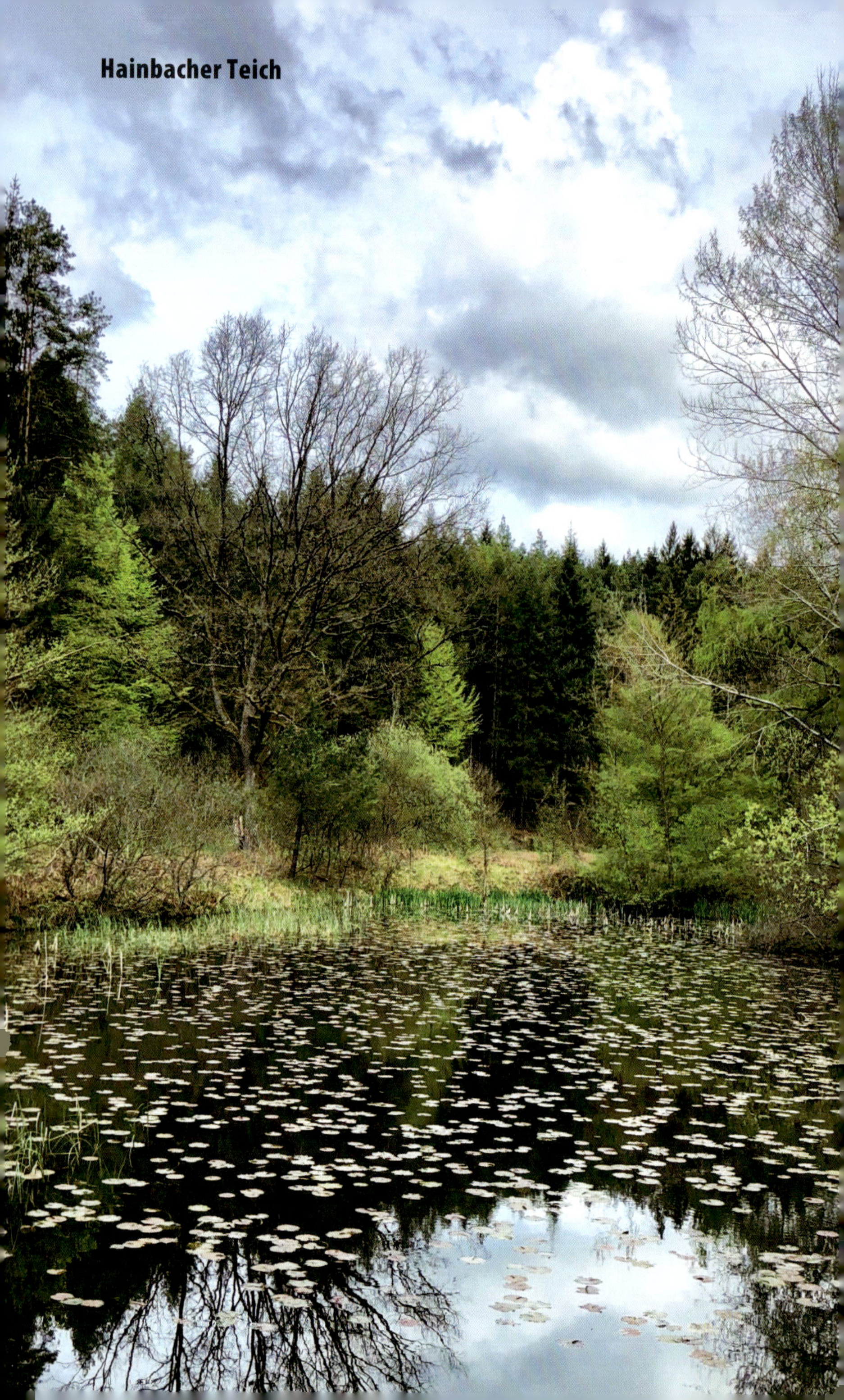

wir uns nach rechts, wie es uns der Wegweiser am Schilderbaum vorgibt. Die Straße mündet in einen Sandweg, und links am Baum sehen wir unsere Wegmarkierung als Bestätigung. Noch einmal überqueren wir einen Fahrweg und kommen geradeaus ins **Wolfsägertal,** durch das der **Fischbach** ⑨ fließt. Ein Picknickplatz in der Nähe eines kleinen Teichs bietet sich für eine kurze Pause an.

Zurück auf der Wasgau-Seen-Tour überqueren wir den Fischbach und gelangen an eine Wegkreuzung. Ein Wegweiser lenkt uns nach links auf einen betonierten Fahrweg, der aber schnell in einen Naturweg übergeht. Es sind nur etwa 600 Meter zu wandern, bis wir uns wieder dem Ortsrand von Fischbach nähern. Bevor wir die Häuser erreichen, zweigt unser Weg allerdings nach rechts ab und den Berg hinauf. Auf einem schmalen Sandweg wandern wir oberhalb von Fischbach **Richtung Saarbacherhammer/Ludwigswinkel.** Nach einer Kurve wenden wir uns nach rechts und befinden uns auf einem breiten Sandweg, der gut zu laufen ist. Schon bald sind die Geräusche der Ortschaft hinter uns, und wir tauchen wieder ein in die Natur. Den Abzweig nach der Sitzbank ignorieren wir und folgen am Schilderbaum der angegebenen Richtung geradeaus zum **Saarbacherhammer.** Auch der **Felsenland Sagenweg** verläuft auf diesem Abschnitt. Kurz bevor wir die Straße erreichen, werden wir noch einmal nach rechts geleitet. Es geht leicht bergauf auf einem sandigen Waldweg. An der Weggabelung halten wir uns links. Verkehrsgeräusche dringen an unser Ohr und signalisieren uns, dass die Straße nicht mehr weit entfernt ist. Bevor wir die **Bitscher Straße** überqueren, laufen wir erst ein paar Meter an ihr entlang. Am Straßenschild gehen wir schließlich auf die andere Straßenseite und biegen dann nach ca. 200 Metern links ab zum Mühlweiher, bekannt als **Badesee Saarbacherhammer** ⑩. Dort lockt der **Biergarten „Zwickmühle“** ⑪ am Campingplatz (rechtes Seeufer) zu einer gemütlichen Einkehr direkt am See.

Zum Fortsetzen unserer Wanderung gehen wir wieder zurück zur Straße (K 43) und laufen auf dem Fahrradweg am Badesee entlang. Dem Fahrradweg folgen wir aus dem Dorf heraus bis zum Schilderbaum, der uns nach links über die Straße lotst und die Richtung zum **Skulpturenweg** angibt. Bis dorthin folgen wir noch der Markierung Wasgau-Seen-Tour. Der Wald hat uns wieder, und ein schmaler Pfad führt uns zu einer Weggabelung. Nun müssen wir aufpassen, da wir kurzzeitig den Wanderweg Wasgau-Seen-Tour verlassen (der hier nach rechts abzweigt) und die Beschilderung etwas dürftig ist. Wir gehen ab hier etwa 500 Meter immer geradeaus und stoßen nach kurzem Anstieg auf die querende **Lindelskopf-Tour** (blaue Markierung). Hier wenden wir uns nach rechts und folgen der Lindelskopf-Tour, bis wir zu einer Weggabelung kommen. Dort biegen wir links ab und erreichen nach wenigen Gehminuten ein Wegekreuz mit einer Holzbank. Am Schilderbaum finden wir unsere **Markierung Wasgau-Seen-Tour** wieder und folgen ihr auf einem breiten Sandweg nach links Richtung **Pfälzerwoog** (1,1 Kilometer). Bereits nach wenigen Wanderminuten betreten wir das **Naturschutzgebiet Pfälzerwoog ⑫.**

*Unzählige **Wooge** prägen das Landschaftsbild im Biosphärenreservat Pfälzerwald. Einst wurden sie als künstliche Fisch - und Mühlenweiher oder auch Triftwooge angelegt. Heute sind die Stehgewässer für den Naturschutz von besonderer Bedeutung.*

Wir laufen am gleichnamigen See Pfälzerwoog entlang, biegen rechts ab und finden eine weitere Bank, von der aus wir einen anderen Blick auf den See haben. Totholz liegt am Ufer und ragt wie ein knöchernes Gerippe ins Wasser. Am Ende des Uferwegs werden wir an der Sitzgruppe nach links geleitet. An der folgenden Wegspinne biegen wir links ab und folgen unserer Markierung Richtung **Bachlandschaft Sauertal** (0,8 Kilometer). Kurz hintereinander geht es einmal nach links und einmal nach rechts, bevor wir von einer Wiesenlandschaft empfangen werden.

Auf einer schmalen geteerten Straße wandern wir leicht bergab und werden nach etwa 5 Minuten nach links auf einen abschüssigen Grasweg an den **Saarbach** gelotst. Nun wandern wir rechts vom Bach durch die

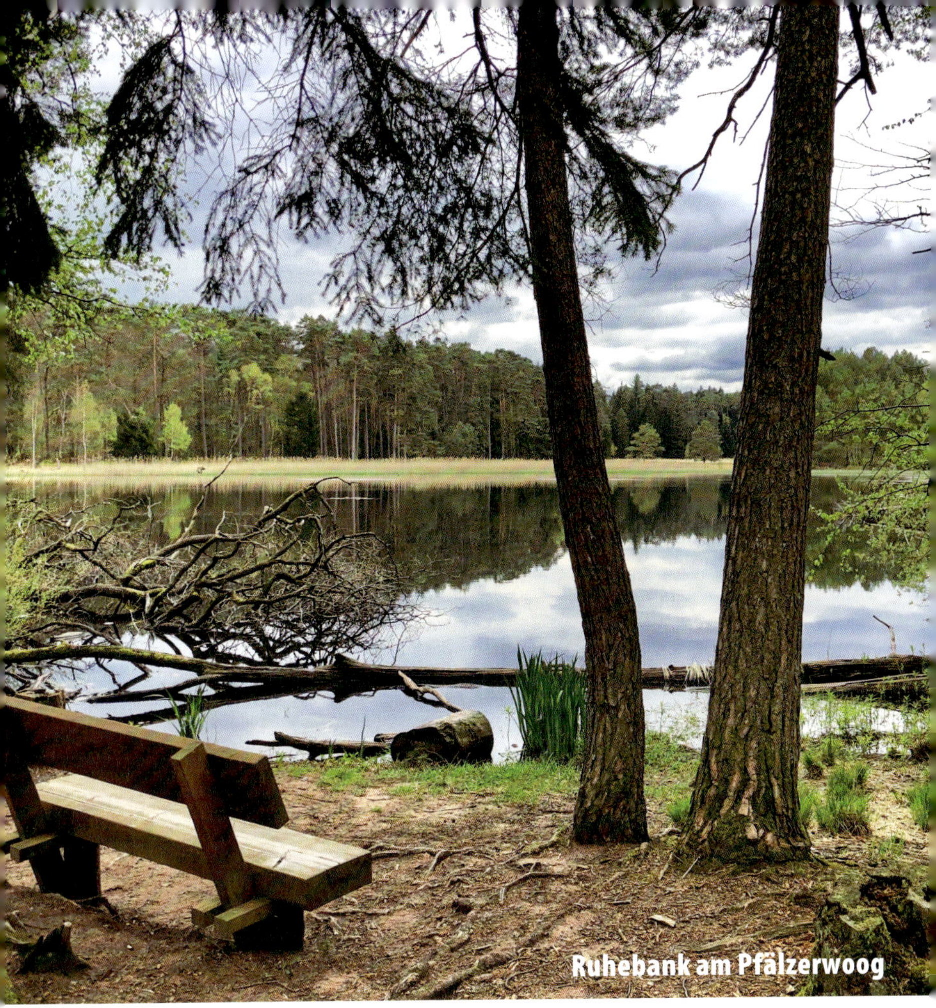

Ruhebank am Pfälzerwoog

idyllische **Bachlandschaft Sauertal** ⑬. Zwischen meterhohem Schilf laufen wir am Saarbach (auch Sauer genannt) entlang zu einer Holzbrücke.

Noch ein Stück folgen wir der Wegmarkierung am Saarbach entlang, bevor wir wieder nach rechts und somit vom Bach weggeleitet werden. Auf den kreuzenden Asphaltweg biegen wir links ab und überqueren die Friedhofstraße. Nun wandern wir auf einem Wiesenweg weiter und folgen unserer orangefarbenen Wegmarkierung. Schon nach wenigen Minuten gelangen wir erneut in Wassernähe. Hier verläuft auch der **Brunnen- und Quellenweg** ⑭. Die Markierung „blauer Wassertropfen auf weißem Grund“ dient uns zusätzlich zur Orientierung.

Am Ende dieses schönen Wegabschnitts überqueren wir nach der Station „Wasserspringschale“ links den Saarbach und gelangen nach wenigen Metern zur **Hauptstraße.** Wir bleiben auf der rechten Straßenseite und laufen auf dem gepflasterten Fußweg **Richtung Biosphärenhaus.** Rechter Hand schauen wir in das **Naturschutzgebiet Königsbruch ⑮,** das größte Naturschutzgebiet im Landkreis Südwestpfalz.

Angekommen am Biosphärenhaus, bietet sich eine Einkehr im **Café-Bistro im Biosphärenhaus Fischbach ⑯** an. Anschließend lustwandeln wir noch ein wenig im **Biosphärengarten,** bevor wir uns auf die Heimreise begeben.

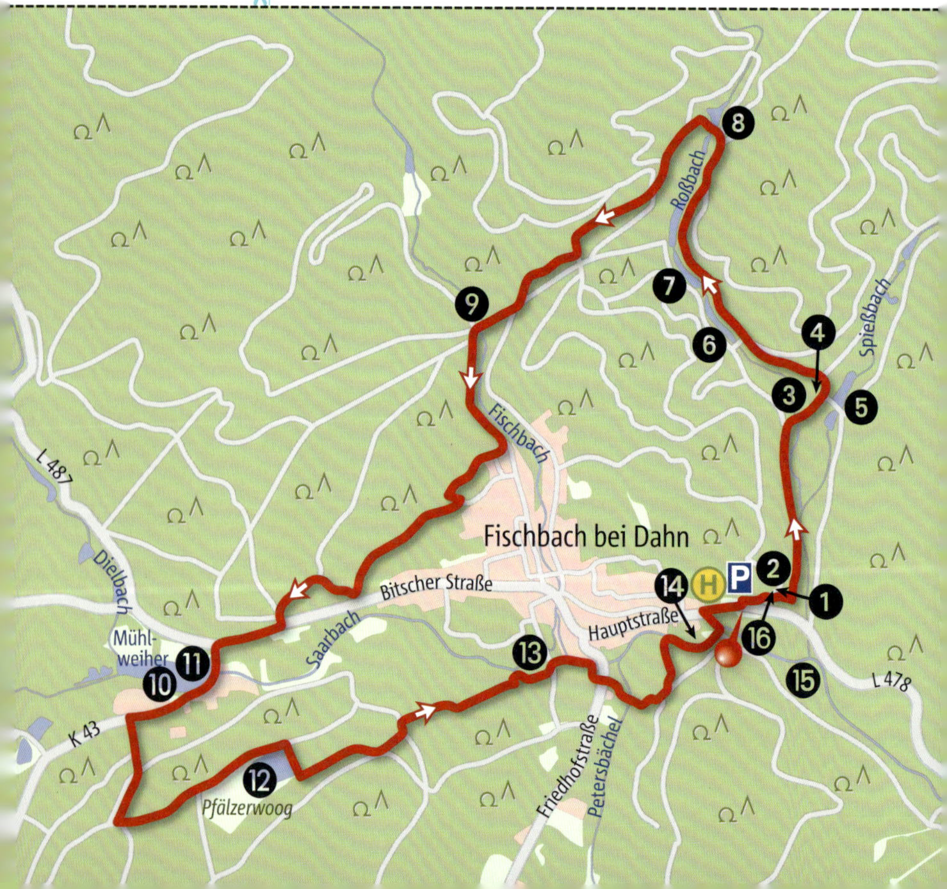

Alles auf einen Blick

WIE & WANN:

Breite Wald- und Naturwege, schmale Pfade, geringer Forstweganteil, asphaltierte Straßen lediglich in Fischbach und Ludwigswinkel; ganzjährig schön, besonders ab Ende Mai, wenn die Seerosen blühen

HIN & WEG:

Auto: B 10 Abfahrt Hinterweidenthal, weiter auf der B 427 bis Dahn-Reichenbach, von dort auf der L 489 nach Bruchweiler-Bärenbach, dann auf der L 478 nach Fischbach zum Wanderparkplatz am Biosphärenhaus (GPS: 49.0870308, 7.7232559)
ÖPNV: Mit dem Zug bis Wissembourg oder Hinterweidenthal, ab dort mit dem Bus über Dahn nach Fischbach

ESSEN & ENTSPANNEN:

Biergarten „Zwickmühle" ⓫ Saarbacherhammer 6, 66996 Ludwigswinkel, Tel. (0 63 93) 9 21 30, www.die-zwickmuehle.de
Café-Bistro im Biosphärenhaus Fischbach ⓰ Am Königsbruch 1, 66996 Fischbach bei Dahn, Tel. (0 63 93) 9 93 32 19, www.biosphaerenhaus.de

ENTDECKEN & ERLEBEN:

Biosphärenhaus Fischbach ❶ Am Königsbruch 1, 66996 Fischbach bei Dahn, Tel. (0 63 93) 9 21 00, www.biosphaerenhaus.de, interaktive Ausstellung über Natur und Landschaft
Baumwipfelpfad ❷ www.wipfelpfad.de
Element Wasser ❸ **Schneckenturm mit Vogelstation** ❹ **Klosterweiher** ❺
Roßbach ❻ **Hainbacher Teich** ❼ **Schnoogeweiher** ❽ **Am Fischbach** ❾
Badesee Saarbacherhammer ❿ **Naturschutzgebiet Pfälzerwoog** ⓬
Bachlandschaft Sauertal ⓭ **Brunnen- und Quellenweg** ⓮
Naturschutzgebiet Königsbruch ⓯

Entspannung ✱✱✱✱✱
Genuss ✱✱✱✱✱
Romantik ✱✱✱✱✱

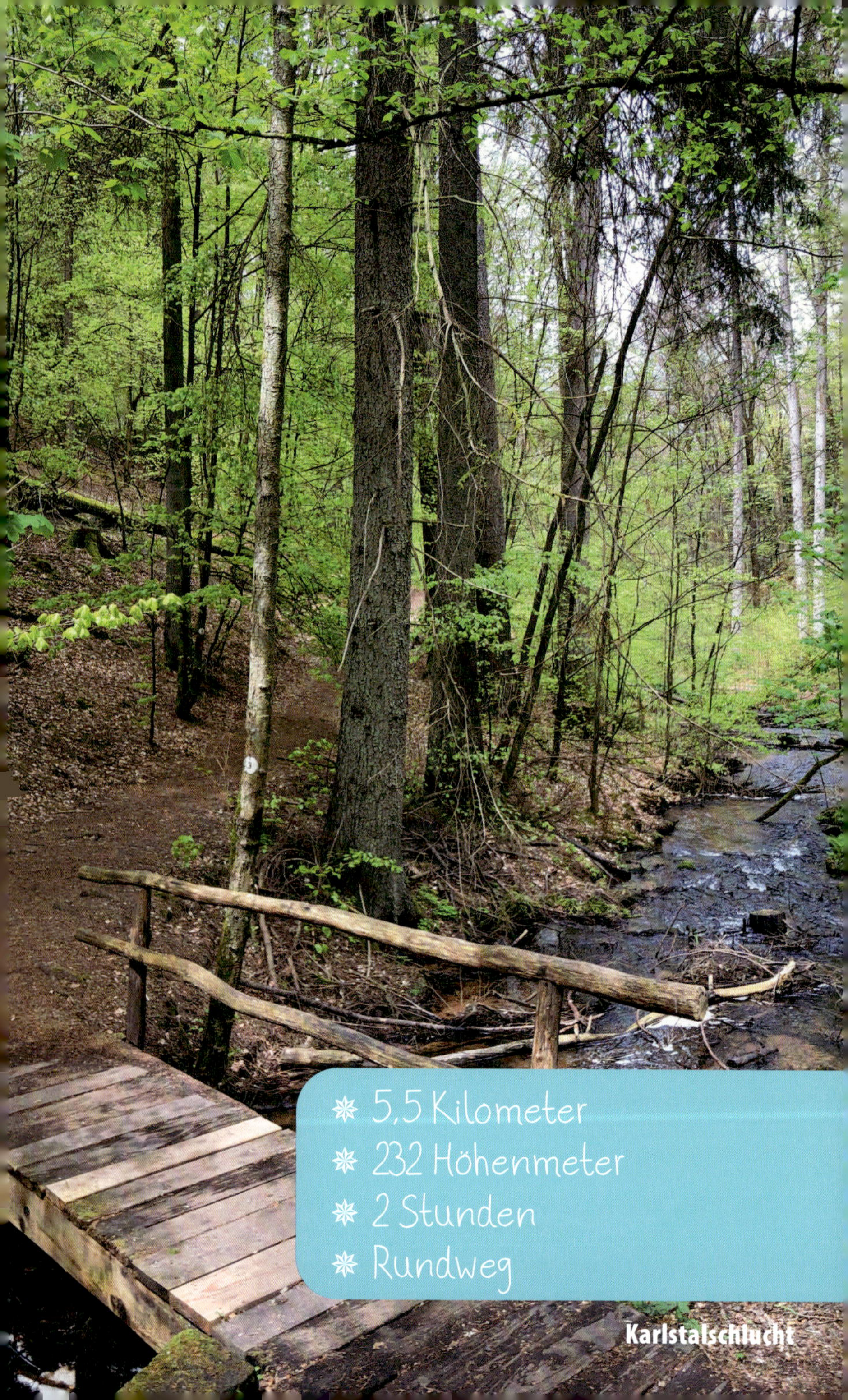

- 5,5 Kilometer
- 232 Höhenmeter
- 2 Stunden
- Rundweg

Karlstalschlucht